AF325779

LES VIES,

MOEVRS ET ACTIONS

DES PAPES

DE ROME.

TIREES D'ONVPHRE, CICARELLA,
Ciaconius & autres Auteurs Modernes,

ET

Continuées iufques à INNOCENT X.
tenant à prefent le Siege.

Par le Sieur C O V L O N.

DEVXIESME PARTIE.

A PARIS,

Chez GERVAIS CLOVZIER, au Palais fur les degrez de la
Sainte Chapelle.

M. DC. LI.

AVEC PRIVILEGE DV ROY.

CONTINVATION
DE LA VIE
DES PAPES
PAR ONVPHRE PANVIN,
CICARELLA, CICAONIVS,
& autres Auteurs Modernes.

XYSTE IV.
CCXXI.

L'Ancienne maiſon de la Rouere, vne des illuſtres du Piedmont, deſcend des Lombards ſelon la plus commune opinion. Les Hiſtoriens font foy que le Chef de la famille fut vn certain Hermond, qui viuoit enuiron l'an 700 du temps de Ragumbert Duc de Turin, duquel Paul Diacre fait vne honorable mention dans ſon hiſtoire des Lombards. Le Chaſteau du Bourg neuf eſt de leur domaine ancien ; & Cancian & Riualte de leurs acquiſitions modernes. Simon de la Rouere ſurnommé le Gros, à cauſe de la groſſeur de ſon corps, ſe

vint habituer il y a defia plufieurs années, à Sauone fur la riuiere de Genes, duquel font defcendus les parens du Pa pe Xifte,
qui nafquit au village de Celle fur la mer le 23. d'Aouft 1414.
où fon Pere Leonard, l'vn des plus remarquables Citoyens de
la ville, & qui auoit paffé par toutes les charges du pays s'eftoit
retiré auec fa femme Lucine Munlione, Dame de qualité & illuftre par fes vertus, à caufe de la pefte, qui eftoit lors efchau-
fée dans les terres de la Republique. Sa Mere eftant enceinte,
fongea que S. François & S. Antoine de Padouë donnoient
l'habit & le cordon de l'Ordre des Freres Mineurs à fon enfant, qui pour cette confideration fut nommé François au Baptefme. La Sage-femme, qui l'auoit laué dans le bain, comme
c'eft la couftume, le retira de l'eau demy-mort, & le raporta à
fa mere, laquelle fe fouuenant du fonge qu'elle auoit eu auant
fon accouchement, fit vœu de luy faire porter l'habit de ce S.
Patriarche pendant fix mois. Lequel temps expiré, l'habit luy
fut ofté, & auffi-toft il tomba dans vne maladie dangereufe, de
laquelle il fut guary par la pieté de fa Mere, qui renouuella
fon vœu, luy redonna le mefme habit, & le mit dans vn Conuent de S. François à l'âge de neuf ans, où auec l'efprit & les
conftitutions de l'Ordre, il aprit la Grammaire & la langue Latine, partie de luy mefme, partie par les foins d'vn bon Religieux, à qui fa mere l'auoit recommandé. Lors qu'il fut vn peu
grand, il alla à Chery pour eftudier à la Logique, qu'il com-
prit auec tant de netteté, que de difciple il deuint Maiftre. Puis
apres il acheua fa Philofophie & fa Theologie à Bologne, dont
il refpondit publiquement dans vn Chapitre General tenu à
Genes auec tant de fuccés, que fon General & les plus graues
Peres de l'Ordre luy donnerent la gloire d'eftre le plus fçauant
de l'affemblée, quoy qu'il n'euft encore atteint que l'âge de 20.
ans. Ayant receu le bonnet de Docteur, il profeffa publiquement l'vne & l'autre fcience dans les plus fameufes Vni-
uerfités de l'Italie, de forte que toute l'Europe le connoiffoit
de reputation, & le Cardinal Beffarion entre les autres voulut
auoir fa conuerfation, & loger fouuent auec luy dans vn mefme logis. Il prefcha le Carefme dans toutes les bonnes villes
auec vne approbation merueilleufe; puis il fut fait compagnon
du Pere General, & en fuite Prouincial de Genes, qui eft le pre-

mier Miniftre de l'Ordre, Procureur & enfin General. Dãs toutes ces charges il gaigna tellement l'affection de tout le monde, & s'acquit vne fi grande autorité, qu'il n'entreprit iamais
rien, pour difficile qu'il fuft, dont il ne vint à bout. Pie II. l'e-
ftima beaucoup, & Paul II. fon fucceffeur le fit Cardinal, lors
qu'il y penfoit le moins à la priere des Cardinaux de Nicée &
de Mantouë, l'an 1467. Il eftoit à Pauie, preft d'aller à Venife, lors qu'il receut la nouuelle de fa promotion ; ce qui l'obligea de reuenir à Rome, pour prendre poffeffion de fon Tiltre
faint Pierre aux liens, qu'il fit reparer par la liberalité de quelques autres Cardinaux, auec la maifon qui s'en alloit en ruine, laquelle il rendit logeable pour toute fa famille. Sa nouuelle dignité, & fes grandes occupations ne purent pas le di-
uertir entierement de fes eftudes. Car il mit en lumiere vn liure du Sang de Iefus-Chrift, au fuiet d'vne Predication, que
le B. Iacques de la Marche fit à Brefce le iour de Pafques, &
compofa plufieurs autres traitez des chofes contingentes, qui
font à venir contre Henry de Gand, de la Puiffance de Dieu,
de la Conception de la Vierge; & refuta les erreurs d'vn Car-
me de Bologne, qui enfeignoit que Dieu par fa Toute puiffance abfoluë ne pouuoit retirer vne ame damnée des peines
de l'Enfer. Il auoit entrepris vn autre ouurage, pour accorder
les Iacobins auec les Cordeliers, & prouuer que Scot & faint
Thomas font d'vne mefme opinion, & qu'ils ne font differens
qu'en leur façon de parler. Au refte fa doctrine eftoit fi vniuerfellement approuuée, qu'on s'en raportoit à luy par deffus tous les autres du Sacré College, pour les points de la Religion. Comme il s'occupoit dans ces loüables emplois, Paul
II. deceda le 5. Iuillet l'an 1431. en la place duquel, le Siege
n'ayant vaqué que 13. iours, dix-fept Cardinaux, qui fe trouuerent lors affemblez au Conclaue dans le Palais du Vatican,
le nommerent d'vne mefme voix au Souuerain Pontificat.
Ceux qui le porterent dauantage en cette occafion, furent le
Cardinal des Vrfins, Rodriguez Borgia, & Francois de Gonzague, aufquels puis apres il fe fentit fi obligé, qu'il fit des Vrfins Camerier, & confera l'Abbaye de Sublac à Borgia, & celle de S. George à Gonzague. Le iour de fon couronnement
il fut en danger de fa vie par l'infolence de quelques Ci-

toyens , qui fe fentant preffez par la Caualerie du Pape , luy
ietterent des coups de pierres,& fi le Cardinal des Vrfin n'euft
empefché le tumulte , ceux qui le portoient en Chaire,
eftoient prefts de le laiffer au milieu de la foule. La ceremonie
eftant faite,il ietta fes premieres penfees fur la reformation de
l'Eglife,& témoigna qu'il auoit le deffein d'affembler vn Concile , tant pour regler lesmœurs des Chreftiens, que pour con-
clurre la guerre , fuiuant l'ordonnance de Pie II. contre les
Turcs : Mais les conteftations furuenuës entre le Pape &
l'Empereur pour le lieu de l'affemblée , firent naiftre tant de
difficultés dans l'execution , que l'affaire demeurant inde-
cife , il fallut chercher d'autres remedes. Prefque tous les
Princes de l Europe eftoient en guerre les vns contre les autres: pour les mettre d'accord le Pape enuoya Beffarion Cardinal de Nicée en France, Borgia Chancelier de l'Eglife Romaine en Efpagne , Marc Bembus en Allemagne & en Hongrie , & nomma Oliuier Caraffe Legat Apoftolique pour accompagner la flotte au voyage qu'il vouloit faire contre les
Turcs. Ces Legations n'eurent point d'autres fuccez, que
de vuider entierement les coffres de l'Eglife , qui eftoit fi engagée , qu'il fallut vendre les pierreries de Paul II. pour fatisfaire aux creanciers de cinq Papes , Eugene, Nicolas-, Califte, Pie & Paul, qui vinrent tous enfemble fe prefenter au
commencement de fon Pontificat pour eftre payez de leurs
debtes. Les Ambaffadeurs des Princes Chreftiens vinrent reciproquement à Rome luy rendre l'obeiffance, le mefme iour
qu'il fit deux Cardinaux, l'vn Pierre de la Riaire Cordelier,
que luy mefme auoit nourry & efleué dans l'Ordre de S François dés fon enfance, qui mourut de debauches : l'autre Iulien de la Rouere, fon neueu Euefque de Carpentras, qui fut
puis apres Pape nommé Iule II. La paffion extreme qu'il eut
pour l'aggrandiffement de fes parens, luy fit faire beaucoup
de chofes contre les deuoirs de fa charge, & contre la fainteté des loix, pour honorer les vns de l'alliance des Princes,
comme Iean fon neueu, qu'il fit Prince de Sore & de Senogalle, & maria à la fille naturelle du Roy : Ferdinand; pour
efleuer les autres aux premieres charges de l'Eglife & de l'E-
ftat , & pour les enrichir tous vniuerfellement des threfors de

faint Pierre. Son humeur changeant luy fit remettre les Chanoines Seculiers dans la poffeffion de leur Eglife de faint Iean
de Latran , & en chaffer les Reguliers, d'où les vns & les autres eftoient fortis & rentrés tant de fois fous les autres Pontifes , qui en auoient ioüé comme au balon. Sa trop grande
facilité à accorder la mefme grace à plufieurs perfonnes, fit
fouuent naiftre des procez entre les parties ; de forte qu'il fut
contraint de donner la commiffion au Cardinal du Mont,
homme incomparable & grandement verfé dans les affaires
de la Cour Romaine, de figner les Requeftes qui luy feroient
prefentées, & mefme de reuoquer ce qu'il auroit accordé mal
à propos. Et fon efprit Martial & guerrier luy fit prendre les
armes, premierement contre les Turcs, aufquels il donna
plus de terreur , qu'il ne leur fit de mal en deux voyages fur
mer , fous la conduite du Cardinal Caraffe , & du Patriarche
d'Antioche fon neueu : bien que ce fuft l'opinion commune ,
que les Chreftiens deuoient cette année là fe rendre Maiftres
de l'Afie, s'ils euffent attaqué par mer les Turcs , auec autant
de courage qu'Vfum-caffan Roy des Perfes par terre. Puis
apres il enuoya fes troupes au fecours de Florentins pour chaftier la perfidie & la temerité des habitans de Volaterre,
qui auoient tué leur Gouuerneur, à caufe des impofts qu'il
vouloit eftablir fur le fel , & s'eftoient foufleuez de l'obeiffance de la Republique ; qui eftoit vn exemple pernicieux à
l'authorité des Souuerains, & au repos de l'Italie. Et de là
comme il fe vid appuyé de l'alliance & du fecours de Ferdinand Roy de Naples, il porta fes penfées à l'amplification du
Royaume de Iefus-Chrift & de l'Eglife, & à l'aggrandiffement de fa maifon , & pour ce deffein leua vne puiffante armée, qu'il fit marcher fous la conduite de Frederic de Feltre ,
qu'il crea Duc d'Vrbin, contre les Tyrans de l'Ombrie, qui fe
difpenfoient infolemment des deuoirs des Vaffaux enuers l'E-
glife , rangea ceux de Tody & de Spolete dans l'obeiffance, &
obligea le Seigneur de Tiferne apres trois mois de fiege de fe
rendre à fon Legat. Cette ville refifta fi long temps aux armes
du S. Siege, non tant par le courage des affiegés, que par le
fecours de Laurens de Medicis le premier Citoyen de Florence : lequel voulant affeurer le repos public de l'Italie par l'ab-

baiſſement des Princes, & en particulier deſirant ſe venger du
Pape, qui luy auoit refuſé le Chapeau de Cardinal pour ſon
frere, ſe ſeruit de cette occaſion pour s'oppoſer aux deſſeins
qu'il auoit de s'eſleuer ſur les ruines du Seigneur & du peuple
de Tiferne. Comme il empeſcha pareillement, que le meſme
Pontife ne fuſt maiſtre d'Imola, en faiſant preſter de l'argent
au Prince qui luy vouloit vendre, pour la neceſſité de ſes affaires. Ce double affront picqua ſi viuement l'eſprit du Pape,
qu'il s'en fallut peu qu'il ne ruïnaſt la maiſon des Medicis,
cependant que les Turcs aſſiegeoient Scutari, de la dependance des Venitiens, comme vne place qui leur deuoit ouurir l'entrée de l'Epire & de l'Eſclauonie. Pactius fameux
Banquier de Florence, Chef de la faction contraire aux Medicis, promit au Pape de luy mettre Florence entre les mains, s'il
vouloit approuuer la coniuration formée ſur la perſonne des
deux freres, Laurens & Iulien de Medicis. Le Pape, qui ne
vouloit pas qu'on creuſt qu'il euſt preſté l'oreille à vn ſi laſche
attentat, donna ſecretement la conduite de cette affaire à ſon
neueu Hieroſme de la Rouere, & traitta en confidence auec
Ferdinand Roy d'Alphonſe, pour enuoier ſon fils auec vne armée dans la Toſcane, eſperant que les Florentins luy ſeroient
obligez, s'il chaſſoit les Medicis de leur ville ; & que ſon authorité particuliere ſeroit puiſſamment affermíe par la cheute de ſes aduerſaires. Les principaux autheurs de la coniuration furent l'Archeueſque de Piſe, ancien ennemy de l'illuſtre
famille des Medicis, François Paccius, & Poggius fils de
cet Orateur celebre, leſquels appuyez du Cardinal Raphael
de la Rouere, qui vint expreſſement de Piſe, où il eſtudioit au
College, pour les encourager de ſa preſence & de ſon authorité, ne trouuoient rien de difficile. Le iour fut pris vn Dimanche le vingt-ſixieſme d'Auril, auquel les coniurez ſe ietterent ſur ces deux Princes dans l'Egliſe de ſainte Reparée,
où ils entendoient la Meſſe. Iulien demeura mort ſur la place, & Laurens eſtant legerement bleſſé ſe ſauua dans la Sacri-
ſtie, dont les Sacriſtains fermerent promptement la porte ſur
luy, pour empeſcher la violence de ceux qui le pourſuiuoient,
l'Archeueſque de Piſe, & Poggius faiſant leur poſſible de leur
coſté pendant cet attentat, de s'emparer du Palais. Le bruit
eſtant

eſtant reſpandu par la ville, que Iulien auoit eſté tué, & que
ſon frere s'eſtoit ſauué, les Citoyens & les Officiers, qui
eſtoient de leur party, prirent l'Archeueſque & Poggius,
auec ceux de leur ſuite, & les pendirent aux feneſtres; & puis
s'eſtans ſaiſis d'Antoine Volaterran, & d'vn Preſtre qui auoit
frappé Laurens; de Paccius Chef des Coniurez qui auoit tué
Iulien, & de tous leurs Aſſociez, leur firent le meſme traitement. Iamais Florence n'auoit veu dans ſes murailles vn ſpectacle plus funeſte. Monteſicco, homme d'eſprit & de main,
qui eſtoit vne des principales intelligences de ces mouuemens factieux, ayant eſté mis à la torture deſcouurit tout le
complot de la coniuration, & fut executé. Le Cardinal, qui
gagna le maiſtre Autel ayant oüy le bruit, fut ſauué par les
prieres de Laurens, & apres quelques iours de priſon, fut
mis en liberté à la conſideration du Pape. Xyſte reſolu de
venger la mort d'vn Archeueſque & d vn Preſtre, & l'affront fait à vn Cardinal, employa les armes du Ciel & de la
Terre contre les Florentins, qu'il priua de la communion des
Saints, & leur declara vne guerre cruelle, aſſiſté des forces de
Ferdinand Roy de Naples & d'Alphonſe ſon fils Duc de Calabre. Les Florentins en cette mauuaiſe conionture implore-
rent le ſecours du Roy de France, des Venitiens, & des Princes de Milan, de Mantouë, & de Ferrare: leſquels apres quelques legers combats, & la priſe de quelques villes ſur l'Eſtat
de Florence mirent les armes bas; & Laurens ſceut gaigner
ſi à propos l'eſprit du Roy Ferdinand, que non ſeulement il
luy fit agreér la paix, mais encore l'alliance des Florentins,
auec leſquels il voulut entrer en ſocieté de partis & d'intereſts. Xyſte ayant receu les nouuelles de cette Confederation ſe trouua bien eſtonné; & ſans doute qu'il eſtoit pour faire quelque nouuelle entrepriſe, ſi la crainte du Turc, qui
auoit porté la terreur dás toute l'Italie par la priſe d'Otrante,
ne l'euſt fait condeſcendre à s'accorder pareillement auec les
Florentins, qui furent condamnez de luy fournir 15. Galeres,
comme vne eſpece d'amende. C'eſt vne choſe bien remarquable, que ſes ennemis, qui penſoient l'eſtonner pendant ces
guerres en le citant à vn Concile, furent eux meſmes eſpou-
uentez de la reſponſe qu'il leur fit, qu'il eſtoit preſt de com-

paroiftre à vn Concile, pourueu que les Princes, qui s'eftoient
bandez contre luy, s'y trouuaffent en perfonne, pour rendre
compte de leurs mauuaifes actions, & des places qu'ils
auoient vfurpées fur l'Eftat de l'Eglife. Enuiron ce temps-là
le Roy de Chypre & le ieune Prince fon fils eftant decedez,
les Venitiens prirent vn pretexte fpecieux de s'emparer de
cette Ifle, fur la Reine qui eftoit Venitienne & heritiere de
la Couronne,& le danger qui eftoit imminent,que le Turc ne
s'en rendift le maiftre.Mahomet, eeluy qui auoit gaigné Conftantinople, & conquefté l'Empire des Grecs, alla mettre le
fiege au mefme temps deuant l'Ifle & la ville de Rhodes ; mais
ayant efté repouffé par le Grand Maiftre de l'Ordre Pierre,
d'Aubuffon, il vint defcharger fa rage fur l'Italie, où il prit
Otrante, & mit toute la Prouince dans vne telle confternation, que le Pape eftoit fur le point de fe retirer, lors que la
mort d'vn Tyran fi redoutable remit la ville en liberté,l'Italie
en repos, les Princes de l'Europe en paix, & le Pape en affeu-
rance. Xyfte fe voyant deliuré de la crainte d'vn ennemy
commun, prit le party des Venitiens, & fe ioignit à eux dans
la guerre cruelle qu'ils firent à Hercule d'Eft Duc de Ferrare
leur ennemy particulier ; à condition, que fi les Venitiens
auoient l'auantage fur le Duc, Hierofme de la Rouere fe pre-
uaudroit de la victoire, & s'enrichiroit des defpoüilles du
vaincu. Ceux qui fauorifoient Hercule, eftoient le Roy Ferdinand fon beau-pere, les Florentins & Louys Sforce, Tuteur du ieune Duc de Milan, & Regent de l'Eftat, lefquels
d'vn commun concert ayant donné la conduite de leur armée
à Frederic Duc d'Vrbin, firent tefte aux Venitiens pour leur
empefcher l'entrée dans le Ferrarois, & firent marcher le
Prince Alphonfe auec vn partie de leurs troupes fur les
terres de l'Eglife, lequel fit des courfes iufques aux portes de
Rome nonobftant le courage & les forces de Robert Malatefte fils de Sigifmond, que le Pape, qui dans cette occafion fe
feruoit de l'efpée auec autant d'auantage que des Clefs Apoftoliques, auoit choifi pour commander l'armée de l'Eglife.Il
eft vray qu'il fit plus de peur aux Citoyens par le bruit, que de
mal aux Soldats par la pointe de fes armes. Car la bataille fut
donnée au Champ-mort prez de Velitre, où Robert infe-

rieur en nombre d'hommes, mais ayant le deſſus de ſon experience & de ſon courage, defit ſon ennemy Alphonſe; lequel ayant veu ſon armée taillée en pieces, & ſes Chefs & ſes
Officiers pris, s'enfuit iuſques à Antie, & de là ſe retira tout
en tremblant à Naples. Robert ne poſſeda pas long temps
l'honneur de la victoire, qu'il perdit auec la vie, ayant eſté
empoiſonné comme l'on penſe, quelques iours apres, par les
enuieux de ſa vertu. Frederic d'Vrbin, qui faiſoit la guerre
pour le Duc de Ferrare contre les Venitiens, mourut enuiron
ce meſme temps à Stellate dans ſon camp, laiſſant vn fils Guy
Vbauld heritier de ſa fortune & de ſon courage. Ces morts
inopinées cauſerent la paix entre le Pape & le Roy, & par leur
traité les Priſonniers de guerre, qui auoient eſté pris à la iournée Champ-mort, & les Cardinaux Colomne & Sabelle Priſonniers d'Eſtat, que le Pape auoit fait arreſter au Chaſteau
S. Ange, pour auoir eſté ſoubçonnés de quelque intelligence
ſecrete auec ſes ennemis, furent mis en liberté. Le S. Pere re-
nöüa meſme l'amitié auec la maiſon des Colomnes, qui auoit
porté les intereſts du Roy, auoit ouuert les portes de ſes places, & l'auoit touſiours aſſiſté dans cette guerre contre le S.
Siege : mais elle fut bientoſt deſnöüée par les factions de Laurent Colomne Protonotaire Apoſtolique, qui ſe vit aſſiegé
dans ſa maiſon par les Soldats du Pape, aſſiſtez des Vrſins, &
conduit au Chaſteau S. Ange, où il eut la teſte trenchée ; &
fut preſque cauſe de la ruïne entiere de ſa maiſon, qui fut de-
pöüillée de ſes Eſtats par la faute d'vn ſeul, & qui s'en alloit
perduë, ſi la mort n'euſt arreſté le cours de la vie & des deſſeins
du Pape. Pendant ices differens qu'il eut auec cette maiſon,
les Princes Confederez de l'Italie conſiderans la puiſſance
des Venitiens, qui s'augmentoit merueilleuſement des pertes
du Duc de Ferrare, ſe detaſcherent du party de cette Republique, pour l'engager dans les intereſts de la cauſe publique.
Auſſi-toſt il fit commandement aux Venitiens de ſe retirer des
terres de Ferrare, & ſur le refus qu'ils firét de luy obeïr, & meſme ſur les preparatifs de vouloir reſiſter, il lés excommunia.
Le rendez vous des Princes fut à Cremone, où ils tinrent conſeil de guerre, & conclurent tous, qu'il falloit s'oppoſer à ſa
faueur & aux progrez des Venitiens, qui ſe preparerent de leur

costé à souftenir la plus cruelle & la plus dangereufe guerre,
qui fe fuft iamais formée contre leur Republique depuis fa
fondation. Alphonfe Duc de Calabre les auoit defia reduits à
l'extremité, lors que Louys Sforce, qui fe fepara de l'armée
des Confederez pour aller à leur feeours, contre le gré du Pape, leur apporta la paix auec des conditions auantageufes, au
temps qu'ils fembloient auoir perdu l'efperance auec les forces. Le Pape ayant confumé fes finances & efpuifé fes coffres
en de fi grandes guerres, fut le premier de tous les Pontifes
Romains, qui dans ces neceffitez publiques crea de nouueaux
Offices, qu'il vendit pour en auoir de l'argent. Sinolphe de
Caftre Protonotaire, homme adroit & intelligét, eut la commiffion de reftablir les Abbreuiateurs de la petite Prefidence,
que Pie II. auoit inftitués, & que Paul II. fon fucceffeur auoit
fupprimez, dont les charges furent venduës 500. efcus, & celles des Solliciteurs 300. outre certains offices de Stipulans,
dont la prefence eftoit neceffaire abfolument pour la validité
des Contracts, & des Actes publics; les places des Ianiceres,
Stradiots & Mameluës, vne partie defquels fut puis apres caf-
fée par Innocent VIII. qui luy fucceda. Il crea pareillement
neuf Notaires du Fifc Apoftolique, & leur donna les gages
qui fe payoient auparauant à vn feul, lequel exerçoit cette
commiffion. Par ce moyen la liberté de la Cour Romaine fut
mife en feruitude, & les offices, qui eftoient la recompenfe des
bons efprits & des vertus, furent les prefens d'vne fortune
aueugle, & le prix d'vne auarice corrompuë. Il fut pareillement le premier qui expofa en vente les Offices du Procureur
de la Chambre Apoftolique, du Protonotaire du Capitole, des
Mefureurs du fel, & des Chambriers de la ville, & qui augmenta les anciens droits, inuenta de nouueaux impofts fur fon
peuple, & exigea des Ecclefiaftiques des decimes extraordinaires par vne auarice eftráge, que i'eftime pluftoft eftre vn effet de la neceffité des temps, ou de la mauuaife conduite de fes
parés & de fes officiers, que de fon naturel, qui fut le plus liberal & munifique, le plus prompt à faire du bien aux hómes, &
le plus obligeant d'vne bonne grace de tous fes Predeceffeurs.
Son Palais & fes coffres furét ouuerts à tous les miferables, que
la difgrace de la fortune, & la fureur des Turcs auoit chaffé de

leurs Eſtats. André Paleologue Seigneur de la Morée,& Leonard Tocci Prince d'Epire, furent entretenus de ſes deniers, ſuiuant leur condition. Il maria Sophie fille de Thómas Paleologue au Duc de Moſcouie, & outre pluſieurs autres preſés luy
donna ſix mille eſcus pour ſon dot. Il receut & traita honorablement les Reynes de Chypre & de la Boſnie, qui ſe rendirét
à luy, apres auoir perdu leurs biens & leurs ſuiets. Il regala
ſomptueuſement dans ſon Palais Chriſtierne, Prince religieux, Roy de Dannemarck, de Suede, de Noruege, & des
Goths, & celuy de Boſnie & de Valachie, venerable pour ſa
vieilleſſe & pour ſa pieté, auec les Ducs de Saxe & de Calabre,
qui eſtoient venus à Rome pour luy baiſer les pieds, & viſiter
les corps des Bien-heureux Apoſtres. Il rendit tous les deuoirs
d'vn Pontife ſouuerain à Ferdinand Roy de Naples, lors qu'il
vint auſſi à Rome pour gaigner le Iubilé, luy remit le tribut que
la Sicile doit au Saint Siege, ſe contentant d'vn cheual bardé
pour toute reconnoiſſance, & receut auec vne pompe Royale
ſa fille Eleonor, quand elle paſſa pour aller trouuer ſon mary,
le Duc de Ferrare. Et pour faire paroiſtre ſa munificence en
des occaſions ſaintes plus glorieuſemét que ſur des ſuiets pro-
phanes, il canoniſa S. Bonauenture Religieux de ſon Ordre &
Cardinal de l'Egliſe Romaine, illuſtre en ſcience & en miracles; il adiouſta aux feſtes du Kalendrier celles de la Conception, & de la Preſentation de Noſtre Dame, de Sainte Anne,
de S. Ioſeph & de S. François. Il confirma & augmenta pour
le repos de l'Egliſe, & pour le ſalut des Fideles, les Priuileges,
que ſes predeceſſeurs auoient concedez aux Ordres des quatre Mendians. Ces faueurs luy acquirent l'affection des peuples, & en particulier les ouurages publics qu'il fit faire ou refaire à Rome, luy gaignerent les cœurs des Romains, & le titre
de Grand. Car il fit oſter les immondices de la ville, nettoyer
les places, pauer les ruës, & demolir les porches & les galeries
des maiſons particulieres, qui empeſchoient la lumiere & la
proportion des baſtimens. Pour ſe diſpoſer au Iubilé de l'an
1475. qu'il auoit reduit de 50. à 25. ans, & pour receuoir les Pelerins plus commodément, il fit releuer depuis les fondemens
le vieux pont du Ianicule, que les Citoyens nommoient le
pont rompu, & qui ſe nomme à preſent le pont de Xyſte, puis

que c'eſt vn ouurage digne de la magnificence d'vn Prince,
& qui ne cede en rien aux ſuperbes deſſeins des anciens. Il fit
auſſi demolir l'Hoſpital du Saint Eſprit, que le temps auoit
preſque ruiné, & luy donna vne forme plus auguſte, & des
logemens plus commodes & ſpatieux. Ayant veu à ſes
pieds des enfans expoſez auec leurs nourrices, ce ſpectacle le toucha ſi viuement, qu'il leur donna vne maiſon pour
les loger, maria honorablement les filles, qui eſtoient deſia nubiles, & les autres qui teſmoignoient vne plus grande
pieté, il les deſtina pour ſeruir les malades, entre leſquels il
eut vne tendreſſe particuliere pour les pauures Gentilshommes, qu'il fit ſeparer des autres, & traiter ſelon leur qualité. Il
eut vne deuotion particuliere à la Vierge Mere de Dieu, à
l'honneur de laquelle il fit baſtir l'Egliſe de ſainte Marie du
Peuple auec le Monaſtere des Auguſtins, & celle de ſainte
Marie de la paix au milieu de Rome, qu'il donna aux Chanoines Reguliers qui auoient eſté chaſſez de S. Iean de Latran,
auec vne partie du Monaſtere dont il ietta les premiers fondemens, & qui fut depuis acheué, ou pluſtoſt edifié de neuf par
les liberalitez du Cardinal Caraffe. Il donna plus de iour à l'E-
gliſe du Vatican par des feneſtres de verre, & plus de fermeté
par des piliers du coſté qu'elle ſembloit menacer de ruine. Il
fit auſſi nettoyer, reparer & pauer celle de Conſtantin, refaire
le Palais de Latran qui s'en alloit par terre, & releuer pluſieurs
autres lieux de pieté, que l'iniure des hommes & des temps
auoit ruïnez, qui portent encore à preſent ſur leurs murailles
ſes armes & ſon nom. Les ſoins qu'il auoit de ſon peuple luy firent conduire l'eau Vierge depuis le mont Pincien iuſques à la
fontaine des trois Ruës par de nouueaux Aqueducs, nettoyer
& appuyer les cloaques publiques, eſleuer la ſtatuë de l'Empereur M. Aurele à cheual dans la grande place de Latran,
embellir & accroiſtre le Palais du Vatican de Galeries, & de
logemens commodes & honorables tant pour les gardes du
corps, qu'il inſtitua le premier pour la ſeureté de ſa perſonne,
que pour les Officiers de ſa maiſon, qui n'eſtoient logez auparauant que dans des Offices ſous terre, ſales, humides & mal
ſains. Mais le plus excellent de ſes ouurages fut la Biliotheque
du Vatican, l'employ digne d'vn Pape, compoſée des plus ra-

res liures qu'on put trouuer dans toutes les Prouinces de l'Europe, dont il donna la charge à Platine son Bibliothequaire, auec des reuenus suffisans pour l'entretien des liures Hebreux, Grecs & Latins, & pour l'achapt des liures noueaux. Ses paroles & ses exemples encouragerent les Cardinaux à contribuer de leur part leurs pensées & leurs moyens pour l'embellissement de la ville de Rome. Le Cardinal d'Estouteuille Euesque d'Ostie & Camerier de l'Eglise Romaine, fit bastir vne superbe Eglise, & vn beau Monastere aux Religieux de S. Augustin, desquels il estoit le Protecteur, auec le Palais prés sainte Apollinaire; vouter les aisles de l'Eglise de sainte Marie Maiour, & fortifier le port & la Citadelle d'Ostie. Les autres par vne loüable emulation employerent leurs reuenus à orner & enrichir la ville de Rome, qui prit vne nouuelle face, & pût dire lors auec autant de raison que sous l'Empereur Auguste, que le Pape Sixte l'auoit trouuée faite de briques, & couuerte de boüe, & qu'il la laissoit bastie de marbre & reuestuë d'or. C'est donc à iuste tiltre qu'on luy a graué cet Eloge au pied de sa figure dans la Bibliotheque du Vatican: Les Eglises, les Hospitaux, les ruës, les places publiques, les fortifications, les ponts & les fontaines, auec les nobles desseins que vous auiez de remettre le port en son ancienne forme, pour la commodité des Nautõniers, & d'enfermer le mont Vatican de murailles pour la seureté de la ville, sont les tesmoignages de vostre munificence; mais il faut confesser, que la ville vous est beaucoup plus redeuable, de ce que vous auez tiré cette Biblioteque des tenebres pour la mettre en vn si beau iour.

Son Pontificat fut remarquable par les calamitez publiques, par les tempestes frequentes, par les tonnerres, tremblemens de terre, & par les Eclipses du Soleil & de la Lune. Le Tibre sortit deux fois hors de ses bornes pour inonder la ville, l'Italie se vid affligée de la guerre dans toutes ses Prouinces, le Ciel se mit souuent en feu pour allumer des Cometes, la famine ou la cherté furent presque continuelles à Rome, les factions diuiserent l'Estat Ecclesiastique, & particulierement la ville de Tody par la mort de Gabriel Catelan, Chef des Guelphes, qui fut assassiné, & les partialitez des Colomnes & des Vrsins firent verser beaucoup de sang. Au reste ie puis dire sans mentir, que Sixte n'entreprit iamais rien, de ce qu'il creut eſtre vtile ou auantageux à la gloire de ſon Eſtat, ſans l'acheuer. Il eſtoit extremement ialoux de conſeruer ſes droits & ſa dignité, ſans apprehender la puiſſance des Princes qui luy eſtoient contraires, ce qu'il fit paroiſtre en diuerſes occaſions, & ſur tout aux guerres dernieres qu'il eut contre le Duc de Ferrare, & puis pour la defenſe du meſme Duc contre les Venitiens, leſquels eſtoient reduits à l'extremité, lors que Louys Sforce fit leur paix auec les Princes confederez, ſans le comprendre dans le traité : ce qui le toucha ſi viuement, outre ſes douleurs de la goute, qui croiſſoient auec le nombre de ſes années, qu'il en mourut de deplaiſir en cinq iours, dans ſon Palais du Vatican, la nuit entre le *vii* & le *viii* d'Aouſt 1484. ayant veſcu 70. ans & 22. iours, & gouuerné l'Egliſe 13. ans & 4. iours. Son corps fut porté dans l'Egliſe du Vatican, & mis deuant le maiſtre Autel dans vn excellent tombeau de bronze, que ſon neueu, le Cardinal de S. Pierre aux liens luy fit faire. Le S. Siege fut vacquant 16. iours.

INNOCENT VIII.
CCXXII.

L y a plus de 400. ans, que les Anceſtres du Pape Innocent VIII. abandonnerent la Grece le lieu de leur naiſſance, au téps que la Republique de Genes eſtoit la plus floriſſante, pour venir en Italie, & faire leur demeure les vns à Genes, & les autres à Naples.

Sans rechercher les cauſes de ce changemét de lieux, qui ne peuuent eſtre connuës par l'hiſtoire; ny les raiſons que peurent auoir ces illuſtres Grecs qui s'arreſterent à Naples, de quiter le nom ancien de leur famille, pour prendre celuy des Tomaceaux, auec le rang des premiers de la la ville, d'où eſt forty Boniface IX. ce Pontife tres-grand en
eſprit

esprit & en courage ; les autres, qui establirent leur seiour à
Genes, garderent le nom & les armes de leur maison, qui sont
de gueules à la bande eschiquetée d'argent & d'azur, en forme
de petits carreaux, que les Grecs en leur langue nomment Cy-
bi, & d'où cette famille a retenu le nom de Cybo. Et les vns
& les autres portent les mesmes armes, comme estans sortis
d'vne mesme maison ; bien que les Cybo de Genes ayent dans
les leurs le Chef d'argent chargé d'vne croix de gueules, qui
sont les armes de la ville ; cette Republique n'ayant pu reconnoistre plus glorieusement les grands seruices, que ceux de
cette maison luy ont rendu, qu'en l'honorant des marques
& des couleurs de son Estat. Tandis que les Genois possedoient la ville de Pene, sous l'Empire des Princes Latins &
des Paleologues, cette famille fut tousiours vne des plus con-
siderées, pour les grandes charges qu'elle exerça & en guerre
& en paix pour la liberté de sa patrie. Pour ceux de Genes, les
Ambassadeurs de la Republique, qui vinrent saluer Innocent
VIII. & luy rendre l'obeïssance des Princes Chrestiens, tesmoignerent publiquement, que les plus illustres familles du
pays faisoient gloire d'en estre descenduës. Frederic Cybo
Euesque de Sauone, estoit en grande reputation de sainteté il
y a desia 340. ans, sous le Pontificat d Honoré III. vingt ans
apres Landfranc Cybo, personnage esgalement versé aux affaires de la paix & de la guerre, vn des Nobles qui auoient
l'administration des affaires publiques, fut creé Consul de
Genes, qui estoit la premiere dignité de cet Estat. Guillaume
Cybo peu de temps apres fut fait Cheualier de la main de
Frederic II. & enuoyé en Ambassade vers le Pape Clement
III. pour des affaires embroüillées de la Republique, dont il
s'acquitta si dignement, qu'il merita de receuoir de ses Citoyés
dans l'escu de ses armes vne croix de gueules au Chef d'argét,
côme i'ay desia dit cy deuant. Seize ans apres, dans la cruelle
guerre que les Pisans eurent auec les Genois, Mutius Cybo
ayant fait esquipper vne galere à ses despens, osa bien deffier
au combat vn des grands vaisseaux de Pise, auec lequel il vint
aux mains, & gaigna la victoire. Enuiron l'an 1290. Princiua-
les Cybo, comme on le peut recueillir des memoires de quelques particuliers, qui ont esté soigneux de remarquer les affai-

res du temps, fut vn des Nobles qui conſpirerent contre le
peuple, pour auoir l'adminiſtration entiere de l'Eſtat, & le premier de tous en prudence, conſeil & grandeur de courage. Daniel Cibo, apres auoir fait des merueilles en Afrique contre les
Mores, & s'eſtre acquis la faueur & l'autorité de ſes Citoyens,
donna ſa fille en mariage à Lucian Grimaud Prince de Mona-
co Auguſtin Iuſtinian parle d'eux dans l'hiſtoire de Genes,
qu'il a eſcrite en langue Italienne. Enfin Aaron Cybo illuſtre
Cheualier, & pere d'Innocent VIII. fut conſideré de René, &
puis d'Alphonſé Roys de Naples, qui luy donnerent de glorieux emplois aux fonctions de la paix & de la guerre. Car
ayant conduit huit cens arbaleſtiers, que les Genois enuoyoiét
au ſecours du Roy René d'Anjou, il s'acquit tellement les
bonnes graces de ce Prince par ſon courage & par ſa valeur,
qu'il le fit Vice-Roy de Naples. Il ſe comporta dans cette
charge auec tant de moderation & d'integrité, qu'Alphonſe
apres auoit remporté la victoire ſur ſon aduerſaire, fut comme
forcé par les ſupplications des Napolitains de le prendre en
ſon amitié & le continuer dans ſon gouuernement. C'eſt ce
qu'en dit Facius. Sous le Pape Caliſte III. il eut pareillement
l'adminiſtration de la ville de Rome en qualité de Senateur,
& fit paroiſtre les meſmes vertus dans la capitale de l'Vniuers,
qu'il auoit exercées à Naples. L'on void encore ſes armes &
ſon eloge au Capitole.

Iean Baptiſte ſon fils, qui vint au monde l'an mil quatre cens trente-deux, & qui auoit l'eſprit auſſi beau que
le corps, veſcut quelque temps à la Cour du Roy Alphonſe, & puis de Ferdinand ſon fils ; d'où eſtant ſorty pour
venir à Rome, il eut rang parmy les domeſtiques du Cardinal de Bologne, frere du Pape Nicolas cinquieſme dont
il acquit le Palais magnifique, prés de Saint Laurens en
Lucine, apres qu'il fut fait Cardinal. Paul deuxieſme le
nomma Eueſque de Sauone, & Sixte quatrieſme le fit
Eueſque de Melfe, & Dataire ; & enfin Cardinal, tant
pour l'amour du pays, que par les prieres du Cardinal Iulien neueu du Pape, qui voulut auoir vne creature à ſa deuotion, & faire voir au Conclaue, qu'il auoit autant de pouuoir enuers ſon Oncle, que l'autre Cardinal neueu Pierre

de la Rouere , qui auoit procuré la mefme dignité pour
Eftienne Nardin Milanois. Bien qu'à dire vray les tefmoignages de fa bonne vie & fa haute reputation luy feruirent dauantage, que les confiderations du pays & du fang, pour gaigner
l'amitié du Pape Sixte, comme il s'eftoit acquis l'affection vniuerfelle du peuple par fes ciuilitez & courtoifies, qui luy faifoient auoir vne merueilleufe condefcendance, & luy ouuroient la bouche & le cœur pour parler & fecourir les perfonnes de la plus baffe condition. Eftant Cardinal il eut la fur-
intendance de Rome, en vn temps fafcheux, le Pape abfent,
& la pefte allumée par tous les cartiers de la ville. Il fut nommé puis apres Legat en Allemagne, pour moyenner la paix
entre l'Empereur Frederic & Matthias Roy d'Hongrie, qui
fe faifoient vne cruelle guerre depuis plufieurs années, & pre-
fider à la Diete de Nuremberg, qui deuoit s'affembler au
Carefme prochain, n'y ayant perfonne dans le facré College, qui fût plus dans l'eftime, & iugé plus capable que luy
d'eftre le Mediateur & l'Arbitre d'vne paix fi importante
à la Chreftienté. Il eft vray que d'autres affaires qui furuinrent l'arrefterent à Rome, & empefcherent l'execution de ce
deffein.

L'an mil quatre cens quatre vingt quatre le Pape Sixte
eftant decedé, vingt-quatre Cardinaux affemblez dans le Conclaue luy donnerent leur voix, à la faueur de Iulien de la Rouere Euefque d'Oftie, & de Rodriguez de Borgia Chancelier
de l'Eglife Romaine, & le mirent fur la Chaire de Saint Pierre, vn iour de Dimanche, vingt-neufiefme d'Aouft. Il prit le
nom d'Innocent VIII. à l'honneur d'Innocent IV. dont il
auoit la memoire en veneration. L'efclat de fa Couronne, &
la hauteur de fon Throfne ne luy firent rien perdre de cette
douceur & modeftie, qu'il auoit cultiuée dans vne vie particuliere. Il eft vray, qu'il eftoit plus liberal en paroles & en ciuilitez, qu'en productions & en effets, & tafchoit de couurir
prudemment l'auarice qui luy eftoit naturelle par des rencontres agreables. L'amour qu'il auoit   . pour la paix & pour la
religion luy fit fouuent efcrire aux Princes Chreftiens, les fu-
pliant d'appaifer leurs querelles, & de ioindre leurs armes,
pour abbattre les forces du Turc, qui eftoit defia redouta-

ble à l'Vniuers. Et pour les engager dauantage dans vn si loüable deffein ; il leua l'excommunication que son Predeceffeur
auoit iettée contre les Venitiens, au suiet de la guerre qu'ils
auoient cuë auec le Duc de Ferrare, & traita familierement
auec les Ambaffadeurs des Princes & des Republiques, pour
se rendre mediateur de la paix entre leurs Maiftres, leur reprefentant les malheurs qui accompagnent les guerres, comme
la prophanation des temples , l'interruption du feruice de
Dieu, la defolation des Prouinces, la ruine des villes, le viole-
ment des filles, & plufieurs autres calamitez, qu'il leur mettoit
deuant les yeux auec beaucoup d'eloquence & de ferueur. En
fuite il porta fon efprit au reglement des affaires Ecclefiaftiques & à la Police de la ville de Rome, ayant pour cet effect
confirmé les priuileges des Citoyens, chaftié l'infolence des
mefchans, & reconnu la verité des gens de bien par des charges & recompenfes. Il fupprima les Mamelues, que Sixte auoit
inftituez, & tefmoigna autant de facilité à donner audience à
tout le monde, que de feuerité à faire rendre la iuftice par fes
Officiers. Et pour fe rédre les SS. fauorables en fon gouuernement, il canoniza Leopold Duc d'Auftriche à la veuë de fes
miracles, & aux prieres de l'Empereur Frederic. Au mefme
temps il fit emprifonner Ambroife Coran General des Au-
guftins, au fuiet de quelques vieilles querelles, & perdit deux
grands Calices d'or, qui auoient efté donnez à l'Eglife de faint
Sauueur par Louys XI. Roy de France, & Ferdinãd Roy de Naples, auec la mitre de S. Sylueftre, qu'on nomme le Royaume,
qui furent defrobez fans qu'on ait iamais peu defcouurir les
auteurs du larcin. Comme il eftoit griefuement malade, les
principaux de la faction des Vrfins prirent les armes contre
ceux de la maifon des Colomnes, & fans auoir efgard aux prieres & remonftrances qu'il leur fit, apres qu'il eut recouuré fa
fanté, ny aux malheurs qu'en receuoit la ville & toute la Prouince, fe firent vne guerre cruelle & plus que ciuile, mettant
au pillage à fang & à feu les fortunes & les perfonnes des Citoyens Romains; Virginie des Vrfins faifant tout fon poffible
de fe venger par ces defordres de l'iniure qu'il pretendoit auoir
receuë de fa Sainteté, qui luy auoit ofté la Prefecture du Palais
Apoftolique, & les Colomnes tournans toutes leurs forces cõ

tre les places dependantes de la maison des Vrsins, qui furent
saccagées. Cette guerre intestine ne fut qu'vn essay d'vne
guerre estrangere entre le Roy Ferdinand & les Grands de
son Royaume, qui se banderent contre luy, au suiet de la mort
du Comte de Montorio, auquel il fit trancher la teste, & se
ioignirent aux habitans d'Aquila, qui estoient les plus interes-
sez en cette mort, & tous ensemble demanderent secours au
Pape & aux Venitiens. Le Pape, qui consideroit ces mouuemens, comme vne occasion fauorable pour se faire payer du
tribut que le Roy luy auoit refusé, & s'emparer d'vne si noble & opulente ville, à dessein de l'vnir au domaine de l'Eglise, suiuant le mauuais conseil de quelques vns, prit la protection des seditieux, mit sur pied vne armée considerable,
attira les Colomnes & les Sabelles à son party, sollicita mesme les Vrsins, qui pour estre obligés au Roy, ne voulurent
point entendre à aucune proposition, & engagea les Venitiens
dans cette guerre. Robert de saint Seuerin, homme de main
& de conseil, commanda les troupes de l'Eglise, & le Cardinal de Verone fut deputé Legat. Ferdinand voyāt sa personne
& ses Estats attaquez par des ennemis si redoutables, implora le secours des Florentins & du Duc de Milan, qui ayant
leué, & fait passer promptement vne armée rompirent tous les
desseins du Pape, qui n'estoit pas bien versé aux ruses de la
guerre. Les Florentins estoient desia en fort mauuaise intelligence auec le Pape, qui s'estoit porté contr'eux pour les
Genois dans la guerre de Luques ; & les Vrsins, dont Virginie commandoit l'armée Royale, s'estoient ouuertement de-
clarés contre luy, & contre les Colomnes, les ennemis anciens
de leur maison. Ceux d'Aquila chafserent d'abord la garnison qui tenoit pour le Roy, & se donnerent au Pape ; les Vrsins & les Colomnes, ceux-cy assistés de Ferdinand, ceux là
d'Innocent, faisoient reciproquement souffrir aux suiets la
peine des pechez de leurs Maistres. On estoit venu aux mains
sur les Ponts du Tiberon, & ce qui donnoit de la crainte au
S. Pere estoit, que toutes les places, qui estoient dans la dependance des Vrsins aux enuirons de Rome, & sur les fron-
tiers de la Toscane, fauorisoient le party des Arragonois. Et
de plus, Robert General de l'Eglise, qu'on auoit enuoyé

querir expreſſement pour pouruoir à la ſeureté des Romains, au lieu de ſe mettre en campagne & de ꝛe-pouſſer les enne-mis, contre l'opinion qu'on auoit euë de ſon courage & de ſa fidelité, differoit d'vn iour à l'autre, & cherchoit des pretex-tes pour demeurer à Rome. Tout ce qu'il fit, fut de reprendre le Pont Nomentan, dont les Vrſins s'eſtoient emparez, ayant fait des deſpenſes exceſſiues, & preſque perdu ſon fils, qui re-ceut vne bleſſure au viſage d'vn coup de mouſquet, dans vne occaſion ſi peu conſiderable. Le Pape voyant le feu de la guer-re allumé dans ſes Eſtats, & connoiſſant qu'il eſtoit trahy des ſiens, fut contraint d'accepter vne paix plus neceſſaire à ſon peuple, que glorieuſe à ſa perſonne, par l'entremiſe d'Aſcanius Sforce, de ſon Legat, du Cardinal de Siene & du Chancelier de l'Egliſe Romaine, nonobſtant les oppoſitions du **Cardinal de Balues**, qui luy faiſoit eſperer vn prompt & notable ſe-cours de la part du Roy de France. Les articles portoient, que le Roy payeroit au Pape le tribut qui luy eſt deu pour la Sici-le que *les Grands*, qui s'eſtoient ſouſleuez, ne pourroient eſtre recherchez de leur deſobeïſſance & felonie, que le Pape nommeroit à tous les benefices du Royaume, qu'il n'appor-teroit aucun empeſchement aux entrepriſes des François, ſi iamais ils auoient le deſſein de rentrer dans leurs conqueſtes, que les Aquilains ioüiroient de leur liberté, & que les Vrſins, & entre les autres Virginie, ſe viendroient rendre au Pape, pour luy demander pardon. Le Roy d'Eſpagne, Louys Sfor-ce, & Laurens de Medicis engagerent leur parole pour le Roy Ferdinand. Les threſors de l'Egliſe eſtans conſumez aux frais de cette guerre, le Pape ſuiuant l'exemple de ſon prede-ceſſeur, crea cinquante deux Offices de Plombeurs des Bul-les Apoſtoliques, auſquels il aſſigna pour leurs gages certains reuenus de l'Egliſe, moyennant la ſomme de vingt-ſix mille eſcus, qu'il receut pour cette nouuelle creation. Il en tira ſoixante mille d'vn party de vingt-ſix Secretaires, dont il au-gmenta le nombre des anciens. Il fit pluſieurs autres Officiers ſur le port de la Riuiere pour l'abord & le debit des marchan-diſes, dont il fit vne ſomme de ſix mille eſcus. Ferdinand voyāt ſon ennemy deſarmé, ne ſe ſoucia plus de ſes promeſſes, viola les articles du traité, & refuſa de payer aux Agens du

Pape le tribut auquel il estoit obligé par ses dernieres cōuentions, & en qualité de vassal du S. Siege : de sorte qu'Innocent, n'ayant plus d'autres armes pour souftenir ses pretenfions, que les foudres du Vatican, excommunia son ennemy, & le declara descheu des droits de la Couronne de Naples en faueur du Roy de France, qui pretendoit que le Royaume luy deust appartenir par heritage & par succession. La geuerre estant terminée à Naples, il accorda les factions de Rome, & moyenna la paix entre les Marganes & les Sainte-Croix, les Vrsins & les Colomnes, apres des diuisions si longues & si funestes. Cette reconciliation faite entre les plus Nobles maisons de Rome, donna le repos & l'abondance aux Citoyens: & la feuerité, dont il vsa enuers les homicides, les factieux & les voleurs publics, fans pardonner mefme à ceux qu'il auoit autrefois honoré de fes faueurs & de fon amitié, mit l'asseurance & la paix par tout l'Estat Ecclesiastique. Il fit trancher la teste à deux freres, nommés les Bubales, dont la maifon feruoit de retraite aux feditieux:il fit pendre & brufler dans la place publique deux hommes confiderables, pour auoir esté cōuaincus de fausseté dans l'administration de leurs charges. Il leua les armes contre Bucalin Tyran d'Auxime, & l'enuoya prifonnier au Duc de Milan, fans auoir efgard aux loix de l'amitié qu'il auoit contractée auec les vns ; ny à la naissance des autres, dont les crimes ne purent estre excufez par les prieres ny par la noblesse de leurs parens. Il auoit eu quelques enfans, auant que de paruenir au Pontificat, l'vn defquels il maria richement à Magdelaine fille de Laurens de Medicis, vne des belles Princesses de fon temps, & l'autre nommée Theodorinte, il la donna pour femme à vn des plus puissans de Genes. Dans vne feule promotion il fit huict Cardinaux, deux à la confideration de leur naissance, l'Archeuefque de Beneuent fils naturel de fon frere, & Iean de Medicis frere de fa bru ; les autres à la priere du Roy de France & de quelques Princes particuliers, & Pierre Daubusson Grand Maiftre de Rhodes, pour auoir mis entre les mains du Roy de France le Sultan Zizim, fils de Mahomet, qui s'estoit ietté entre fes bras apres la bataille de Pruse en Bithynie, où il fut vaincu par fon frere Baiazeth. Le Roy de France fit con--

duire puis apres ce ieune Prince au Pape, qui auoit la volonté
de s'en feruir pour faire la guerre aux Turcs, s'il euft peu reduire les Chreftiens à vne bonne paix. Tandis qu'il vefcut, il
fut gardé honorablement dans le Palais du Vatican, & entre-
tenu aux defpens de Baiazeth, le Grand Seigneur fon frere,
qui luy faifoit tenir tous les ans fa penfion de quarante mille
efcus. La trop grande facilité de ce Pape fit naiftre le courage à quelques Seigneurs particuliers, de s'emparer des places
de l'Eftat Ecclefiaftique, qu'ils gouuernoient fous l'authorité du S. Siege, & d'Adminiftrateurs des villes, de s'en rendre
les maiftres, comme les Bentiuoles à Bologne, & les autres
à Peroufe, à Tody, à Fulgny & aux Iardins, lefquels neantmoins furent bientoft chaffez de leurs vfurpations par luy
mefme & par fes fucceffeurs. Le defir qu'il eut d'obliger la
pofterité de fes ouurages, luy fit entreprendre les baftimens
des galeres du Vatican, la belle maifon de Beluedere, le lieu
de diuertiffement & de plaifance pour les Pontifes Romains,
la voute du grand Autel de faint Iean de Latran fouftenuë de
deux belles colomnes, les Fontaines de la grande place de S.
Pierre, & plufieurs autres magnificences publiques, qui exciterent la pieté de quelques Cardinaux à fuiure les exemples de leur Souuerain, & particulierement de Pierre de Men-
doça, qui fit refaire la voute & la couuerture de fon titre l'E-
glife de S^{te}. Croix de Ierufalé, où il trouua dans vne muraille
vne partie du titre de la Croix de I. C .efcrit en trois langues,
que l'Empereur Valentinien y auoit enchaffé, il y auoit plus
de mille ans. Ce precieux Threfor fut defcouuert le mefme
iour, que Ferdinand & Ifabelle fa femme, les Rois Catholiques prirent la ville de Grenade fur les Maures, & ruïnerent
leur ancien Empire au Royaume d'Efpagne : & la mefme année que Baiazeth le Grand Seigneur, pour fe rendre le Pape
fauorable en la caufe de fon frere Zizim, luy fit prefent du fer
de la lance, qui ouurit le cofté du Fils de Dieu, laquelle Boemond auoit autrefois gaigné à la prife d'Antioche, & de laquelle il s'eftoit feruy miraculeufement pour emporter la Citadelle qui luy faifoit refiftance, & defaire en bataille vne
multitude prodigieufe des troupes infideles qui s'oppofoient
à fes Conqueftes. Boemond donna puis apres à l'Empereur
de

de Conſtantinople, & Baiazeth l'enuoya au Pape, qui la mit
dans l'Egliſe du Vatican, ſur vn Autel & dans vn Tabernacle de marbre, qu'il fit faire vn peu deuant ſa mort. Ce Pape
eſtoit d'vne riche taille, & d'vne bonne mine, beau de viſage, d'vn eſprit gentil & affectionné aux belles lettres. Il eſt
vray qu'il eſtoit vn peu peſant dans les affaires, à cauſe de ſon
indiſpoſition. Il tomba vn iour dans vne eſpece de letargie,
qui le tint prez de vingt heures dãs vne ſuſpenſion de tous les
ſens, ſans mouuement & ſans aucune marque de vie: De ſorte que le bruit de ſa mort eſtant deſia public, les Cardinaux ſe
preparoient à luy donner vn ſucceſſeur, lors qu'il reprit l'vſage
des ſentimens & de la vie au grand eſtonnement de tout le
monde. Il mourut deux ans apres preſque d'vne meſme maladie en ſon Palais du Vatican, le 25. Iuillet 1492. âgé de 60. ans
dont il en auoit employé VII. dix mois & XXVII. iours au gouuernement de l'Egliſe vniuerſelle. Son corps fut porté dans
l'Eglige du Prince des Apoſtres, & renfermé dans vn tombeau
beau de marbre deuant l'Autel, où il auoit mis le fer de la
Lance.

ALEXANDRE VI.

CCXXIII.

LEXANDRE VI. nommé Rodrigue, du Royaume de Valence en Eſpagne, changea le nom & les
armes de ſon pere Lenzol, d'vne des plus illuſtres
maiſons du pays, pour prendre celles de ſa mere
ſœur de Calixte III. auec le ſurnom de Borgia. Il
eſtoit encore ieune, lors que ſon oncle le nomma à l'Archeueſché de Valence, & le fit Cardinal Diacre, & Chancelier de l'Egliſe Romaine. Sixte IV. luy confera puis apres les
Eueſchés d'Albe, & de Porto ſuffragans du S. Siege, & l'employa dans les plus importantes negotiations de ſon Eſtat. Entre autres il fut enuoyé Legat en Eſpagne, pour accorder les
Rois de Portugal & d'Arragon, qui eſtoient en conteſtation

d

pour la Couronne de Caftille. N'ayant rien auancé pour le fait de fa legation, il monta fur les vaiffeaux des Venitiens, & reprit la route d'Italie, où il perdit tous fes meubles par vne tempefte, qui l'accueillit fur les coftes de Pife, & eut bien de la peine à fe fauuer luy mefme du nauffrage que fit vne de fes Galeres, qui portoit cent quatre-vingt perfonnes, entre lefquels eftoient trois Euefques, & plufieurs Docteurs en Droit Canon & Ciuil, auec vn grand nombre de fes Officiers & Domeftiques, qui fe noyerent tous, apres auoir combatu vne nuict entiere, & vne bonne partie du iour contre les vents & les flots. Innocent VIII. eftant decedé, Rodrigue fut efleu l'onziefme iour d'Aouft l'an 1592. par les fuffrages de 22. Cardinaux affemblés au Vatican, quelques-vns defquels fe laifferent corrompre, à ce qu'on dit, par fes promeffes & fes prefens, pour luy donner leur voix, dont ils furent puis apres recompenfez par la perfidie & defloyauté d'vn homme autant ingrat, qu'indigne de ces honneurs. Le Chef de cette brigue mercenaire fut Afcane Sfortia, qui ayant obtenu la charge de Chancelier, pour nommer le plus mefchant du Conclaue à la dignité d'vn Pontife Tres-faint, fut puny comme il meritoit quelques années apres de fa temerité. Quelques-vns des plus fages de l'Affemblée, qui connoiffoient la mefchanceté couuerte, & le naturel diffimulé de cet Efpagnol prophetiferent ce qui arriua depuis, que celuy qu'ils auoient efleu en perdant la confcience & l'honneur, leur feroit vn iour perdre les biens & la vie. Et de vray, de ceux qui l'efleuerent à la fupreme dignité de l'Eglife, les vns furent bannis & priuez de leurs charges, les autres pafferent leurs iours dans vne trifte & honteufe prifon, ou les finirent d'vne mort violente & funefte : Iulien Euefque d'Oftie, & le Cardinal de faint George, Camerier du S. Siege Apoftolique, furent contraints de s'abfenter durant dix ans, apres auoir veu leurs proches chaffés du Frioul & d'Imola. Baptifte des Vrfins & Iean Michaelis, qui auoient profité de fon Palais magnifique, de fes meubles pretieux, & de fon Euefché de Port, moururent dans le chafteau S. Ange, l'vn par la main d'vn Bourreau, & l'autre de poifon. Il eft vray que ces fpectacles de cruauté ne parurent aux yeux des Romains que fur la fin de

ſon Pontificat ; car au commencement, qui fut enuiron le
temps que Maximilian ſucceda à ſon pere Frederic à l'Empire, il eut ſoin, que la Iuſtice fut exercée ſeuerement à Rome, ayant commis pour cét effet des perſonnes qui viſi-
toient les priſons, & des Iuges qui prenoient connoiſſance
de toutes les cauſes criminelles, & luy meſme donnant audience tous les Mardis à ceux qui ſe preſentoient à la porte de
ſon Palais. A la premiere promotion des Cardinaux il donna
le Chapeau à vn de ſes neueux Iean de Borgia, qu'il enuoya
Legat à Naples, pour mettre la couronne ſur la teſte du nouueau Roy Alphonſe ſon allié fils du defunt Ferdinand, & receuoir de luy le ſerment de fidelité, comme Vaſſal de l'Egliſe
Romaine. Ce fut lors que Charles VIII. Roy de France ieune Prince, plein de courage & d'ambition, paſſa comme vn
torrent dãs l'Italie, attiré par les diuiſions des Princes, & auec
le bruit & le feu de ſes canons, ces nouuelles machines de
guerre, & auec vne armée prodigieuſe, ne trouua point d'ob-
ſtacles à ſes conqueſtes qu'il ne forçaſt. Louys le More Duc
de Milan l'auoit porté à cette guerre, pour abbattre l'audace
du Roy Alphonſe, inſatiable en ſes deſirs, & pour renter dans
la poſſeſſion du Royaume de Naples, qu'il pretendoit luy appartenir, comme vne piece de la ſucceſſion de ſes Anceſtres.
Le Pape, qui eſtoit attaché aux Arragonnois d'alliance & de
confederation, voulant remedier aux mal-heurs de l'Italie, leua vne puiſſante armée pour la conſeruation de ſa Ville & de
ſa perſonne, & attira les Florentins à ſon party, ayant taſché
d'y engager les Venitiens & le Roy d'Eſpagne, pour ſe fortifier
dauantage ; leſquels aymerent mieux eſtre les Spectateurs,
que les Acteurs d'vne ſi ſanglante Tragedie. Charles faiſant
marcher ſon armée par le Milanois & par la Toſcane, paſſa
ſur le ventre de ſes ennemis, defit les troupes des Florentins
ſur le bord de Macera, & les obligea de receuoir la loy
qu'il voulut leur donner. De là il marcha droit à Rome, & y
fit ſon entrée le premier iour de l'an 1594 accompagné de 20.
mille hommes de pied, & cinq mille cheuaux, où il trouua
des viures, & toutes ſortes de commoditez pour rafraiſchir
ſon armée, qui eſtoit fatiguée des combats & du voyage. Il
auoit fait entendre vn peu auparauant aux Citoyens, qu'il ne

leur feroit fait aucun mal, s'ils luy ouuroient les portes, & don-
noiët le paſſage libre de leurs villes, & des viures à ſon armée ;
autrement qu'il auroit par la force des armes, ce qu'il n'auroit
peu gaigner par la douceur de ſes paroles. Ayant eſté receu de
la forte, il empeſcha les deſordres de ſes ſoldats, & fit punir
ceux qui violerent ſes ordonnances. Le Pape dans cette conionĉture ne ſçachãt à qui s'addreſſer, ſe retira dans le Chaſteau
S. Ange, d'où conſiderant l'eſtat de la ville auſſi tranquille parmy les armes, que dans vne profonde paix, il força ſon inclination pour ſe liguer auec le Roy. Ce prince, qui auoit les paroles & les aĉtions du Pape pour ſuſpeĉtes, en partant de Rome
prit auec luy ſon fils naturel Ceſar Borgia Cardinal de Valence en qualité d'Oſtage, ſous le titre ſpecieux de Legat, & emmena pareillemẽt Zizin frere du Grand Seigneur, dans le deſſein qu'il auoit de faire la guerre aux Turcs, dés auſſi-toſt qu'il
ſeroit en poſſeſſion de ſon Royaume. Mais ce Prince du Sang
des Ottomans mourut incontinent apres d'vne diſſenterie à
Capouë, au grand mal-heur des Chreſtiens. Alphonſe Roy de
Naples ſe voyant abandonné de tout le monde & haï de ſes
ſuiets, laiſſa ſon Royaume à ſon fils Ferdinand les amours de
ſon peuple, & ſe ſauua par mer dans la Sicile auec ſes threſors.
Ferdinand d'vn autre coſté, qui ſe ſentoit trop foible pour reſiſter aux François, abandonna la terre ferme, & ſe retira dans
vne petite Iſle, nommée des Latins *Ænaria.* Cependant Charles, qui contoit ſes iournées par ſes victoires, & qui gaignoit les
places en les regardant, s'eſtant rendu maiſtre d'vn Royaume
attira contre luy les armes de tous les Princes de l'Europe, qui
prenoiẽt de la ialouſie de ſes progrez & de la crainte de ſes deſſeins. Le Pape, l'Empereur, le Roy d'Eſpagne, le Duc Louys
Sfortia, & les Venitiens ſe liguerent enſemble contre luy, &
dreſſerent vne armée de 60. mille hommes pour luy fermer le
paſſage à ſon retour en France. La bataille fut donnée à For-
noüe, prez la ville de Parme, où les Confederez attendoient
l'armée Françoiſe, qui eſtoit partie de Naples, & marchoit à
grandes iournées, comme elle combattit d'vn grand courage,
laiſſant le ſuccez du combat douteux, & la victoire en balance. Charles ayant perdu ſes meilleurs hommes ſe retira dans
Aſt, & Ferdinand encouragé de ces pertes, fauoriſé de la

fortune, affifté de fon parent le Roy Catholique, & fecondé de Gonzaluu, furnommé le grand Capitaine , reprit bientoft ce qu'il auoit perdu , & chaffa les François de leurs conqueftes, & de toutes les places de fon Royaume. Alphonfe eftoit mort vn peu auparauant , & luy mourut bien-toft apres fans enfans, de forte que la Couronne tomba fur la tefte de fon oncle Frideric ; comme Charles Roy de France mourut auffi fans enfans, & laiffa pour heritier de fes Eftats Louys XII. Duc d'Orleans, lequel outre les pretenfions de fon Predeceffeur fur le Royaume de Naples, pourfuiuoit la Duché de Milan, comme le petit fils de Valentine fille de Iean Galeace premier Duc de Milan, & fit vne ligue pernicieufe & funefte à toute l'Italie, auec le Pape, qu'il tâcha d'obliger par toutes fortes de moyens, les Florentins, les Venitiens & le Roy d'Efpagne, pour faire vne guerre commune à Sforce & au Roy Frideric. Les articles du traité portoient, qu'apres la conquefte de la Principauté de Milan, les Venitiens auroient Cremone. Cefar Borgia, qui auoit quitté la pourpre & le Chapeau, pour efpoufer Charlotte fille du Roy de Nauarre, & parent du Roy de France, poffederoit la Duché de Spolete, la Marche d'Ancone, le Boulonois & la Romagnole, & que les François & les Efpagnols partageroient le Royaume de Naples. Louys le More fut bien-toft priué de fes Eftats & de fa liberté auec fon frere le Cardinal Afcanius, qui moururent tous deux dans les prifons de France. Cremone fuiuant les conuentions fut renduë aux Venitiens, & la guerre portée au Royaume de Naples. Frideric aima mieux fe ietter aux pieds de fon ennemy Louys XII. que de fe rendre entre les bras de fon allié le Roy Catholique, & efprouuer fa mifericorde que de tenter fes forces. Le traitement qu'il receut au deffous de fa condition trôpa fes efperances, & les differens qui furuinrent entre les François & les Efpagnols pour le partage de leurs côqueftes, donnerent la mort aux François, & le Royaume entier aux Efpagnols, par la valeur & la prudence du Grand-Capitaine. Le Pape, qui n'auoit point d'autres penfées, que pour l'agrandiffement de fes Baftards, trouua l'efprit de Cefar Borgia eftant encore Cardinal plus conforme à fon ambition, que tous les autres; lequel tandis que les Roys auoient les armes à la main, tafcha de fe

rendre Seigneur & Maiſtre des Eſtats de l'Egliſe, à ces fins attaqua tous les Princes, qui eſtoient de ſa dependance. La
maiſon des Vrſins porta les premiers coups qui luy furent dõ-
nez par le Seigneur d'Vrbin, accompagné du Legat, & de Iean
le fils aiſné du Pape. Quelques villes s'eſtoient deſia renduës,
& le ſiege eſtoit poſé deuant Brachian, qui ſe defendit courageuſement par la valeur d'vne femme veſue, iuſques à ce que
Charles fils naturel de Virginie des Vrſins, s'eſtant preſenté deuant la place auec quelques troupes, fit leuer le ſiege, & mit le
Legat & le fils du Pape en fuite, & leur Capitaine en priſõ; d'où
il fut eſlargy puis apres par le moyen de trente mille eſcus, qu'il
paya pour ſa rançon, & de la paix qui fut accordée aux Vrſins.
Le Pape voyant que ſes deſſeins ne luy ſuccedoient pas ſelon
ſes volontez par la voye des armes, recharcha l'alliance des
Grands, & donna ſa fille Lucrece à Sforce Prince de Piſtoïe,
bien qu'elle fuſt deſia mariée auant qu'il paruint au Pontificat, à vn Eſpagnol : laquelle ayant eſté repudiée, elle épou-
ſa en troiſieſmes noces Louys d'Arragon fils naturel du Roy
Alphonſe; & apres la mort de ce Prince Arragonnois, qui fut
tué, elle ſe maria pour la derniere fois à Alphonſe d'Eſt Duc
de Ferrare. Il fit le plus ieune de ſes enfans Prince de Squillace,
Ceſar le cadet Cardinal, & Iean qui eſtoit l'aiſné, Duc de
Candie en Eſpagne, & gendre du Roy Alphõſe, duquel il eſ-
pouſa la fille naturelle. Cetuy-cy fut aſſaſſiné la nuit par ſon
frere le Cardinal, comme il couroit les ruës de Rome, & ſon
corps ietté dans le Tibre, bien qu'ils euſſent ſoupé tous deux
enſemble ce iour là chez leur mere Zannocia, le pere preſtant
la main au meurtre de ſon fils, duquel il apprehẽdoit la fureur,
& qu'il n'attentaſt ſur ſa vie. Ce Cardinal n'ayant alors perſonne qui luy puſt conteſter la premiere place au gouuernement de l'Eſtat, ſe retira entierement du ſacré Collège, pour
ſuiure les exercices de Mars, auſquels il eſtoit porté, quitta la
pourpre & le Chappeau de Cardinal pour prendre l'eſpée & le
baudrier. Son pere le fit General de l'armée de l'Egliſe, qui
eſtoit le haut point de ſon ambition, & l'occaſion qu'il eut de
faire aſſaſſiner ſon frere; & Louys XII. le fit ſon allié par le
mariage de Charlote d'Albret, & Duc de Valentinois pour le
dot de ſa femme, & tous deux contribuerent leur puiſſance,

leurs forces & leurs moyens pour le rendre vn des plus puiffans Princes de l'Italie. Les Sforces donc ayans esté defpoüil-
lez de leurs Eftats, & conduits en France, & la guerre fe pre-
parant contre les Arragōnois, Cefar Borgia affifté des François
faifoit de grandes ruines & exerçoit des cruautez horribles
dans l'Æmilie, qu'il reduit fous fon obeïffance, excepté feulement la ville de Bologne, par la fuite ou par la mort des Seigneurs legitimes. Il s'empara pareillement de Frioul & d'Imola, en ayant chaffé les ieunes Seigneurs de la Rouere, & s'e-
ftant faifi de la perfonne de leur mere, qu'il fit conduire à Rome en triomphe, peu feant à la Maiefté d'vn homme. Fayence
fut le fruit de la mort de Manfroy: Rimini, Piftoïe & Senogalle ne luy purent refifter, les Princes qui les poffedoient, ayans
efté contraints d'abandonner leurs terres, pour fauuer leurs
perfonnes. Guy Vbauld Prince d'Vrbain, croyant auoir logé
dans fa maifon vn de fes amis, reconnut trop tard les rufes &
la perfidie d'vn mauuais hofte; qui le defpoüilla de fa Principauté, & l'obligea de s'enfuir de nuit auec quelques-vns de
fes domeftiques, pour ne point efprouuer la cruauté d'vn tyran, dont il auoit defia reffenty l'auarice. Il tourna puis apres
la pointe de fes armes contre les Varanes, Seigneurs de Camerin, d'vne tres-ancienne & illuftre nobleffe, prit leur ville, en
fit eftrangler quatre, & perfecuta les autres cruellement. De
là il defchargea fa rage fur la Nobleffe voifine de Rome, &
commença par l'ancienne famille des Caietains, qui poffedoient quelques places au pays des Volfces, l'vn defquels
eftoit Iacques fils d'Honoré, qu'il fit affaffiner, & l'autre le fils,
vnique de Nicolas, & le feul appuy de cette maifon, qui s'e-
ftoit retiré, & qu'il fit eftrangler. Les Colomnes ayans efté
chaffez pareillement de leurs Eftats par les armes des François,
ils furent contraints de mener vne vie errante par la Sicile &
par la Poüille, pour euiter les mains de ce Tyran, qui s'eftoit
defia emparé de leurs biens. Il ne reftoit plus que les Vrfins,
contre lefquels n'ayant aucun fujet de guerre, vne occafion fe
prefenta d'elle mefme la plus fauorable qu'il euft peu iamais
fouhaiter. Car ces Princes reconnoiffans la conuoitife infatiable, & l'ambition fans bornes de Cefar, & d'ailleurs confiderant fes progrés qui leur donnoient fuiet de craindre, qu'ils

n'efprouuaffent à leur tour fa cruauté, & qu'ils ne ioüaffent
leur perfonnage à quelque acte de cette fanglante Tragedie, fe
liguerent auec tous les intereffez, qui s'eftoient affemblez à
Peroufe, pour s'oppofer à la tyrannie de ce Barbare. Iean
Bentiuoglio feigneur de Bologne, Balion de Peroufe, Vitellius de Tiferne, Liberocte de Ferme, Pandolphe de Siene, le
Cardinal Baptifte & fon frere Paul de Vrfins, formerent vne
coniuration contre luy, leuerent des troupes, prirent d'abord
quelques places, & ayant defait le fecours qu'il enuoyoit dans
l'Æmilie, ils eftoient fur le point de remettre la Prouince en
liberté, lors que le Pape, affligé de ces pertes, tafcha par toute
forte de moyens d'appaifer les Vrfins, comme les plus confiderables, & dont l'exemple pouuoit feruir de loy à tous ceux
du party. Il les gaigna donc, ou pluftoft il les trompa fous les
apparences de fes belles paroles, & de fes grandes promeffes,
& les obligea par des conditions auantageufes de rendre les
places qu'ils auoient prifes, & de regagner Senogalle: où Paul
& François des Vrfins, Vitellius & Liberocte fe trouuerent
apres la rendition pour conferer enfemble. Cefar, qui eftoit
lors à Imola, fe feruant de l'occafion, du temps & du lieu propres à fa vengeance, s'y rendit auffi-toft auec quelques Compagnies de foldats Gafcons, & les furprit au defpourueu. Eux,
qui n'auoient point d'autres armes pour fe defendre, que la
priere & la foumiffion, vont au deuant de luy, & luy deman-
dent humblement pardon des fautes paffées, lequel les reçoit
humainement, & cependant met ordre en fecret qu'ils ne luy
puiffent efchaper. Ils l'accompagnent par honneur iufques à la
maifon de ville, où voulans prendre congé de luy, il les fit entrer, fous pretexte de tenir vn Confeil de guerre, & auffitoft les
portes furent fermées par des foldats apoftés, qui fe faifirent de
leurs perfonnes. Vitellius & Liberocte furent eftranglez le
mefme iour, & les autres vn peu apres receurent le chaftiment
que meritoit leur temerité, pour s'eftre fiez imprudemment à
la parole d'vn Tyran fanguinaire & mefchant. Il eft vray que
quelques vns attribuent la faute de cette legereté funefte à
Paul des Vrfins, qui fe laiffa corrompre par les prefens & promeffes du Pape, contre les fentimens de Vitellocius. Alors
Peroufe & Tiferne ayant chaffé les Balions & les Vitelles de
                                                      l'en-

l'éceinte de leurs murailles, se rendirent au Pape: lequel ayant receu ces nouuelles de nuit par vn Courier exprés, enuoya de grand matin chez le Cardinal des Vrsins, auquel il auoit donné toute sorte d'asseurance pour luy & les siens, pour le prier de venir au pluſtoſt au Palais, sur ce que les Colomnes, à ce qu'il diſoit, s'eſtans saisis des ponts & des passages de la riuiere, eſtoient aux portes. Luy qui ne se doutoit rien, s'y rendit, & fut pris aussi-toſt, & conduit prisonnier au Chaſteau S. Ange, auec vn Abbé amy de sa maison. L'Archeuesque de Florence, Renaud des Vrsins, & Iacques de Sainte-Croix furent arreſtez au meſme temps dans le Palais; bien que le lendemain Sainte-Croix fut eſlargy sous caution, pour aller mettre les places, qui eſtoient dans l'obeiſsance des Vrsins, entre les mains d'Alexādre, auec le conſentement du Cardinal, qui mourut bien-toſt apres du poiſon que le Pape luy fit donner. Cesar dans le deſſein de pourſuiure le reſte des cōiurés, ſortit de Senogalle auec vne armée de 15000. mille hommes, & se mit en campagne pour marcher contre Pandolphe, fit le degaſt aux enuirons de Siene, & prit quelques chaſteaux. Les Sienois, qui s'eſtoiēt reſolus au commencement de reſiſter à Borgia, & de se donner entierement à Pandolphe, se voyans trop foibles contre vn si puiſſant ennemy, luy conſeillerēt de s'abſenter pour quelque temps de leur ville, de peur que la preſence d'vn ſeul ne fût la cauſe de la ruine entiere de tous les Citoyens. Il se retira donc à Luques auec sa famille, & sa retraite fut incontinent ſuiuie de celle des ennemis. Bentiuole, qui eſtoit plus adroit & plus auiſé que Pandolphe, conſiderant les grands preparatifs de Cesar Borgia, chaſſa ou fit mourir les Citoyens qui luy eſtoient ſuſpects, & mit vn si bon ordre à ses affaires, qu'au cas qu'il ne pût repouſſer ſon ennemy par les armes, il pouuoit aiſement l'appaiſer par l'argent de ses coffres. Les Vrsins poſſedoient encore quelques places, & vne entre les autres fort ancienne, auātagée du lieu de ſon aſſiete, & fortifiée par les regles de l'art, que Cesar aſſiegea, & qui se rendit par compoſition à luy, à cō-dition que Iulien des Vrsins, qui eſtoit dedans, ſortiroit auec ſon bagage, ses meubles & sa famille Charles Roy de France voulant obliger dans ces extremitez Iordain des Vrsins fils de Virginie, qui eſtoit à sa ſuite, par la conſeruation des pretieux

e

reftes de fa maifon, efcriuit à Cefar, qu'il eût à faire retirer fes
troupes des terres de leur obeïffance. Et le Pape qui ne pouuoit
plus fouftenir les frais d'vne fi longue guerre, ny fubuenir aux
defpens de fon fils, qui viuoit à la Royale, fuiuant l'exemple de
fes derniers predeceffeurs crea de nouueaux officiers, & fit vn
corps de 80. Efcriuains des Brefs Apoftoliques, dont les offices
fe vendoient 750. efcus. L'argent qui prouenoit des autres
charges de la Cour Romaine, où tout eftoit en vente, & les
merites des hommes s'eftimoïér au prix de leurs deniers, eftoit
prefque incroyable fur les commencemens de fon Pontificat:
mais comme il diminua beaucoup puis apres par le partage qui
s'en faifoit auec le Cardinal d'Amboife, Archeuefque de
Roüen & Legat de France il tira de grandes fommes des Maranes d'Efpagne qu'il receut à Rome; dont le Roy Catholique,
qui les auoit chaffés de fes Royaumes, fe fentit fort picqué. Ie
dis bien dauantage ; puis qu'il vendit iufques aux Chapeaux &
aux titres des Cardinaux. Et neantmoins toutes ces negotiatiõs
d'iniquité n'eftans point fuffifantes d'entretenir le luxe de fon
fils, ny de faire fubfifter fes armées, ce monftre autant auide de
l'argent que du fang des hommes, apprehendant la pauureté,
fit empoifonner les plus confiderables de fa Cour, & entr'autres quelques Cardinaux, qui eftoient les plus riches, pour recueillir leurs defpoüilles, & contenter les defirs infatiables de
fon fils: & fe preparoit à faire le mefme traitement aux autres,
qui poffedoient les plus hautes charges, & les plus grands benefices, aufquels il afpiroit, lors que la Prouidence de Dieu
permit, que l'imprudence d'vn Efchanfon, caufa la mort à cet
homme né pour le malheur de l'Italie, & la derniere calamité à
fon fils Cefar, lors que fon pere formoit de nouueaux defleins
pour fon agrandiffement, & conceuoit des efperances d'vne
plus longue vie. Vn iour qu'ils foupoient tous deux à l'ombre
fur le bord d'vne fontaine auec les premiers du College des
Cardinaux, qu'ils auoiét inuités pour leur donner la mort fous
vn pretexte d'honneur, l'Efchanfon s'eftant mefpris au choix
des bouteilles, verfa le vin qu'on auoit empoifonné pour les
conuiez, au Pape & à fon fils. Cettuy-cy, qui auoit defia beu
extraordinairement, & par le moyen de quelques Antidotes,
& par les forces de fon âge & de fon naturel, refifta tellement à

l'actiuité du poison, qu'il en fut quitte pour vne maladie dangereufe, pendant laquelle fes troupes fe debanderent, & luy
mefme fe vid dans l'impuiffance d'epefcher que fes plus grãds
ennemis n'occupaffent en peu de temps le throfne de fon pere.
Et celuylà, qui auoit defia le corps vfé de vieilleffe, ne pouuant
pas fupporter les attaques du poifon, mourut bien-toft apres
dans fon Palais du Vatican le 18. Aouft 1503. ayant vefcu 72.
ans, & regné 11. & 8. iours. Son corps fut mis dans la Sacriftie
de l'Eglife du Vatican, dans vn tombeau de brique. Le Siege
vacqua vn mois & trois iours. Il femble que l'efprit de ce Pape
fut efgalement partagé des bonnes & des mauuaifes qualitez
des vertus & des vices. Son efprit, fon raifonnement, fa memoire, fa diligence aux affaires, fon eloquence naturelle, qui
fut auffi dommageable à plufieurs, qu'elle eftoit propre à perfuader, difcret en fes propofitions, & ferme à les deffendre &
fouftenir. Son humeur accommodante, qui luy donnoit de la
condefcendance à tous les naturels, des entretiés diuertiffans
auec les perfonnes ioyeufes, ferieux auec les graues, & des difcours politiques auec les hommes d'Eftat. Sa douceur & patience admirable pour gaigner ou addoucir les efprits qui luy
eftoient les plus contraires. Sa dexterité, qui fceut fi bien pratiquer les François, qu'ils fortirent de Rome comme fes bons
amys, & les Cardinaux qui luy eftoient fufpects, qu'il retint
dans le banniffement, fans interreffer leur dignité. Sa prudence à empefcher les tumultes au milieu du bruit des armes, &
du fang des plus Nobles. Sa defiancé, qui luy faifoit auoir l'œil
& la main par tout. Sa liberté dans fon loifir, fa conftance dans
les dangers, fa moderation dans les plaifirs qu'il prenoit fans
interrompre les foins des affaires publiques. Sa temperance
au repas & au repos. La veneration qu'il auoit pour les fciéces,
& particulierement pour le Droit: fa iuftice à payer exactemét
le falaire aux Docteurs, la folde aux gens de guerre, & la recõ-
penfe aux ouuriers, fans leur retrancher, ny differer le payemét
de ce qui leur eftoit deu. Sa liberalité, qui luy acquit l'obeiffã-
ce de fes foldats, & l'Empire de l'Italie. La bonté qu'il eut de
pouruoir pleinement aux neceffitez de la ville, & de luy pro-
purer des bleds de la Sicile pendant deux années de cherté, &
clufieurs autres belles parties luy pouuoient dõner vn des pre-

miers rangs parmy les Grands Pontifes, s'il n'euſt point terny
cet efclat par vne perfidie plus qu'Africaine, vne cruauté horrible, vne auarice immenfe, & vne cupidité fans bornes de
voir fon fils cõmander à l'vniuers, au detriment des loix & des
bonnes mœurs. Lors qu'il n'eſtoit point preſſé des affaires, il ſe
laiſſoit aller indifferément à fes plaifirs, & principalement des
femmes, aufquelles il eſtoit ſi fort addonné, qu'il en eut quatre
fils & deux filles. La plus cõſiderable fut Vannocia Dame Romaine, qu'il tint prefque au lieu de femme legitimè, eſtant encore homme particulier, à caufe de fa beauté, de fon humeur
charmante & de fa fecondité. Il fe plaifoit tellement à la co-
medie & aux fpectacles, qu'il alloit fouuent au chaſteáu S. Ange, pour voir paſſer des hommes mafquez, & femblables gen-
tilleſſes du téps. Au mariage de fa fille il fit reprefenter vn tournois, & vne iouſte de beſtes dans la place du Vatican. Iamais la
licence des Gladiateurs ne fut ſi eſleuée, & iamais la liberté du
peuple nè fut ſi abbaiſſée à Rome, que fous fon Pontificat, pé-
dant lequel la moindre calomnie eſtoit vn crime de mort, les
rüës durãt la nuit, & le dehors des portes durant le iour des re-
traites de voleurs, & Rome autrefois le port aſſeuré de toutes
les natiõs de l'Vniuers, eſtoit vn Theatre de fang & de carnage,
par la trop grande facilité duPape, qui permettoit à fes enfans
de faire toutes chofes impunément, & qui pour les fortifier dauantage dãs leur ambition, crea iufques à 43. Cardinaux à leur
deuotion. Il celebra le Iubilé de l'an 1500. & conceda les mé-
mes graces par fes Bulles aux abfens, qui ne pouuoient ou qui
ne vouloiét pas ver.ir à Rome, qu'aux prefens par leur voyage.

PIE III.
CCXXIV.

P RES la mort d'Alexandre VI. Cefar Borgia pouſſé
de fon ambition naturelle, s'eſtant faifi des threfors de
l'Eglife, fortifia le Chaſteau S. Ange, & s'empara du
Vatican, où il ietta 11000. hommes, dans le deſſein de faire vn
nouueau Pape à fa deuotion. Les Cardinaux apprehendans le

dágers'affemblerent dans l'Eglife de la Minerue, où ils furent affiegez par Michelet Capitaine du Valentinois, qui fut auffi-toſt repouſſé par le peuple, lequel prit les armes au premier bruit, ferma les boutiques, tendit les chaiſnes, & vſa de la meſme diligence que ſes Anceſtres, lors qu'Annibal ſe preſenta deuant leurs portes. Michelet voyant venir le peuple à luy ſe retira, ſans laiſſer autre marque de ſon courage, que le feu qu'il mit à vne partie de la maiſon des Vrſins: & Ceſar meſme s'eſtant laiſſé vaincre aux prieres de Proſper Colomne, & aux perſuaſions des Ambaſſadeurs de France & d'Eſpagne, ſortit dans ſa liɛtiere auec ſes troupes, & ſe fit porter à Nepet. Le Chaſteau tenoit encore bon, quoy que celuy qui eſtoit dedans euſt promis de ſe rendre. Les Peres ayant mis mille hommes en armes pour garder la ville, tandis qu'ils rendoient les derniers deuoirs de pieté à l'ame du Pape defunt, differerent pour vn temps de s'aſſembler, iuſques à ce que les Cardinaux tranſmontains qu'ils attendoient, fuſſent arriuez, & que l'armée de France, qui marchoit contre les Eſpagnols, commandée par le Cardinal d'Amboiſe, euſt paſſé, pour empeſcher les deſordres qui pouuoient naiſtre de leur preſence, ſi le Conclaue euſt eſté vne fois fermé. Ils ſe trouuerent enfin trente ſept Cardinaux, pour la plus-part diuiſez, ou engagez au ſeruice de Borgia, qui aptes vne longue conteſtation s'accorderent de donner leur voix au Cardinal de Siene, François Picolomini, le premier Diacre du ſacré College, fils de la ſœur de Pie II. qui l'ayant eſleué dés ſa ieuneſne, luy auoit donné le nom & les armes de ſa famille. Il n'auoit pas encore atteint dix-ſept ans, lors qu'il fut nommé à l'Archeueſché de Siene, le lieu de ſa naiſſance, & honoré du Chapeau de Cardinal; mais ſon eſprit & ſa prudence ſuppleans au defaut de l'âge, luy donnerent des emplois honorables ſous les autres Papes en diuerſes legations, dont il s'acquitta auec tant de ſuccez, que l'eſperance qu'on eut de ſon heureux gouuernement, luy ſeruit dauantage pour paruenir à la Monarchie de l'Eglife, que la memoire de ſon oncle. Il eſtoit encore fort ieune, lors qu'il exerça la legation de Rome, & de la Marche d'Ancone ſous Pie II. Paul II. le fit ſon Legat en Allemagne, où aptes pluſieurs allées & venuës,

les Princes fous fon authorité vinrent à vne conference des
points de Foy en prefence de l'Empereur Frideric , pour mettre vne ferieufe fin à leurs difcordes. Alexandre VI. l'enuoya
au deuant de Charles VIII. pour traiter de la paix des Arragonnois auec ce Prince , qui ne voulut pas feulement l'efcou-
ter , ny luy permettre l'entrée dans fon camp , tant la memoire de fon oncle eftoit odieufe à la France, contre laquelle il
auoit fouftenu le party des Arragonnois aux dernieres guerres
de Naples. Enfin ayant efté efleu pour fucceder au Pontificat
d'Alexandre, il prit le nom de fon oncle. Les Princes d Italie fe refioüirent de fa promotion , & Cefar Borgia vint expreffement à Rome pour le faluer, & remercier les Cardinaux, de ce qu'ils auoient donné le gouuernement de l'Eglife
à vn homme de bien. Les Vrfins trouuans l'occafion commode pour venger les iniures de leur maifon , attaquerent le
Valentinois au Vatican, lequel fe defendit courageufement ,
& coucha quelques-vns de fes ennemis fur la place. Mais le
Pape le fit arrefter puis apres , & renfermer fous bonne garde dans le Chafteau S. Ange. Les faueurs du monde font in-
conftantes , & fes grandeurs incertaines. Pie ne fut que XXVI.
iours fur la Chaire de faint Pierre. Il mourut le XVIII. Octobre 1503. d'vne playe qu'il auoit à la jambe. On foubçonna
Pandulphe Tyran de Siene de l'auoir fait empoifonner.

IVLE II.

CCXXV.

IVLE II. de l'ancienne maifon de la Rouere,
propre neueu de Sixte IV. nafquit à Sauone en
Ligurie l'an 1453. & fut nommé Iulien. Son oncle luy confera l'Euefché de Carpentras, & puis
le receut au nombre des Cardinaux, parmy lefquels il fut fucceffiuement Euefque de Sabine, d'Oftie &
de Velitre, Grand Penitencier de l'Eglife Romaine, & Legat d'Auignon , de la Marche d'Ancone, & de Bologne,

fans iamais changer d'humeur dans vne fi grande diuerfité. Il
eft vray que fon efprit perçant & rufé luy fit efprouuer l'inconftance de la Fortune, qui le traicta pendant le cours de
fa vie, tantoft en mere, & tantoft en maraftre. Sixte IV. l'enuoya en France, pour moyenner la paix entre le Roy & le Duc
de Bourgogne. Innocent VIII. fembloit partager auec luy
fon authorité, qu'il ne tenoit que de fa faueur. Mais Alexandre VI. qui n'auoit iamais efté d'accord auec luy, l'obligea de
s'abfenter de Rome pendant dix ans entiers, & de fe tenir en
France, ou à Auignon. Apres la mort de Pie III. les efprits
des Cardinaux furent fi vniuerfellement portez pour luy,
qu'ils l'auoient defia nommé auant que d'entrer au Conclaue; nonobftant les pourfuites que fit Cefar de Borgia, qui
s'eftoit fauué de nuict de la prifon, enuers les Cardinaux d'E-
fpagne, pour le Cardinal d'Amboife, ou pour quelque autre partifan de fa maifon. Dés auffi-toft qu'il eut apris l'élection de fon plus grand ennemy, il entra en deffiance, que celuy qu'il auoit voulu perdre fous le Pontificat de fon pere, ne
luy dreffaft à prefent quelque partie pour le ruiner luy mefme.
A cette occafion il prepara les chofes neceffaires à fa fuite:
mais le Pape en ayant eu le vent, le fit arrefter le propre iour
de fon Couronnement, qui fut le XXVI. de Nouembre 1503.
& ne luy donna la liberté, qu'apres qu'il luy eut remis entre les
mains toutes les places qu'il auoit vfurpées fur l'Eftat de l'E-
glife. Ce Prince infortuné n'ayant plus de lieu de retraite, ny
d'authorité pour fomenter fon ambition, monta fur mer au
port d'Oftie, & fe rendit à Naples, où il fut pris & conduit en
Efpagne par le commandement du Roy, qui le fit mettre en
prifon pour s'affeurer de fa perfonne. Apres trois ans d'vne
eftroite captiuité il trouua moyen de tromper fes gardes, &
de defcendre par la feneftre de fa chambre le long d'vne corde, & fe retira fecrettement à la Cour du Roy de Nauarre fon
parent, où il fut mal-heureufement tué dans vn leger combat.
Iule voulant s'apuyer de l'alliance des Grands, donna fa fille naturelle en mariage, laquelle il auoit euë auant que d'e-
ftre Pape, à Iean des Vrfins; & fa niepce à Marc-Antoine
Colomne, & reftablit ceux de cette maifon dans les places,
dont Cefar s'eftoit emparé par vne iniufte inuafion. Et non

content d'auoir repris ce qui pouuoit auoir esté aliené des terres de l'Eglise par ses predecesseurs, il chassa le Tyran Iean
Bentiuolio de Bologne auec sa femme & ses enfans, & entra
dans le traité de Cambray auec l'Empereur, le Roy de France,
le Roy d'Espagne, & les Ducs de Ferrare & de Mantoüe, contre les Venitiens, pour retirer de leurs mains les villes d'Arimini, de Faiense & de Rauenne, qu'ils occupoient sur le S. Siege;
Bresce, Creme, Bergame, & Cremone, que Louys Roy de
France pretendoit luy appartenir à cause du Duché de Milan;
Brindes & quelques autres places du Royaume de Naples,
qu'ils tenoient par engagement du Roy d'Espagne; & enfin
toutes les places dependantes de l'Empire, dont ils s'estoient
rendus les maistres. Les Venitiens battus des foudres du Vatican, & des armes de Ferrare, perdirent à la funeste iournée de
Garaddada 1509. leurs Chefs, leurs armées, & toutes les places qu'ils possedoient en terre ferme, & furent contraints de
resserrer leur ambition, & raccourcir les projets qu'ils auoient
formez d'vne Republique aussi florissante & imperieuse que
celle des Romains, dans le destroit de leurs marests. Les Venitiens apres cette perte, n'ayant plus que les larmes & les prieres pour repousser leur ennemy, s'addresserent au Pape, & le
supplierent de les receuoir en grace, & de ne permettre pas
que l'Italie fust la proye des Estrangers. Iule qui auoit desia regaigné par la victoire ce qui luy pouuoit appartenir, se laissa
d'autant plus facilement fleschir, qu'il auoit pour suspecte la
grandeur des François, qui outre la Duché de Milan, s'e-
stoient rendus maistres de la Republique de Genes, & tenoient la riuiere en bride, par la Citadelle qu'ils auoient fait
bastir. Il leua donc l'excommunication qu'il auoit iettée sur
eux, & en suite tascha de faire leur paix auec l'Empereur,
dont ils s'estoient rendus indignes par la surprise de Padoüe,
au temps qu'on traitoit de leur accommodement. Il s'efforça
pareillement par toutes sortes de moyens, de retirer Alphonse
d'Est Duc de Ferrare, comme son Feudataire, de l'amitié des
François, pour s'accorder auec les Venitiens. Mais il ne voulut iamais entendre à cette reconciliation, preferant l'amitié
du Roy de France & sa protection, auec les grands reuenus
qu'il retiroit des Salines de Comacle, dont il s'estoit emparé

pen-

pendant la guerre, aux menaces & aux cenfures du Pape Iule.
De forte qu'il n'y eut que Ferdinand, qui perfifta dans l'alliance du Pape, auec lequel il rechercha le fecours des Suiffes, pour faire la guerre au Duc de Ferrare fon vaffal ; & à
ce deffein vint à Bologne, pour eftre plus proche du camp.
Tout le fruit de ce voyage fut la prife de Modene, qui ne re-
compenfa pas la defaite de fon armée : qui fut taillée en pieces
par le Ferrarois ; & la perte de Bologne, qui fut reprife par
Bentiuole, affifté des François. Le Roy Louys fe voyant attaqué lafchement en la perfonne de fon amy, fe fortifia premierement de l'authorité de l'Empereur, & puis du confeil de
cinq Cardinaux, cita le Pape au Concile qu'il fit affembler à
Pife. Le Pape qui eftoit lors à Rauenne, fe voyant attaqué
dans fes Eftats & dans fa dignité, fit tout fon poffible de rompre le Concile de Pife, & de reprendre Bologne auec l'amitié
du Roy de France. Mais ce Prince fe croyoit trop offenfé
pour fe remettre bien auec celuy, dont les promeffes luy
eftoient auffi fufpectes, qu'il croioit auoir des euidences de fa
mauuaife foy. Alors le Pape fit publier vn Concile general à
Latran, pour l'oppofer à celuy de Pife, & excommunia le
Roy de France & tous fes adherans, auec les Florentins, qui
luy auoient prefté leur ville pour le lieu de l'affemblée, & degrada les Cardinaux autheurs de ce Concile de Pife, lefquels
furent reftablis puis apres par Leon X. excepté François de
Borgia, qui eftoit mort auparauant. Il implora de plus l'affiftance des Rois d'Efpagne & d'Angleterre, dont l'vn fe ietta
dans la Guyenne, & l'autre dans la Nauarre contre Iean d'Albret allié du Roy de France, lequel fut depoüillé de fon
Royaume ; & fe ioignit aux Suiffes pour chaffer les François
de l'Italie, & fe venger des Florentins, ayant nommé le Cardinal de Florence Iean de Medicis, Legat de Bologne & des
troupes confederées. Les Cardinaux de Pife apprehendant la
fureur du peuple, & de tomber entre les mains du Pape,
transfererent leur Concile à Milan, & le Roy de France voyant
fes frontieres attaquées par deux puiffans ennemis, & Brefce
prife par trahifon par les Venitiens, mit fur pied vne groffe armée, refolu de porter toute la guerre en Italie, & de commettre fa fortune au hazard d'vn combat general. Gafton de

Foix le plus excellent Capitaine de son temps, bien qu'il n'eust
encore aucun poil au menton : commanda l'armée, lequel
ayant repoussé les Suisses regagne Bresce, & deliure Bologne,
que le Pape tenoit assiegée, en haine des Citoyens, de ce
qu'ils auoient demoly sa citadelle, receu ses ennemis, & ietté
sa statuë de bronze auec ignominie du haut de l'Eglise à bas,
dont ils firent puis apres des Canons ; rangea son armée en
bataille à la veuë de Rauenne le propre iour de Pasques, où le
combat qui dura six heures, fut si opiniastrement disputé de
part & d'autre, que la victoire fut presque aussi sanglante pour
les François, que la perte pour les Confederez. Il en demeura
sur la place enuiron vingt mille, presque autant d'vn costé
que d'vn autre. La fleur de la Noblesse Françoise auec les
principaux Chefs, & le General y furent tués. Le Legat du
Pape, Pierre de Nauarre, qui auoit fait trembler les Maures
en Afrique, le Marquis de la Pescaire, & quantité d'Officiers furent menez prisonniers à Milan, marchant deuant le
corps de Gaston de Foix, qui en cet equipage receut la gloire d'vn funeste triomphe apres sa mort. De ce pas les François
animez du succez de leurs armes, & beaucoup dauantage de
la mort de leur Chef, marcherent droit contre Rauenne, dont
les Citoyens n'estoient pas moins esbranlez par le spectacle
du combat recent, que les murailles de l'effort du Canon; laquelle fut prise d'assaut, & esprouua toutes les fureurs de la
guerre. Ces nouuelles effrayerent tellement l'esprit du Pape
& celuy de Ferdinand, que l'vn desesperoit de pouuoir conseruer le Royaume de Naples, & l'autre auoit desia des vaisseaux preparez au port d'Ostie pour se sauuer. Mais ayant
remis leur armée sur pied, de laquelle Ferdinand Gonsalue
eut le commandement, ils se rasseurerent sur la retraite des
François, qui furent poursuiuis si viuement à leur retour par
le Cardinal de Sion, qu'ils furent contraints de reprendre le
chemin de France, & d'abandonner l'Italie soixante dix iours
apres la bataille de Rauenne ; le Mareschal de la Palice, qui
auoit succedé à Gaston de Foix, trop foible pour resister aux
Confederez, ayant eu l'ordre de reuenir promptement pour
defendre le dedans du Royaume, qui estoit assailly par trois
endroits des Espagnols, des Anglois & des Suisses. Les Car-

dinaux & les Peres de l'assemblée, qui ne croyoient pas estre
plus asseurez à Milan qu'à Pise , transfererent aussi leur assemblée à Lyon ; & les Milanois auec les autres peuples de la
Lombardie, qui ne pouuoient plus souffrir l'insolence des garnisons Françoises , chasserent leurs hostes, qui furent puis
apres presque tous taillez en pieces par les Suisses. Par ce
moyen la Duché de Milan reuint à Maximilien Sforce fils de
Louys le More, qui en prit l'inuestiture du Pape , comme vassal de l'Empire , & heritier legitime de son pere. En suite Bologne, d'où les Bentiuoles furent chassez ,& Rauenne reconnurent le S. Siege. Parme & Plaisance furét mis entre les mains
du Pape , par le traité de l'alliance. Genes secoüa le ioug des
François pour obeïr aux Fregoses. Les Venitiens reprirent
Creme & Bresce, & les Medicis furent restablis dans Florence.
Et dautât que les Suisses auoient plus contribué que les autres
au bon-heur de cette guerre, le Pape leur accorda plusieurs
beaux priuileges, & les honora du titre specieux de Prote-
cteurs de la liberté d'Italie. Les affaires communes estans ainsi
reglées, le Pape fit vn accord particulier auec l'Empereur, pour
faire la guerre aux Venitiens, qui refusoient de rendre Verone
& Vicenze, qu'on pretendoit estre deux membres de l'Empire. L'apprehension qu'ils eurent de l'esprit du Pape, & l'indignation qu'ils conceurent de se voir chassez de Bresce par les
Espagnols, contre les articles de leur confederation , les obligerent de renoüer leur amitié auec le Roy de France ennemy mortel de l'vn & des autres , lequel suscitoit tous les iours
de nouuelles parties au Pape Iule par le moyen de ses Cardinaux, qui luy opposerent l'Abbé de Cluny, vn nouueau Pape fait de leur main. Iule alors connoissant qu'il auoit offensé
les Venitiens par ce nouueau traité de confederation auec
l'Empereur, & voyant d'ailleurs qu'il ne pouuoit les retirer de
l'alliance des François ,en conceut vn tel déplaisir , & ensemble vne si grande crainte d'vn schisme, qu'il en mourut le xxi.
Feurier, l'an 1513. âge de plus de soixante dix ans, dont il en
employa neuf, trois mois & xxi. iours, autant à faire la guerre
aux Princes, qu'à gouuerner l'Eglise en paix. Magnanime ,
liberal, constant, ialoux des droits de l'Eglise, impatient aux
iniures, irreconciliable aux rebelles, moderé dans les pros, e-

ritez, maiſtre de ſon eſprit & triomphant de la fortune dans les aduerſitez ; qui amplifia l'Eſtat Eccleſiaſtique de pluſieurs Prouinces, chaſſa les vſurpateurs de Bologne, de l'Emilie & de la Flaminie, ouurit les portes de Modene à ſes Succeſſeurs, reünit Parme & Plaiſance à la Couronne de ſaint Pierre, & qui eut plus d'eſgard à la doctrine & à l'honneur des Princes, en la diſtribution des benefices & des dignitez, qu'à l'affection & aux pourſuites de ſes parens. Son corps fut mis en la Chappelle du Vatican prez celuy de ſon oncle Sixte IV.

LEON X.

CCXXVI.

CELVY qui a releué dauantage la puiſſance & la gloire de la maiſon de Medicis, c'eſt le grand Coſme, declaré Pere de la Patrie. Il eut deux fils de ſa femme Conteſine Barde, Iean, qui mourut ieune, & Pierre l'vnique heritier de ſa famile : lequel mit pareillement au monde deux enfans, Laurens & Iulien, peres de deux Papes, celuy-cy de Clement VII. le fruit d'vn mariage illegitime & clandeſtin, & celuy-là de Leon X. qu'il eut de Clarice des Vrſins. Leon nommé Iean naſquit à Florence le XI. Decembre 1475. qui fut eſleué dans les bonnes mœurs & dans les belles lettres ſous la conduite de deux excellents Maiſtres Ange Politian, & Bernard Michelot, deux grands Orateurs & bons Poëtes, tres-bien verſez aux langues Grecque & Latine. Il n'eſtoit encore qu'enfant, lors que Louys XI. Roy de France le nomma à vn Archeueſché, & Innocent VIII. luy mit le Chapeau ſur la teſte à l'âge de 13. ans, celuy-là pour obliger Laurens ſon pere, & celuy-cy à la conſideration de l'alliance contractée entre François ſon fils naturel & Magdelene ſœur de Leon. Côme les arbres bien cultiuez portent leur fruit de bône heure, il fit voir dés ſon enfance la douceur de ſon eſprit dans ſa côuerſation, la pureté de ſes mœurs dans les actions de sa vie, & vne maiesté dans son port & sur son visage digne de commander. Ces belles qualitez luy gaignerent l'affection de la ville de Rome, où il estoit venu vn peu auparauant que son pere mourût, & d'où il fut contraint de s'en retourner bien-tost à Florence, par la mort de ce Prince. En ce voyage le Pape le fit son Legat par l'Etrurie; ce qui luy seruit beaucoup pour regler les affaires de sa maison, & maintenir son frere Pierre dans le gouuernement de cette Republique. De ce pas il reprit le chemin de Rome, où il se trouua dans le Conclaue à la creation d'Alexandre VI. & se ioignit au party des Cardinaux de Siene & de Naples. Charles VIII. Roy de France suruint presque au mesme temps, qui chassa le Prince Pierre de Florence auec toute la maison des Medicis, qui fut vn coup de fortune si sensible à nostre ieune Cardinal, de voir son frere & ses parens priuez durant dix-huict ans du secours d'vne ville & d'vne Prouince, où ses Ancestres auoient si long-temps commandé. Ce qui l'affligea dauantage dans ces disgraces, fut l'inclination qu'Alexandre VI. eut pour le party contraire, qui l'obligea de s'absenter mesme du Royaume, pour voyager par l'Italie, la France & l'Allemagne, auec la mort de son frere, qui se noya dans la riuiere de Gariglian au Royaume de Naples, les Florentins ayant creé Soderin Dictateur perpetuel de la Republique. Apres le deceds d'Alexandre VI. il accompagna l'armée des Confederés à la guerre qu'ils eurent contre le Roy de France, & fut pris à la bataille de Rauenne. S'estant sauué de sa prison, il sceut vser si à propos de la faueur de ses amis, & particulierement du secours du Pape Iule ennemy des Florentins, pource qu'ils fauorisoient le Concile de Pise, qu'il prit le Prat, rentra dans Florence, deposa Soderin de sa Dictature, regla les affaires de la Republique à sa volonté, & en donna l'administration à son frere Iulien. Iule II. mourut deux mois apres, & Leon fut substitué en sa place par la brigue des ieunes Cardinaux, qui se lassans d'estre gouuernez par des vieillards, donnerent leur voix au Cardinal Iean de Medicis, qui n'auoit encore que 37. ans, & le mirent sur le Throsne de S. Pierre, au mesme iour que les François vn an auparauant l'auoient mis en prison à la bataille de Rauenne. Depuis le temps des Goths Rome n'auoit iamais veu vne pareille magnificence que celle de son couronnement, où l'on tient qu'il fut distribué au peuple pour cent mille escus de medailles d'or & d'argent. Ayant trouué toute l'Europe en guerre, & l'Eglise en Schisme, il tascha de procurer vne paix generale entre les Princes Chrestiens, pour la donner à l'Italie, qui estoit vn de ses principaux soins, & de tourner les armes de la Chrestienté contre le Turc. Ayant confirmé Sforce dans la possession du Duché de Milan, il recompensa les Suisses qui l'auoient assisté, restablit les Cardinaux du Concile de Pise qui reconnurent leur faute, dans leurs premieres dignitez, continua & finit le Concile de Latran, acheta la ville de Modene de l'Empereur, fit la paix entre ce mesme Empereur & les Venitiens, qui estoient en contestation pour les villes de Verone & de Vicense, & confera le gouuernement de la Republique de Genes à Octauian Fregose. Cependant François I. qui succeda à la Couronne de France par la mort de Louys XII. assisté des Anglois, & allié des Venitiens, descendit en Italie pour recommencer la guerre, que le Pape portoit pour ses interests, & à qui l'Empereur, le Roy d'Espagne, & les Suisses s'estoient ioints. La bataille de Melinian, que les François gaignerent, & où les Suisses furent taillez en pieces, luy fit ouurir sans beaucoup de resistance les portes de Milan. Sforce fut conduit en France auec vne pension de 35. mille escus pour sa Principauté: Parme & Plaisance, que Iule auoit annexées à l'Estat de l'Eglise, furent reprises, & le Pape Leon côtraint de ceder à la necessité, prefera l'amitié des François à toutes les autres considerations. Le Pape & le Roy se virent à Bologne, où la paix ayant esté signée de part & d'autre, le Roy passa par Milan & reuint en France. & Leon se rendit à Florence, & reprit le chemin de Rome. Son frere Iulien estât mort sans auoir eu d'enfans de Philiberte sœur du Duc de Sauoye, il donna la Principauté de Florence à Laurens son neueu, fils du Prince, qui se noya, comme i'ay dit, au fleuue de Gariglian. Alphonsine mere de ce Duc, trauaillée du mal des meres ambitieuses, dont les desirs pour les interests de leurs enfans sont insatiables, porta d'autant plus facilement l'esprit du Pape à faire la guerre au Duc d'Vrbin François Marie Feltrio, & le despoüiller de ses Estats en faueur de son neueu, qu'il

l'auoit pour fufpeƈt, & que d'ailleurs il auoit vne fi forte paffion pour l'agrandiffement de fa maifon, qu'il auoit defia formé
le deffein du viuant de fon frere Iulien, d'vnir les Republiques
de Siene, de Luques, & les Principautez d'Vrbin & de Ferrare
à la Principauté de Florence en faueur de ce frere. Ayant ainfi
defpoüillé Feltrio de fa Duché, il chaffa pareillement les enfans de Pandolphe de la ville de Siene, dont il donna la
poffeffion à Raphaël Petruce fon ancien amy , & le compagnon de fon exil & de fa mauuaife fortune. Il tafcha d'en faire
autant à Alphonfe Duc de Ferrare ; mais ce Prince prudent &
magnanime rompit tous les deffeins du Pape. Au méme temps
Ferdinand Roy d'Efpagne & de Sicile eftant decedé, laiffa fes
Couronnes à Charles fon heritier, & les Suiffes, qui n'auoient
pas perdu le courage par la perte de leur armée à la bataille de
Melinian, renoüerent l'alliance qu'ils auoient auec l'Empereur Maximilian, pour chaffer les François de l'Italie, nonobftant toutes les oppofitions du Pape, qui aimoit encore
mieux vne mauuaife paix qu'vne guerre douteufe. Mais les
François leur ayant paffé fur le ventre, reprirent Brefce fur les
Efpagnols par force, & retirerent Verone des mains de l'Empereur par vne fomme de deux cens mille efcus. Cette année
1517. memorable pour la paix de l'Italie, ne fut pas moins
funefte à l'Eglife Catholique par la naiffance de l'herefie de
Luther, que par les progrés de Selym Empereur des Turcs, qui
defit deux Sultans, & vnit à fa Couronne l'Egypte & la Syrie,
au detriment de la Republique Chreftienne. A ces nouuelles
le Pape inftitua ces proceffions folennelles, où il affifta auec
toute la Cour Romaine, marchant nuds pieds apres les chaffes & les images des Saints, qui furent portées dans cette ceremonie, pour appaifer la colere de Dieu. La mefme année fut
hazardeufe à Rome pour la coniuration des Cardinaux de la
maifon de Pandolphe qui ayant attenté fur la perfonne du Pape Leon, furent defcouuerts, mis en prifon, l'vn eftranglé de la
main d'vn Maure, les autres degradez, & les autres bannis.
Leon, qui auoit irrité l'efprit de tout le College par le mauuais traitement de ceux-cy, ne pouuant plus fe confier à aucun
de fes Cardinaux, en fit 31. à vne feule promotion, qu'il prit
de tous les endroits du monde Chreftien, les vns pour grati-

fier les Princes qui l'en auoiēt prié; & les autres, qu'il fit à prix
d'argent, pour fubuenir à la neceffité de fes affaires, eftant fi
fort engagé dans les guerres, dans les baftimens & dans les
profufions, qu'il fut contraint de vendre les Chapeaux, & d'e-
riger de nouueaux offices. Il choifit les plus habiles d'entre
eux, pour les employer à la paix des Princes Chreftiens; le
Cardinal Gaietan fut à l'Empereur. Bernard Bibiene au Roy
de France, & Gille de Viterbe au Roy d'Efpagne. Mais ces
Legations ne pûrent rien gaigner fur des efprits fi fort paffionnez, & mefmement apres que François I. Roy de France fe vid
reietté de l'Empire, qui fut adiugé par les Electeurs à Charles
V. contre les conftitutions, portans defenfe qu'vn Roy de Naples ne pourroit eftre Empereur, dont il fut difpenfé par le
Pape, moyennant fept mille efcus. Laurens de Medicis Duc
de Florence eftant mort de fes debauches, prefque au mefme
temps que Maximilian l'Empereur mourut en Allemagne,
Leon enuoya próptement fon coufin le Cardinal Iule de Medicis, pour prendre poffeffion du gouuernement de la Repu-
bliq. & fit decapiter Paul Balion, pédre & eftrangler Amedée
Tyran de Recanete. Puis apres il fe ioignit à l'Empereur & aux
Suiffes, pour rechaffer derechef les François de l'Italie, comme ils firent reftablir François Sforce le fils du More dans la
Duché de Milan, & reprendre Parme & Plaifance, qui eftoiēt
de l'Eglife. Les nouuelles de cette victoire cauferent vne fi
grande ioye au Pape, qu'vn peu auant que de fe mettre à table
il fut furpris d'vne fieure affez legere au commencement, mais
qui venant à croiftre depuis l'emporta du monde le 2. de Decé-
bre 1521. à l'âge de 46. ans, dont il en auoit employé huit, &
huit mois & vingt iours au gouuernement de l'Eglife Romaine. Vn peu deuant fa mort il auoit mis au nombre des Saints
Confeffeurs François de Paule, Fondateur des Minimes, à la
priere du Roy de France, car il auoit vne finguliere deuotion
aux Saints & aux ceremonies de l'Eglife. Il eftoit d'vne riche
taille, beau de vifage, le nez grand, la veuë foible, le regard
neantmoins doux & agreable, le difcours poly & plein de fen-
tences, d'vn efprit fubtil, & d'vn abord facile, patient à efcou-
ter & prudent à parler, zelé pour la iuftice, & ennemy mortel
des brigands & des affaffins, aufquels il fit vne cruelle guerre.

On

On le blafma d'vne chofe, d'auoir efté trop addonné aux de-
duits de la chaffe, aux banquets, & à la Mufique, qu'il fçauoit
à la perfection, & honoroit les Maiftres de l'art prefque en
mefme degré que les hommes de lettres, dont il eftoit le protecteur & le Pere. Il fit fes Secretaires Bembus & Sadolet, les
deux plus eloquents hommes de fon fiecle, & pourueut le College Romain des plus excellens Profeffeurs qu'il pût trouuer.
Niphus enfeignoit la Philofophie, Arretin la Medecine, Bu-
tigelle le Droit, Parrhafius les Humanitez, & Bafile Chalcon-
dile la langue Grecque. De fon temps Emmanuel Roy de Portugal fit voir au peuple Romain vn Elephant, qu'on n'auoit
point veu à Rome depuis mille ans, dont il fit vn préfent au
Pape, & de plufieurs ornemens d'Eglife enrichis de pierres pre-
cieufes. Il auoit vne merueilleufe paffion pour baftir qui luy
fit continuer l'ouurage de l'Eglife du Vatican, que Iule II.
auoit commencée, embellir le Palais de galeries, de lambris &
& de peintures; refaire l'Eglife de Noftre Dame au mont Ce-
lien, dont il auoit efté Titulaire. Il fit pareillement baftir des
maifons & citadelles en plufieurs villes des terres de l'Eglife,
& acheta pour 50000. efcus de tapifferies de Flandre pour fa
Chapelle. En vn mot il n'eut rien fi à cœur que la liberalité,
qui eft la moindre & la plus rare vertu des gens d'Eglife, &
crût que ceux là eftoient indignes de commander, qui ne di-
ftribuoient pas liberalement les prefens que la Fortune leur
auoit fait. Dans vn regne fi heureux, au milieu de la paix, de
l'abondance & des refiouïffances, la mort luy ofta la vie, auant
qu'il en euft peu goufter les plaifirs. Son corps fut mis en depoft pour vn temps dans l'Eglife du Vatican, iufques à ce qu'il
fut tranfporté dans la Minerue auec celuy du Pape Clement
fous le Pontificat de Paul III.

HADRIEN VI.

CCXXVII.

ADRIEN quatriefme nafquit à Vtrecht en Flandre le deuxiefme de Mars, mil quatre cens cinquante - neuf. Son pere, qui eftoit homme de bien, Tapiffier de fon meftier, ou Braffeur de Biere, n'ayant pas le moyen de l'entretenir aux Eftudes, luy obtint vne bourfe dans vn College de Louuain, où il fit fes eftudes, fans defpenfer rien à fon pere, & s'auança tellement dans les fciences & dans les vertus, que Marguerite fille de l'Empereur Maximilien, fur le tefmoignage public de fa doctrine, comme eftant vn des plus grands Theologiens, Philofophes, Mathematiciens & Iurifconfultes de fon temps, & fur la connoiffance particuliere qu'elle auoit de fon innocence & de fa pureté, luy donna la conduite d'vne Eglife Parrochiale dans la Hollande, d'où il fut puis apres nommé, du concert de tous les Chanoines, Doyen de la grande Eglife de Louuain, & en fuite Vice- Chancelier, ayant l Intendance & la direction de tous les Colleges de l'Vniuerfité. Les biens qu'il poffedoit auec ces charges, eftant vn fruit de fes eftudes, il penfa qu'il ne les pouuoit employer plus loüablement qu'à fonder vn College, qui porte encore à prefent fon nom, en faueur des pauures Efcholiers. Enuiron ce temps là Philippe I. Roy d'Efpagne fils de l Empereur Maximilien, mourut à Burgos, & laiffa fon fils Charles âgé de fept ans, qui paruint puis apres à l'Empire. Son grand-pere entre plufieurs grands perfonnages qui luy furent prefentez, ou qui s'offrirent eux mefmes auec beaucoup d'ambition, choifit Hadrien, comme

vn second Arsenius, pour luy donner la direction des mœurs
& des estudes de son neueu. L'aplication & le fruit de ses
trauaux ne correspondirent point à la sincerité de ses intentions, à cause que l'esprit de Charles estant plus porté aux armes & aux cheuaux, qu'aux lettres & aux liures, il quitta les
estudes pour s'addonner aux exercices, qu'il iugeoit plus
propres à vn Prince de sa naissance. Ce qui fut cause qu'Hadrien n'ayant plus la charge de Precepteur, fut deputé vers
Ferdinand Roy d'Espagne, qui le prit en affection, & le
nomma à l'Euesché de Derthuse, sans vouloir neantmoins
permettre qu'il se retirast d'aupres de luy, preferant ses
conseils aux desirs d'vn peuple, & le bien de son Estat aux
interests particuliers d'vne Prouince. Apres la mort de Ferdinand, Charles successeur de ses Couronnes voulut qu'il
demeurast encore en Espagne, non plus en qualité d'Ambassadeur, mais de Ministre d'Estat, pour assister le Cardinal Ximene Archeuesque de Tolede au gouuernement
des affaires. Pendant qu'il estoit occupé dans ce Ministere, le Pape Leon le fit Cardinal à la requeste de Maximilien, dans cette fameuse promotion de trente & vn Cardinaux; & Charles qui succeda à l'Empire apres la mort de
son grand-pere, voulant aller prendre possession de cette
nouuelle dignité, le nomma Vice-Roy d'Espagne, & le pria
humainement, sur le refus qu'il luy faisoit d'accepter cette charge, de considerer qu'vn Royaume, qui n'estoit pas
encore accoustumé à l'obeïssance d'vn nouueau Prince,
auoit besoin d'vn homme comme luy, qui le retint dans
le deuoir par des exemples de moderation & de iustice. Et
de vray sa prudence estoit bien necessaire pour estoufer la
coniuration qui se forma dans le Royaume de Grenade par
les Grands du pays, dont il fit executer à mort les principaux Chefs. Cette sedition fut suiuie de la guerre de Nauarre, d'où les François qui l'auoient conquise, furent
contraints de sortir, & de ceder à la prudence d'Hadrien,
& au courage des Soldats animez de sa presence. Auquel
temps Leon dixiesme deceda d'vne fieure qu'on iugeoit au
commencement legere: & les Cardinaux s'assemblerent dans
le Conclaue, pour luy donner vn successeur. Iulien de

Medicis, qui eſtoit Legat Apoſtolique dans l'armée des Confederez, qui chaſſerent les François de l'Italie, prit la poſte pour s'y trouuer, lequel ayant gaigné les ieunes Cardinaux, obligea les vieux de s'oppoſer à ſa promotion , & fut la cauſe apres Dieu, qu'Hadrien fut eſleu contre l'eſperance de tout le monde, le neufieſme de Ianuier mil cinq cens vingt-deux. Il eſtoit dans la ville de la Victoire en Biſcaye, lors qu'il receut les nouuelles de ſon eſlection, auec les lettres des Cardinaux, qui le prioient de venir au pluſtoſt, pour mettre en repos l'Italie, agitée de guerres & de ſeditions. Le Cardinal Ceſarin vint trouuer pour le meſme ſuiet l'Empereur Charles, qui eſtoit à Auſbourg, & le ſupplier de la part du Senat & du peuple Romain, de ne mettre aucun empeſchement au voyage du Pape nouueau dont la preſence eſtoit abſolument neceſſaire pour pacifier l'Italie, & eſteindre le feu de la ſedition qui commençoit de s'allumer dans l'Eſtat Eccleſiaſtique. Toutes choſes eſtans preparées pour la nauigation, il s'embarqua au port de Terragone le quatrieſme iour d'Aouſt, & arriua heureuſement à Gene, où il fut viſité de tous les Seigneurs François, de là il vogua heureuſement iuſques à Libourne, où Iule de Medicis auec cinq autres Cardinaux , les Deputez des Princes d'Italie, & le Duc de Mantouë vinrent au deuant de luy, qui l'accompagnerent iuſques à Pyrgue, où les Cardinaux Colomnes & des Vrſins le prirent ſous le poëſle, & le lendemain il vint par terre à Oſtie, & ſe rendit à Rome par le canal du Tibre , où il fut couronné le dernier iour d'Aouſt, à la façon de ſes predeceſſeurs. Il trouua à ſon arriuée la Republique en decadence, des Magiſtrats dans le meſpris , vn peuple inſolent, les finances eſpuiſées , les ioyaux & les ornemens precieux de l'Egliſe engagez aux Banquiers, la ville d'Arimini occupée par Maleteſte , les Turcs qui mettoient ſur mer vne puiſſante flotte , pour marcher contre l'Iſle de Rhode, & ſur mer vne nombreuſe armée pour entrer dans l'Hongrie. N'eſtoit-ce point pour eſtonner vn Prince nouueau qui n'auoit aucune connoiſſance des affaires de ſon Eſtat? Son Dataire Guillaume Enchauort , Theodoric Hezius

fon Secretaire, & Iean Roux Euefque de Confenze fes
anciens amis , qui faifoient tout le Confeil du Saint Siege, luy confeillerent de declarer la guerre au Tyran d'A-
riminj , & puis de receuoir en grace les Ducs de Ferrare & d'Vrbin, qui l'auoient affifté de leurs armes contre ce
Tyran, & d'engager les Venitiens dans vn nouueau party
auec l'Empereur, pour exterminer entierement le nom & la
puiffance des François de l'Italie. Il fit emprifonner au méme
temps le Cardinal Soderin, vn des anciens du Sacré College,
fur fes lettres interceptées par le Cardinal de Medicis, qu'il
efcriuoit au Roy François, pour luy perfuader de porter fes
armes dans la Sicile, où il trouueroit vn grand nombre de
bannis , & les principaux du pays mal affectionnés aux Efpagnols, qui luy ouuriroient les bras & les portes de l'Ifle. Outre cela, il l'aduertiffoit de ne fe fier point au Pape , qui n'ayant
iamais eu d'autre ambition, que pour l'agrandiffement d'vn
Prince, auquel il auoit feruy de Pere & de Directeur, ne pouuoit pas eftre iuge équitable & defintereffé des differents
que l'Efpagne auoit auec la France. Cette furprife le rendit
plus defiant & plus couuert, ne communiquant prefque aucun de fes confeils qu'à des Flamens, qu'il difoit eftre gens de
foy, & non point les autres, qui l'auoient fi lachement trahy.
Cependant il tafcha de fecourir l'Ifle de Rhode, fçachant de
quelle importance elle eftoit pour le repos & la conferuation
des Prouinces Chreftiennes. Mais n'ayant point d'argent
dans fes coffres, les Efpagnols & les Siciliens, aufquels il s'e-
ftoit addreffé, ne pouuant l affifter en cette occafion, le vent
eftant d'ailleurs contraire aux vaiffeaux , qu'il auoit fait equi-
per à grand'hafte au port de Genes, toutes chofes fauorifans
l'entreprife des Turcs, Philippe de l'Ifle-Adam Grand Maiftre de la Religion, apres auoir rendu tous les deuoirs de la
valeur, de la conftance & de la pieté, fe rendit à Solyman le
propre iour de Noël, l'an 1522. Ce Barbare eut plus de veneration pour la vertu dans la perfonne d'vn ennemy, que les
Chreftiens n'en eurent pour leur Religion, & pour les prieres
du Pape dans cette occafion funefte. Si les Godefrois, les
Hugues , les Tancreds, les Roberts, & les autres Illuftres
Chefs des Guerres Saintes , euffent efté immortels fur la ter-

re, Rhode feroit encore à nous, & ces deux Empires floriffans de Conftantinople & de Trebizonde ne feroient reduits à la feruitude, & la Grece feroit encore à prefent vne Efchole des fciences & des vertus. Le mefme iour & prefque à la mefme heure, que l'Ifle de Rhode tomba entre les mains du Turc, vne groffe pierre tomba du haut de la porte de la Chapelle du Pape, à deux pas de fa Sainteté, qui tua vn Suiffe des Gardes du corps. Il n'eut pas moins de follicitude pour l'Allemagne, où il depefcha François Cheregat fon ancien amy, pour affifter à la Diette de Nuremberg, & perfuader aux Princes du Pays d'enuoyer promptemét du fecours au ieune Roy d'Hongrie, qui ne pouuoit pas fouftenir tout feul le faix de la guerre contre les Turcs, s'il n'eftoit affifté de ceux, qui auoient prefque autant d'intereft que luy d'empefcher l'entrée de ces Barbares dans fon Royaume, le baftion de la Chreftienté, & le répart de l'Allemagne. Il leur efcriuit auffi des lettres pleines d'affection, pour les deftourner du party de l'erreur, où les vains difcours de Luther, & vne fauffe liberté les auoit engagez: & principalement au Duc de Saxe, luy remettant deuant les yeux le tort qu'il faifoit à fa reputation & à fa confcience de proteger ce monftre à la deftruction d'vne creance eftablie depuis tant de Siecles, & confirmée par le fang des Martyrs, & par l'authorité des Docteurs. Il enuoya pareillement le Cardinal Caietan en Hongrie auec cinquante mille Ducats, qu'il eut ordre de diftribuer feulement, au cas que les Hongres fiffent vne entreprife confiderable contre le Turc. Il fournit auec la mefme pieté des bleds & de la poudre aux villes & aux fortereffes de la Dalmatie & de la Croatie, qui eftoient en vn peril imminent d'efprouuer la mefme fortune que l'Ifle de Rhodes. Que voulez-vous dauantage ? il fit dans cette occafion au delà de fes forces. Et pour s'acquitter de la promeffe, qu'il auoit donnée de reformer l'Eglife, où s'eftoit gliffé de grands abus, il fit venir à Rome Ioan Pierre Carafe Archeuefque de Theate, & Marcel, d'vne ancienne probité & d'vne finguliere doctrine, dont les exemples & les confeils pouuoient contribuer beaucoup à vn deffein fi loüable. Il commença mefme de fupprimer les offices, que Leon X. auoit expofez en vente, & retrancher la fuperfluité des Indulgen-

ces, qui ne feruoient que de mefpris au fimple peuple, & de
fcandale aux Heretiques. Il ofta les penfions, les Coadiuto-
reries, les accez, les retours aux benefices, qu'ils appellent re-
grez, & femblables abus, qui font comme les hameçons, defquels la Cour Romaine fe fert pour tirer de l'argent des riches, qui ont toufiours la preference fur les hommes doctes
& vertueux, lors qu'il eft queftion de contefter le droit d'vn
Benefice, ou d'vne dignité Ecclefiaftique. Il eftoit fur le
point d'empefcher les defordres, qui font fi frequens à Rome, & d'exterminer les Maranes, de punir feuerement les
blafphemateurs, les Simoniaques & les vfuriers, & d'exercer
la rigueur des Loix contre les Sodomites, fi la mort n'euft
point arrefté l'execution de fes deffeins auec le cours de fa vie.
Combien de benefices a il conferez à des perfonnes capables,
& leur en a fait expedier les prouifions gratuitement, lors
qu'elles y penfoient le moins ? D'où vient qu'il auançoit pluftoft les hommes doctes, qu'il auoit autrefois connus à Louuain, que fes proches parens, pource qu'il ne vouloit pas baftir Sion fur le Sang, comme il difoit affez fouuent, ny auoir
efgard aux alliances de la nature, qui n'ont aucun lieu dans
les chofes de la religion. Il ne voulut point pour ce fuiet entendre aux raifons de quelques Seigneurs d'Allemagne, qui
le prioient de donner le Chapeau de Cardinal à fon coufin, vn
ieune homme de bonne mine & de bel efprit, qui auoit receu
le degré de Maiftre és Arts à Louuain, pour entrer en Theologie. Vn autre qui eftudioit à Siene eftant venu à Rome, fans
y eftre appellé, il le renuoya fur vn cheual de loüage apres l'a-
uoir repris de fa legereté, qui luy faifoit interrompre le
cours de fes eftudes, & l'aduertit d'eftre plus humble & moderé par fes exemples. D'autres qui eftoient venus d'Allemagne, fur l'efperance de faire leur fortune auprez de luy, furent
contraints de s'en retourner à pied comme ils eftoient venus,
fans remporter auec eux autre chofe, qu'vn habit de laine
fort fimple, vn peu d'argent pour leur voyage, & force remonftrances. En quoy il fit affez paroiftre, combien il auoit
en horreur l'affection immoderée de fes predeceffeurs, & les
defpenfes exceffiues qu'ils auoient faites pour l'aggrandiffement de leurs neueux, à la ruine de l'Eftat & au detriment de

la Religion. Durant cette cruelle peste qui rauagea la ville de Rome, il ne quitta iamais son troupeau, & le consola autant de sa presence, qu'il le soulagea de ses moyens. Ayant ouy que les Italiens murmuroient, de ce qu'il auoit à sa Cour plusieurs ieunes Gentils-hommes d'Espagne, que leurs parens luy auoient donné pour le seruir, il les renuoya promptement au College de Salamanque, pour acheuer leurs estudes, qu'ils auoient commencées dans son Palais, aymant mieux estre moins accompagné, que soubçonné d'vn crime abominable, dont la pensée n'entre pas seulement dans l'esprit des autres nations. Il estoit plus sobre que iamais en son manger, & visitoit assez souuent les Eglises de Rome. Il canoniza saint Antonin Archeuesque de Florence, & Bennon Euesque de Misnie en Allemagne, & fit plusieurs reglemens pour la pieté & pour les bonnes mœurs, qu'il authorisa par ses exemples. Mais comme il n'est point d'argent si bien purifié, qui n'ait tousiours quelque meslange d'impureté, les plus grandes perfections sont suiettes à leurs defauts. Bien qu'il n'eust point d'autre ambition, que d'accomplir tous les deuoirs d'vn bon pere, il fut neantmoins blasmé d'estre trop lent dans les affaires, & plus timide & circonspect, qu'il n'eust esté besoin pour le bien des particuliers, & pour l'honneur de sa charge: L'Ambassadeur de Ferdinand frere de Charles V. qui pressoit le secours côtre les Turcs & les Lutheriens, luy en fit le reproche en ces termes: S. Pere, Fabius Maximus a autrefois conserué la Republique Romaine en temporisant, & i'ay peur que vostre Sainteté temporisant de mesme ne ruine la Republique Chrestienne. Ce broquart vn peu bien libre fit rougir le Pape, & rire les Cardinaux. Il est vray, que ce qui le rendoit si timide & circonspect, estoit la defiance qu'il auoit des esprits Italiens, estant d'ailleurs nouueau aux affaires de Rome, & ne sçachant à qui se communiquer. On le blasma, de ce qu'ayant vn Lecteur à sa table, il auoit pareillement vn bouffon d'Espagne qui luy seruoit d'entretien; & de ce qu'ayant esté si retenu pour ses parens, il fermoit les yeux à quelques desordres assez considerables, pour n'en prendre point la connoissance, & conferoit des Benefices à des personnes indignes, comme on tient qu'il procura cette opulen-

te

te Abbaye d'Affliginian au Duché de Brabant, pour Guillaume de Croy, qui fut depuis Archeuefque de Tolede, afin d'obliger le Marquis de Cheruian fon pere, qui eftoit en grand credit à la Cour de Charlesquint. Quoy qu'il en foit, ie puis dire fans le flater, que fes defauts ne luy ont pas efté connus, & que s'il a efté trop indulgent en quelques chofes, il l'a fait par ignorance, n'en fçachant pas la caufe & les effets; ou par prudence, diffimulant pour vn temps vne maladie legere, dont il referuoit le remede à vne occafion commode. L'on ne peut douter qu'il n'euft de grands deffeins pour la gloire de Dieu, & pour l'authorité de l'Eglife, puis qu'il auoit defia fait vn traité d'alliance, où l'Empereur, le Roy d'Angleterre, le Roy d Hongrie & les Princes d'Italie eftoient compris, pour faire la guerre au Turc. Le iour eftoit donné pour figner les conuentions dans le Palais de fainte Marie Maiour, où il voulut affifter luy mefme, & autorifer le traité de fa prefence & de fa main, bien que les Medecins l'en diffuadaffent, attendu fon incommodité prouenante d'vne grande douleur de reins, qui ne pouuoit que s'augmenter par l'agitation, & par la chaleur du iour, qui fut le 4. d'Aouft, auquel fe trouuant fur le foir extraordinairemét trauaillé de fon mal tant pour la pouffiere excitée fous les pieds des cheuaux, que pour la longueur du chemin, au milieu du plus ardent foleil de l'année, il s'alla coucher fans fouper, ayant perdu l'appetit. Le lendemain il voulut affifter à la Meffe, & à la publication du traité de leur confederation, reueftu de fes habits Pontificaux, qu'il fut contraint de quitter apres la ceremonie, pour fe mettre au lict, où la fueur de fon corps, qui fut fi abondante qu'elle perça iufques à la couuerture, luy fit perdre entierement les forces & le gouft des viandes. Cette debilité ne l'empefcha pas qu'il ne reuint le mefme iour au Palais de Vatican, où fa douleur s'augmentant luy fit penfer que fon heure derniere eftoit proche. Alors il fit venir les Cardinaux en fa chambre, & apres leur auoir dit Adieu, il mit fon chapeau de Cardinal fur la tefte de Guillaume Enchauort, auquel il auoit defia donné l'Euefché qu'il poffedoit auant fa promotion. Il mourut le mefme iour, que Bonniuet, qui commandoit l'armée Françoife, paffa le Tin & defit les Imperiaux, qui fut le 24. qui eſtoit lors la feſte de l'Exaltation de la Croix l'an 1523. Il éſtoit âgé de ſoixante quatre ans, ſix mois & ſeize iours, & n'auoit poſſedé que deux ans la charge de Pontife ſouuerain, qu'il meritoit de poſſeder pluſieurs ſiecles. Et ie ne doute point, que ſi les Romains & les Italiens l'euſſent auſſi parfaitement connu que les Allemans & les autres qui l'auoient pratiqué depuis ſa ieuneſſe, ils ne luy euſſent donné la gloire d'auoir eu les qualitez & les deſſeins d'vn des premiers Pontifes de l'Egliſe Romaine, & qu'ils n'euſſent iamais eſté de l'aduis d'vn de leurs Eſcriuains, qui a laiſſé par eſcrit dans vn de ſes liures de la Nature des poiſſons, qu'il auoit l'eſprit auſſi peſant pour les affaires, que le gouſt depraué pour les viandes. Mais le ſiecle ne le meritoit pas, & Dieu voulut punir, comme il fait aſſez ſouuent, vn mauuais peuple, par la mort d'vn bon Prince. Il eſt vray, qu'il eſtoit d'âge pour mourir, & qu'il s'approchoit du bout de la carriere, que la nature nous a preſcrit: neantmoins la mort des grands hommes eſt touſiours anticipée, ſi nous conſiderons les intereſts du public, qui en reçoit vne perte funeſte: bien qu'il ne mourra iamais dans la memoire de la poſterité, qui luy ſera plus fauorable dans ſes iugemens, que ceux qui l'ont veu ſans le connoiſtre, & que ſa pieté ſinguliere, ſa doctrine incomparable, & le deſir ardent qu'il auoit d'obliger tout le monde, le doiuent rendre immortel au Ciel & ſur la terre. Son corps fut expoſé dans l'Egliſe de S. Pierre iuſques à la fin du iour ſuiuant, où la foule du peuple, qui venoit pour le voir & le toucher par deuotion, fut ſi grande, que l'haleine des perſonnes & la chaleur du temps cauſerent vne telle deformité ſur ſon viſage, qu'on auoit de la peine à le reconnoiſtre, & que meſme quelques-vns de ſes plus familiers eurent ſoubçon qu'il auoit eſté empoiſonné, bien qu'à l'ouuerture de ſon corps on ne vid aucune apparence de poiſon, mais ſeulement vne naiſſance d'abſcés, qui commençoit à ſe former à l'entrée de l'eſtomach, capable de le faire mourir, qui prouenoit d'vn excez de melancholie, où il s'eſtoit laiſſé emporter ſur les mal-heurs qui arriuoient de toutes parts à l'Egliſe & aux fideles, auſquels il ne pouuoit apporter le remede qu'il cuſt ſouhaité. Son corps fut laiſſé pour vn temps dans le Vatican entre ceux de Pie II. & de Pie III auec cet Epitaphe: Icy

gift Hadrien VI. qui n'a rien trouué de fi mal-heureux durant fa vie, que de commander. Le Cardinal Enchauort luy a
fait depuis dreffer vn tombeau magnifique d'albaftre orné de
figures, reprefentant les vertus qui l'auoient efleué à la plus
eminente dignité de la terre.

CLEMENT VII.
CCXXVIII.

L E M E N T VII. fils de Iulien de Medicis,
qui fut tué dans la coniuration de Pactius,
nafquit à Florence trente deux iours apres le
deceds de fon Pere, d'vne femme que ce
ieune Prince entretenoit. L'Enfant, dont les
traits du vifage, le port & le maintien eftoiét
vne image parfaite & naturelle de la perfon-
ne du pere, fut efleué dans les lettres & dans la vertu fous de
bons Maiftres par les foins de fon Oncle. Ayant efté contraint
de fortir de Florence auec ceux de la maifon de Medicis, par
l'enuie de leurs Citoyens, & par la puiffance des François, il
fuiuit la fortune de fon coufin, qui fut depuis Pape, nommé
Leon X. porta l'efpée, comme Cheualier de Malthe, & grand
Prieur de Capouë, & fe trouua à la bataille de Rauenne, où
fon coufin fut fait prifonnier, & luy fe fauua promptement à
Cefene, & de là vint à Rome en pofte, pour informer le Pape
du fuccez de la victoire, prefque auffi fangláte aux vainqueurs
qu'aux vaincus, & le raffeurer auec toute la Cour Romaine,
qui preparoit fa retraite fur l'apprehenfion des approches de
l'ennemy, & luy recommander la vie, l'honneur & la liberté
de fon Legat Cét illuftre prifonnier s'eftant fauué comme on
le conduifoit en France, trouua moyen de ioindre le refte de
l'armée des Efpagnols, que Cardone auoit ramaffée, comme le
debris de leur naufrage, auec laquelle il rétra dans Florence,
chaffa Soderin, que ceux de fa faction auoient declaré Dictateur perpetuel, & remit fon frere Iulien au gouuernemét de la

Republique. Le Pape Iule eſtant mort bientoſt apres, Leon X.
luy ſucceda par vn bon-heur particulier, qui n'eut point de
penſées plus obligeantes pour aucun, que pour Iule de Medicis ſon couſin, lequel il nõma premierement à l'Archeueſché
de Florence, puis le Cardinal Chancelier de l'Egliſe Romaine,
Legat des troupes confederées qui chaſſerent les François de
l'Italie, & ſur lequel il ſe repoſa de toutes les affaires du gouuernement, tandis qu'il prenoit ſes plaiſirs. Apres le deceds
d'Hadrien, qui auoit ſuccedé à Leon, le Conclaue fut bien en
peine, ſe trouuant diuiſé par la faction de deux puiſſans Cardinaux, Iule de Medicis & Pompée Colomne, dont l'vn auoit
l'amitié de l'Empereur, & l'autre la faueur des creatures de ſon
couſin Leon. Colomne auoit les anciens pour luy, & Medicis
les ieunes. Medicis auoit deſia perdu toutes ſes eſperãces, lors
qu'il fit leuer Franciot Cardinal des Vrſins, ennemy iuré de
l'Empereur & des Colomnes, pour l'oppoſer à ſon aduerſaire
en cette rencontre. Alors Pompée, qui aymoit mieux voir ſur
le Siege vne perſonne indifferente, qu'vn ennemy de naiſſance
& d'inclination, pratiqua ſi bien l'eſprit de tous les Conclaui-
ſtes, que Iule fut eſleu le 19. de Nouẽbre 1523. qui prit le nom
de Clement. Il ſe ſentit ſi obligé de cette faueur, quoy que
contrainte, au Cardinal Colomne, qu'il luy fit preſent d'vn des
beaux Palais de Rome, & l'honora de la dignité de Chancelier qu'il auoit poſſedée. L'année du Iubilé, qu'il celebra deux
ans apres ſon aduenement au Pontificat, fut memorable par la
reuolte des païſans d'Allemagne, qui ſous vn faux pretexte de
la liberté Chreſtienne, pretendans que tous les biens deuſſent
eſtre cõmuns ſelon la doctrine de Luther, declarerẽt la guerre
aux Gentils-hõmes, pillerent les Egliſes, & rauagerent l'Hongrie & l'Allemagne, comme vn torrent debordé, qui eſtoient
preſts d'exercer les meſmes inuaſiõs dans les autres Royaumes,
& particulierement dans l'Italie, où ils cherchoiẽt vne entrée,
s'ils n'euſſent eſté arreſtez par la mort de plus de cent cinquãte
mille hommes de leur faction, qui furent tuez auant que de
pouuoir executer les deſſeins qu'ils auoient proiettez. Auquel
temps Guillaume Gouffier Admiral de France, & Lieutenant
general du Roy François, qui au cõmencement auoit eu l'a-
uantage ſur l'armée de l'Empereur, apres auoir eſté battu deux

fois fur la riuiere Sifithe , fut contraint de repaffer les Alpes
auec le refte de 50. mille hommes , tant d'Infanterie ,
que de Caualerie, qu'il commandoit au fiege de Milan. Charles de Bourbon par vne perfidie indigne de fa naiffance, auoit
defia abandonné le Roy François, & s'eftoit tourné du cofté
de l'Empereur, qui voulant fe preualoir de fa trahifon, enuoya
le Marquis de Pefcaire en la Prouence, fur les affeurances de
Charles de Bourbon, que la ville dé Marfeille luy ouuriroit
fes portes. Mais François ayant mis fur pied vne puiffante
armée fit reprendre le chemin de l'Italie à fes ennemis, & luy
mefme paffa les Alpes bien toft apres eux, prit d'abord Milan,
fe rendit maiftre de la Lombardie, & alla mettre le fiege deuant Pauie. La puiffance & les forces de l'Empereur donnoiét
de l'ombrage au Pape & aux Venitiens, qui fouhaitoient que
toutes chofes fuffent dans vne efgalité en Italie,& leur faifoiét
iuftement apprehender fon ambition, qui n'auoit point d'autres bornes que celles de l'Europe, puis qu'il ne s'eftoit pas
contenté des conqueftes de l'Italie, & qu'il auoit encore tafché d'entrer dans la France, pour y planter fa domination.
Pour ce fuiet eux & les autres confederés au lieu de ioüer leur
perfonnage, n'eftoient que les fpectateurs,& s'eftoient rendus
les entremetteurs de la paix entre l'Empereur & le Roy de
France, pluftoft que de donner fecours à l'vn pour battre l'autre. Cependant les Chefs de l'armée de l'Empereur ayant receu du renfort de l'Allemagne, donnerent le combat au Roy
deuant Pauie, lequel fut pris auec les Principaux du Royaume, apres auoir eu fon cheual tué fous luy, & mené prifonnier.
Le Pape effrayé du feul bruit de cette victoire, rappella les
troupes Françoifes, qui eftoient parties du camp par fon confeil, pour aller furprendre la ville d'Aquapendente au Royaume de Naples, à la faueur de la faction d'Aniou. Les Colomnes & quelques Caualiers de l'Empereur defpoüillerent les
Corfes & les Italiens qu'on auoit leuez pour groffir l'armée
des François, comme ils s'en retournoient à Rome, & pillerét
les Vrfins, brauans le Pape fur fon Siege. Ils adioufterent à ce
mefpris vne tromperie infigne. Clement auoit fourny vne
groffe fomme d'argent aux Lieutenans de l'Empereur pour
renoüer leur ancienne alliance, à condition que la ville de

Rhege, qu'Alphonfe Duc de Ferrare auoit vfurpé apres la
mort d'Hadrien, luy feroit remife entre les mains, pour
eftre reünie au Saint Siege. Le Pape, par la mauuaife foy
des Chefs, & par l'ambition de l'Empereur, qui ne voulut pas approuuer le traité, fe trouua fans argent & fans
ville. Au refte il ne luy falloit point d'autres chofes pour
rompre la paix auec l'Empereur, qui n'eftoit pas bien
eftreinte: neantmoins il prit pour pretexte la defolation du
pays de Parme & de Plaifance ruiné par les Imperiaux; & le
fait de François Sforce, que l'Empereur auoit defpoüillé de fes
Eftats, & tenoit affiegé dans fa Citadelle, l'accufant de perfidie. Il fit vn traité fecret auec les Venitiens & les François,
pour s'oppofer aux progrez de Charles, qui auoit lors remis
le Roy de France en liberté à des conditions indignes & iniuftes, qu'il n'eftoit point obligé d'obferuer, pour auoir efté pluftoft extorquées de la neceffité, que de la liberté d'vn Prince
abfent de fon Royaume, & detenu dans vne longue & faf-
cheufe prifon. Les Confederez ayans affemblé leurs troupes
prirent d'abord la ville de **Lodi**, & puis marcherent vers
Milan pour fecourir le Duc, qui eftoit preflé de la force &
de la faim. Les Imperiaux fe comporterent fi vaillamment en
cette rencontre, qu'ils fe rendirent maiftres de la Citadelle,
& repoufferent viuement leurs ennemis. Ils emporterét neát-
moins Cremone apres cette difgrace, qu'ils donnerent à Sforce, & le Pape reprit Ariminj fur le Tyran Malatefte, au mefme
temps que Louys Roy d'Hongrie perdit fon Royaume auec
la vie. Les Seigneurs Colomnes avant defcouuert les intentions du Pape, & preueu le danger, auquel les affaires de l'Empereur eftoient reduites, leuerent des troupes fous couleur de
defendre le Royaume de Naples; mais en verité pour ioüer
vne piece au Pape. Alors Clement fe doutant que c'eftoit vn
artifice pour l'attraper, leua auffi vne nouuelle armée, & fit
commandement aux Colomnes de retirer leurs troupes des
terres de l'Eglife, & de les conduire la part où ils voudroient
pour le feruice de l'Empereur. Mais fe tenant d'ailleurs affeuré fur le traité des Alliez, il congedia fes troupes fans les payer
par vne efpece d'auarice, qui ne fut pas moins honteufe à fa reputation, que dommageable à fes affaires. Car les Colomnes

profitans de cette occasion firent venir Hugues Moncate pour
se ioindre à eux auec ses forces, & entrerent dans la ville de
Rome par la porte de S. Iean, & marcherent en ordre par le
pont Sixte contre le Vatican Clement se sauua promptement
dans le chasteau S. Ange, ne sçachant à qui s'addresser dans
cette extremité, où il se vit trahy, persecuté, abandonné &
hai de tout le monde, à cause de son auarice insatiable, qui
auoit chargé les Ecclesiastiques de decimes, supprimé les pen-
sions ordinaires des Officiers, aresté les gages des Professeurs,
mis des imposts sur le bled, & causé la cherté dans la ville; outre les maisons de plusieurs particuliers qu'il auoit fait abba-
tre, non tant pour la commodité du public, & pour rendre
les ruës droites, que pour enrichir vn de ses partisans. L'armée
des seditieux ne trouuant aucune resistance gaigna la ville
Leonine, autrement le Bourg de Saint Pierre, pilla le Palais du
Vatican, & sans espargner mesme les lieux sacrez, & l'Eglise
Prince des Apostres, pour lesquels autrefois les Barbares auoiët
eu de la veneration; le Cardinal Pompée Colomne l'auteur
de cette entreprise, se tenant cependant dans sa maison, tandis
que les autres ministres de ses passions exerçoient leur vengeance sur la plus auguste place de la Chrestienté. Le Pape
manquant de toutes choses, fit tant par ses prieres, qu'Hugues
Moncate vint à vne conférence, où il fut aresté du consentement des parties, que le Pape retireroit son armée de la Gaule
Cisalpine, donneroit vne abolition generale aux Colomnes,
& laisseroit en ostage Philippe Strozzv, l'vn des plus riches
de son temps, qui auoit espousé la fille de Pierre de Medicis:
& que Moncate feroit retirer ses troupes dans le Royaume de
Naples, & rendroit de bône foy tout ce qui auoit esté pris dans
les Eglises, concernant le culte des Autels; Prosper Colomne ne pouuant approuuer ce traité, comme contraire à son
ambition, qui luy faisoit esperer le Souuerain Pontificat, de
la faueur de l'Empereur, par la captiuité ou par la mort de
son ennemy. Lors que Clement se vid en liberté, sans auoir es-
gard à ses ostages, ny au traité qu'il n'auoit signé que par contrainte, voyant sa reputation dechirée par son peuple, & son
Palais pillé par ses ennemis, se resolut d'en tirer raison par les
armes. A cet effet il fit venir deux mille Suisses de Milan, ra-

maſſa ſept compagnies d'Italiens, auec vn grand nombre de Caualerie, & gaigna la ieuneſſe de Rome, dont il donna la conduite à Iean de Medicis. L'Empereur auſſi-toſt luy mit en teſte Charles Lanoy Vice-Roy de Naples, auec ſix mille Eſpagnols & George Froſberg, auec les troupes Allemandes que ſon frere Ferdinad luy enuoya, qui s'eſtans preſentés ſur le Pô, tuerent d'vn coup de canon Iean de Medicis Lieutenant General de l'Egliſe, qui leur diſputoit le paſſage. Clement de ſon coſté ſe ſeruant du pouuoir que Dieu luy auoit mis en main, declara Proſper Colomne & ceux de ſa maiſon ennemis de Saint Pierre, luy oſta le tiltre & la qualité de Cardinal, le mit au nombre des proſcrits, bruſla treze chaſteaux, que ceux de cette maiſon poſſedoient dans la Champagne, fit d'eſtranges ruines ſur leurs terres, & fit raſer Sublac, la maiſon de plaiſance du Cardinal Proſper. Tous les traités eſtans rompus de part & d'autre par ces hoſtilités, la guerre s'échaufa plus que iamais à l'arriuée du Prince de Vaudemont, à qui le Pape donna la conqueſte du Royaume de Naples: lequel d'abord prit Salerne, repouſſa Moncate iuſques dans les portes de Naples, fit leuer le ſiege de deuant Fruſion, & mit en fuite l'armée de l'Empereur. L'argent, les munitions & le credit manquoient au Pape. Ce qui le fit entendre à vne nouuelle paix d'autant plus volontiers, que Charles de Bourbon venoit auec vne puiſſante armée, à laquelle il auoit promis le paſſage de la ville de Rome, & de l'Eſtat Eccleſiaſtique. Vne des conditions fut, que le Vice-Roy iroit au deuant du Duc, pour l'arreſter. Mais comme le Pape, qui auoit deſia ſuffiſamment eſprouué la mauuaiſe foy de ſes aduerſaires, eut congedié par ſon auarice ordinaire les Suiſſes, & ces braues Soldats qui auoient porté les armes ſous Iean de Medicis, & qu'on nommoit les troupes noires, à cauſe de leurs liurées, le Duc de Bourbon ayant refuſé de ſigner les articles de la paix, & meſpriſé les commandemens du Vice-Roy, ſe trouua pluſtoſt au pied des murailles du Vatican, qu'on n'euſt penſé qu'il eſtoit hors du Milanois. Il fut tué d'vn coup de mouſquet à l'aſſaut, plantant luy meſme l'eſcalade. Dieu iuſte vengeur des crimes, n'ayant pas permis qu'il fuſt le ſpectateur de la priſe & du ſaccagement de Rome, dont il eſtoit l'auteur. Ceux qui gardoiët

les

les murailles du Vatican, & le Ianicule ayans esté renuersees, l'armée qui estoit composée d'Italiens, d'Allemans & d'Espagnols, au nombre de 40. mille hommes, entra dans la ville le 6. iour de May, l'an 1527. d'vne telle furie, que les Turcs & les Barbares n'exercerent iamais des cruautez pareilles contre leurs plus grands ennemis. Le Pape ne sçachant quel conseil prendre dans cette consternation generale, se retira dans le Chasteau S. Ange. Rome n'auoit point veu dans ses murailles vn spectacle plus funeste depuis sa fondation. Tous ceux qui se rencontrerent à l'abord, furent mis au fil de l'espée, les soldats se lasserent de tuer plustost que de côbatre, les Principaux de la ville souffrirét tous les tourmés que la rage pût inuenter; les filles, les femmes & les vierges consacrées à Dieu furét violées; les maisons des Cardinaux, des Princes & des Ambassadeurs forcées, les temples pillez, les Autels profanez, les Prestres & les Ministres esgorgez comme des victimes, & personne n'eschappa de leurs mains, que ceux qui pour sauuer leur vie & leur liberté se despouïllerent de tous leurs biens. Le Pape, qui estoit dans le Chasteau S. Ange auec quelques vns des Cardinaux, fut serré de si prés, que la faim l'obligea de se rendre, à condition qu'il executeroit entierement les volontez de l'Empereur. Il fallut fondre les vases sacrez des Eglises pour payer les soldats, & mettre à l'enchere trois Chapeaux de Cardinaux pour acheuer la somme. Cependant qu'on traitoit de la liberté du Pape auec l'Empereur, qui estoit lors en Espagne, Odet Lotrech passa les Alpes auec vne armée que le Roy Tres-Chrestien enuoyoit au secours du Pape. Ce qui fut cause, que les soldats enragez presserent leur payement pour sortir de la ville, & que le Pape ne pouuant pas satisfaire presentement à leurs demandes, leur donna pour cautions les plus riches Bourgeois de la ville, qui estans mal traitez eschapperent des mains de ces Barbares par vn tuyau de cheminée. il trouua neantmoins de l'argent par le moyen du Cardinal Prosper Colomne, qui s'estoit reconcilié auec luy dans sa prison, dont il appaisa les Chefs. Il vendit six autres places de Cardinaux à deux riches Venitiens, trois Napolitains, & vn Espagnol, qui payerent les soldats; & pour asseurer d'auantage Empereur de sa fidelité, il luy donna donna cinq ostages, des

plus confiderables de fon College. Nonobftant toutes ces pré-
cautions, le Pape ne croyant point eftre en feureté, tandis qu'il
eftoit en prifon, & de plus apprehendant l'arriuée de Moncate,
qui auoit pris la place de Lanoy mort de la pefte, pource qu'il
s'eftoit toufiours oppofé à fa deliurance, trouua moyen de fe
mettre en liberté changeant d'habit, & de fe rendre la nuit à
Oruiete, accompagné de Louys de Gonzague, & d'vne partie
de fon armée, où puis apres la Cour Romaine, & les Ambafla-
deurs des Princes vinrent le faluer. Au mefme temps, apres
quelques legers combats, qui fe pafferent dans la Calabre &
dans la Poüille entre les Imperiaux & les Venitiens & le refte
de l'armée Françoife, qui auoit efté prefque toute enleuée de
la pefte auec leur General Lotrech, la paix fut faite entre les
deux Couronnes, par laquelle les Venitiens & les François
quitterent la Poüille, & l'Empereur renuoya les enfans de
France, qu'il tenoit en oftage au Roy leur Pere. Le Pape &
l'Empereur reconfirmerent leur ancienne amitié par vne nouuelle alliance, l'Empereur donnât fa fille naturelle Marguerite
en mariage à Alexandre de Medicis fils de Laurens. Leur amitié eftant ainfi renoüée, l'Empereur laiffa Philibert d'Orange,
& Vaftius en Italie, pour faire la guerre aux Florentins, qui
auoient chafsé les Medicis dans la difgrace de Clement VII.
lefquels apres vn fiege d'vn an, furent contraints d'abandonner leur liberté pour conferuer leur ville, & receuoir Alexandre pour leur Duc, pluftoft que de perir: & reciproquement
le Pape couronna l'Empereur à Bologne, le 24. iour de Feurier
l'an 1530. qui eftoit celuy de fa naiffance à Gand. La mefme
année fut funefte à la ville de Rome par le plus efpouuentable
debordement du Tibre, qu'on euft iamais veu ou leu dans les
hiftoires : Heureufe à François Sforce, que l'Empereur reftablit dans la Duché de Milan, qui auoit couflé la vie de tant de
braues hommes, & arroufé les campagnes de l'Italie du plus
noble fang de l'Europe; il retint neantmoins pour quelque
temps la Citadelle: Glorieufe à Ferdinand Roy d'Hongrie &
de Boheme, que fon frere Charles Quint fit eflire & couron-
ner Roy des Romains. Cela fait, l'Empereur eftant de retour
du voyage qu'il auoit fait en Allemagne contre les Turcs, qui
affiegeoient Vienne en Auftriche, luy & le Pape fe virent à

Mantouë, où plusieurs hommes de merite & de reputation receurent le Chapeau de Cardinal, & Hippolyte de Medicis fut fait Chancelier de l'Eglise, par le deceds du Cardinal Colomne : & puis les mesmes Ducs de Milan & de Ferrare, les Florentins, les Genois, les Sienois & ceux de Luques, prolongerent le traité de leur confederation pour six mois, auec obligation reciproque de ioindre leurs forces ensemble, contre ceux qui voudroient troubler le repos de l'Italie. Il s'esmeut lors vn different entre le Pape & le Duc de Ferrare pour la Principauté de Modene, que l'Empereur, nonobstant l'aduis des Iurisconsultes assemblez pour ce suiet, qui fauorisoient le droit du Pape, adiugea de puissance absoluë au Duc. Enuiron ce temps là Henry VIII. Roy d'Angleterre repudia sa femme legitime Catherine d'Austriche, tante de Charles, pour espouser Anne de Boulen contre les loix de l'Eglise, & les volontez du Pape, & renonça à la religion de ses Ancestres & au tiltre glorieux de Defenseur de la Foy, pour embrasser auec tout son Royaume l'opinion de Luther, qu'il auoit auparauant combatuë par ses doctes escrits. L'Empereur ayant fait vn second voyage en Espagne, le Pape fit vne nouuelle alliance auec le Roy Tres Chrestien, & donna Catherine fille de Laurens de Medicis en mariage à Henry fils de France. Ils s'entreuirent pour ce suiet à Marseille, où ils se rendirent tous deux auec leur Cour. Apres les solemnitez passées dans la magnificence, Clement remonta sur ses vaisseaux, & reprit le chemin de Rome, où il ne suruescut pas long temps, & deceda dans son Palais du Vatican le vingt-cinquiesme d'Octobre 1533. âgé de cinquante six ans & quatre mois, dont il en auoit passé dix, & dix mois & dix-sept iours dans son Pontificat, s'estant tousiours monstré constant en l'vne & l'autre fortune. Son corps fut mis dans l'Eglise de Saint Pierre, & puis sous le Pontificat de Paul III. transferé à la Minerue auec celuy de Leon X. où ils reposent dans vn tombeau de marbre. Le Siege fut vacquant dix-sept iours.

PAVL III.
CCXXIX.

AVL III. de l Illuftre maifon des Farne-
fes qui tientauiourd'huy le premier rang
fans conteftation parmy les familles de
Rome, nafquit à Catin, ville de Tofcane, appartenante à fes parens, le dernier
iour de Feurier 1468. L'vn des plus excellens Heros, que cette maifon feconde en hommes vertueux ait produit pour
la liberté de l'Italie & pour la gloire du
S. Siege, fut Pierre Farnefe, fils de Ranuce, & petit-fils de
Pepon Prince d'Oruiete, qui deliura fon pays des factions &
des guerres ciuiles efmeuës entre les Guelphes & les Gibe-
lins. Pierre le vieux, qui conduifoit la caualerie fous Pafchal
fecond, remporta vne infigne victoire des ennemis du Saint
Siege, & reftablit l'ancienne Colonie de Coffe fous le nom
d'Orbitelle. Prudence fils de Pierre, & Pepon de Racufe fes
enfans donnerent des preuues de leur courage, dans les guerres qu'ils firent pour la liberté de l'Eglife fous Luce fecond &
Innocent troifiefme & leurs neueux, qui ne voulurent iamais
degenerer de la pieté & de la valeur de leurs anceftres, defen-
dirent toufiours la caufe & le party des Papes, quoy que le
plus foible, & prefque abbatu, contre les pourfuites ambitieufes des Empereurs d'Allemagne. Ranuce le grand-pere
de Paul fut General des troupes de l'Eglife fous Eugene troifiefme & defit les rebelles en plufieurs rencontres, qui renaif-
foient lors de leurs bleffures, comme les teftes de l'hydre. Ses
feruices furent reconnus du Pape, qui l honora de la rofe d'or,
& fon fils Pierre Loüys fut fauorifé d'vn fils, le fruit d'vn
illuftre mariage, qu'il auoit contracté auec Ieanne Caietan de

Sermonet, lequel eſtant paruenu à la dignité de Pontife Souuerain, changea le nom d'Alexandre, qu'il auoit receu au
Baptefme, en celuy de Paul, pour honorer la memoire de Paul
II. ſous le Pontificat duquel il vint au monde. Il fit fes eſtudes à Florence auec beaucoup de fuccez, & de là vint à Rome
pour perfectionner la connoiſſance qu'il auoit des belles lettres, par l'vfage & l'experience dans les affaires, qui ouure la
porte de l'honneur aux efprits qui font capables de l'acque-
rir. Il s'attacha particulierement à Rodriguez de Borgia
Chancelier de l'Eglife Romaine, le plus confideré d'entre les
Cardinaux, dont il fceut fi bien gaigner l'affection, qu'eſtant
Pape apres Innocent VIII. il le fit fon Threforier, & Euefque
de Mont-flafcon, puis Cardinal Diacre de faint Cofme & de
faint Damien, Legat de Viterbe, où il receut auec toutes
fortes d'honneur le Roy Charles VIII. lors qu'il vint en Italie à la conqueſte du Royaume de Naples, & en fuite Legat
de la Marche d'Ancone, où il fe rendit vniuerfellement agreable aux grands & aux petits. Iule II. le rappella de fa Legation, pour luy donner l'Euefché de Parme, & fe feruit de fon
confeil au Concile de Latran, & au gouuernement de l'Eglife. Ie puis dire, qu'ayant eſté Cardinal durant quarante ans,
ce qui n'eſt arriué quà fort peu d'autres, il s'eſt touſiours conferué dans vne telle indifference & moderation, parmy les
diuifions de l'Italie, qu'on ne ſçauoit de quel party il enclinoit
dauantage, de celuy de France, ou de celuy d'Efpagne, n'e-
ſtant fufpect à perfonne, & bien venu de tout le monde. Lors
que les autres eſtoient occupés à fomenter les partialitez entre deux Couronnes, il commença le Palais de Farnefe, prez
le Champ de Flora, dont la grandeur & la beauté furpaſſe
toutes les maifons Royales de noftre fiecle, & l'artifice ne cede en rien aux plus fuperbes baftimens de l'ancienne Rome.
Leon X. le fit de Cardinal Diacre Euefque de Frefcati, où fa
façon de viure iointe à fes grandes qualitez luy fit efperer,
qu'il pourroit eſtre efleu Pape apres le deceds de Leon, nonobſtant les brigues & l'authorité de Caruaial Doyen du facré
College fon Competiteur, dont le feul nom d'Efpagnol eſtoit
odieux à tous les Cardinaux, qui auoient eſté fi long-temps
opprimez fous la tyrannie d'Alexandre VI. & la memoire du

Schifme de Pife, où il s'eftoit engagé contre Iule II. le rendoit indigne de cette place. Mais Iule de Medicis, porté par
les ieunes dans le Coñclaue, & les François qu'il auoit offen-
fez par fon indifcretion, lors que voulant gaigner les voix des
Efpagnols il promit à l'Ambaffadeur de Charles-quint de
prẽdre le party de fon Maiftre, s'il vouloit l'affifter de fa faueur
en cette occafion, luy couperent lors fes efperances. A pres la
mort d'Hadrien, qui ne regna que deux ans, il remit l aff-
faire fur le tapis, & fans doute que les vieux Cardinaux, qui
eftoient bandez contre les ieunes, l'euffent emporté, fi Dieu,
qui vouloit faire renaiftre fous fon Pontificat la felicité de
Rome & de l'Eglife, par vne prouidence particuliere, ne luy
euft encore preferé Iule de Medicis, qui fut nommé Clement, depeur que les mal-heurs qui accueillirent fon predeceffeur, ne tombaffent fur fa tefte. Clement VII. eftant efleu,
le Cardinal Farnefe fe vid bientoft Euefque de Prenefte, puis
de Sabine & de Porto, & enfin d'Oftie, & Doyen du Sacré
College. Il fut deputé Legat en Efpagne, au temps que le Pape eftoit affiegé dans le Chafteau S. Ange, apres la defolation
de Rome. Il s'arrefta neantmoins à Parme, pour preffer le fecours que Lotrech conduifoit ; & alla au deuant de l'Empereur iufques à Genes, pour le receuoir auec les Cardinaux de
Sᵗᵉ Croix, & Hippolyte de Medicis. Il fe trouua puis apres à
la conference de Bologne, où il empefcha la promotion des
quinze Cardinaux, que Charles-quint auoit prefenté de fa
faction. Ce qui luy donna vne telle authorité, que le Pape fe
voyant abandonné des Medecins, & hors d'efperance de viure plus long-temps, il fit fon Teftament, par lequel il declara, que fi le Pontificat eftoit hereditaire, il le nommeroit
pour eftre fon fucceffeur. Et mefme vn peu auant que de
mourir, il luy recommanda l'Eglife apres fon trepas, comme
à celuy qu'il iugeoit le plus capable d'en prendre l'adminiftration, & enioignit à Hippolyte de Medicis, de faire tous
fes efforts & d'employer tous fes amis pour le mettre au lieu
qu'il meritoit. Auffi ne fut-on peine de chercher vn homme
qui luy fuccedaft, puis qu'il eftoit defia nommé; & fi fa modeftie n'euft empefché le deffein des Cardinaux, comme eftant
fans exemple, ils l'euffent efleué fur le Throfne de S. Pierre

fans autres ceremonies, auant que de s'affembler au Conclaue & de rendre les derniers deuoirs de la pieté Chreftienne à l'ame du defunct. Les Peres s'eftans donc affemblez au Vatican le 11. d'Octobre 1534. Hippolyte de Medicis, fuiuant le commandement qu'il en auoit receu de Clement VII. fon parent, eftant d'ailleurs affeuré des volontez de toute l'affemblée, entra à deux heures de nuict dans la chambre de Farnefe auec le Cardinal Iean de Loraine, qui fe ietterent à fes pieds, & l'adorerent comme Vicaire de Iefus-Chrift. Il fe paffa vne chofe bien remarquable dans cette action ; c'eft que le Cardinal de Lorraine le fuplia de luy donner la Legation de France, fe promettant d'obtenir cette faueur de luy d'autant plus facilemét, qu'il fe trouueroit furpris. Farnefe agrea fa demande; mais comme il n'eftoit pas encore pleinement efleu, il ne peut luy accorder fur l'heure. Les autres Cardinaux à leur exemple l'adorerent le lendemain. De forte qu'il n'y eut iamais d'eflection faite auec plus de fincerité, de concorde & de fimplicité, les voix & les efprits s'accordans enfemble, fans eftre preocupez d'aucune crainte, ny corrompus par l'ambition, ny gaignez par la faueur, ny empefchez par la ialoufie ou par la diuifion. Le peuple Romain tefmoigna la ioye qu'il auoit, de voir encore vne fois vn de fes nobles Citoyens dans le Pontificat, qui auoit efté poffedé par les Eftrangers durant cent ans depuis Martin V. lequel arrefteroit les courfes, & empefcheroit les defordres, que les voleurs & les affaffins faifoient tous les iours à Rome , & fur les terres de l'Eglife. Quand il fallut venir lé iour fuiuant au Scrutin, les fuffrages qu'on tira du Calice, tous ouuerts contre la couftume, confirmerent l'eflection du iour precedent, ne s'en eftant pas trouué vn feul d'aduis côtraire. La Nobleffe de Rome en figne d'vne refiouïffance publique, fit vn tournois & vne courfe à cheual dans la grande place du Vatican, dont le Pape fut vn des Spectateurs, qui confirma fur le champ & accreut les Priuileges du Capitole, & des Officiers de la Cour Romaine, & en fuite retira les terres de l'Eglife qui eftoient mal alienées, & fe comporta dés lors de telle forte & durant tout fon gouuernement, que par vn temperament admirable de vertus, il fceut parfaitement ioindre la perfonne d'vn grand Prince à

à celle du Pape. Car dans tous fes confeils il faifoit paroiftre
fa pieté & fa prudence, & ne diffimuioit point l'inclination
qu'il auoit pour la fortune de fes parens. De là vint qu'il ne
voulut iamais entrer dans aucun party, ny mefme renouueller le traité d'vnion que fon Predeceffeur auoit fait à Boulogne auec l'Empereur, fçachant bien que c'eftoit vne piece
qu'on ioüoit aux François pour les chaffer de l'Italie, lefquels
n'eftoient pas moins fes enfans que les autres ; & defquels il
efperoit vne protection pareille que des Imperiaux, tant pour
luy, que pour ceux de fa maifon. Bien loin d'apprehender vn Concile, que les Heretiques d'Allemagne fembloient defirer, pour donner de la crainte ou de l'ombrage aux
Papes de Rome, & que Clement VII. empefcha tant qu'il
plût, il preuint luy mefme leurs deffeins, tefmoigna qu'il
eftoit preft d'affigner le temps & le lieu pour en faire l'ouuerture, & fupplia les Princes Chreftiens de n'y donner aucun
empefchement. Il enuoya fouuent des Legats en France &
en Efpagne pour accorder ces deux Princes, & leur perfuader
de ioindre leurs armes contre le Turc, qui auoit conquis l'A-
frique. En quoy il ne peut iamais rien obtenir, foit par le def-
plaifir qu'auoit le Roy d'eftre chaffé de l'Italie, ou par la vanité de l'Empereur, ou mefme par l'ambition de tous les
deux. Ne pouuant rien gaigner de ce cofté-là, il tourna premierement fes penfées à l'aggrandiffement de fa maifon, de
laquelle il fit deux de fes neueux Cardinaux, Alexandre Farnefe & Afcane Sforcia, à l'vn defquels il confera la charge de
Chancelier, & à l'autre celle de Camerier de l'Eglife Romaine, qui eftoient vaquantes par la mort d'Hyppolyte de Medicis, & d'Auguftin *Spinola* : & puis au reftabliffement de la
maiefté de l'Eglife, honorant du Chapeau les plus excellens hommes qu'il peut trouuer dans le monde Chreftien ;
quatre defquels furent Papes l'vn apres l'autre, Iule III. Marcel II. Paul IV. & Pie IV. & vn Martyr Iean Ficher Anglois
Euefque de Roff, qu'Henry VIII. fit mourir pour la Religion.
Dés l'entrée de fon Pontificat les Anabaptiftes s'eftant emparez de Munfter en Vueftphalie, l'Euefque les affiegea, & les
preffa fi viuement, qu'ils furent contraincts de manger les
chats, & les chiens, les rats & les cuirs des beftes, pour foulager

ger leur faim, deforte que cette miferable ville merita de porter à iufte titre le nom de la Ierufalem nouuelle, comme leur
Roy l'auoit nommée, qui eftoit Iean de Leyden Hollandois,
homme profane & de baffe condition, mais d'vn courage noble, & d'vn efprit entreprenant; qui auoit tellement gaigné
ce peuple aueuglé par fes perfuafions, qu'il le tenoit pour vn
Moyfe deputé de Dieu pour reparer les ruïnes de la nouuelle Ierufalem, fur le mont de Sion, à laquelle il inuitoit d'vne
audace prodigieufe tout le monde par fes Prophetes, qu'il
enuoyoit de toutes parts. La ville fut prife & rafée, & le Roy
tué auec fes fuiets. Il y eut bien des affaires plus difficiles à de-
mefler en Angleterre, fur le fait d'Henry VIII. qui las de fa
femme Catherine d'Auftriche, qu'il auoit efpoufée apres la
mort du Prince Artus fon frere, nonobftant qu'elle luy euft
mis au monde vne petite fille nommée Marie, qui fut Reyne
à fon tour, la repudia vingt ans apres fon mariage, eftant deuenu efperduëment amoureux d'Anne de Boulen fa concubi-
ne, auec laquelle il fe maria depuis, encore que les plus fameufes Vniuerfitez du monde defaprouuaffent ces nopces comme
illicites, & que Clement VII. les euft condamnées comme
contraires aux loix de Dieu & de l'Eglife. Mais ce Roy, efcla-
ue d'vne paffion aueuglée, renonçant à la gloire de fes vertus
premieres, à la verité de la Religion qu'il auoit defenduë, &
à l'authorité du S. Siege, auquel il auoit efté autrefois fi obeïf-
fant, pour iouïr de fes amours, embraffa les erreurs de Luther, fe fit reconnoiftre pour Chef de l'Eglife Anglicane, effaça toutes les marques de la Foy Romaine, profana les Eglifes, dépoüilla les Monafteres, chaffa ou fit mourir cruellement les Preftres & les Moynes, s'empara de leurs biens, &
changea fon Royaume & fa Cour en vn Theatre de cruauté,
fur lequel Thomas Volfé Cardinal & Archeuefque d'York,
bien que d'ailleurs coupable, pour auoir efté le premier miniftre de fon iniquité, & luy auoir donné les premieres penfées
de fa fureur, Thomas Morus fon Chancelier, Iean Fifcher
Cardinal, & vne infinité d'autres grands perfonnages, perdirent la vie pour ne vouloir pas adherer à fes pernicieufes opinions. Paul III. apres auoir long temps deliberé fur vne ffai-
re de fi grande importance, le retrancha du nombre des Rois

k

& des Fideles, le priua de la communion des Saints, & des droits de fa Couronne. Bien-toft apres la vengeance de Dieu parut à la Cour de ce Prince, lors que par vne feuerité pref-qu'inoüye, il fit trencher la tefte à celle qu'il auoit tant ay-mée, l'ayant furprife en adultere. Cependant l'Empereur fe difpofoit au voyage d'Afrique, contre Hariaden Barberouffe, qui à la faueur des vaiffeaux & des troupes de Solyman, apres auoir efcumé les mers d'Italie, de Sicile & d'Efpagne, & vfurpé le Royaume de Tunes fur Muleaffe, n'auoit point d'au-tres bornes de fon ambition, que la conquefte du Royaume de Naples. Le Pape luy donna treize Galeres fous la conduite de Virginie des Vrfins, auec les decimes de tous les Benefices d'Efpagne, pour le feruir à cette guerre. Il vfa de la mefme li-beralité enuers François premier, auquel il laiffa pareille-ment les decimes de fon Royaume, pour mettre fur mer vingt galeres, qui deuoient fortir du port de Marfeille aux premie-res approches que les Turcs feroient fur les coftes de la Tof-cane & de l'Eftat de l'Eglife. Alphonfe Vaftius eftant fur le point de s'embarquer auec les gens de pied d'Italie & d'Alle-magne, pour paffer en Afrique, il alla luy mefme au deuant iufques à Cento-camerelle, où eftoit le rendez-vous des trou-pes, & fit purifier les vaiffeaux depuis le haut de la hune iuf-qu'au bas de l'offée, les Preftres chantans auec luy, & le peu-ple accompagnant la flote de leurs prieres, afin de deftourner le couroux de Dieu, & fe rendre les Saints Tutelaires de l'Em-pire Chreftien plus propices, qu'ils n'auoient efté à d'autres voyages. Vaftius receut de fa main le bafton & l'eftendart de la Religion, qu'il arbora fur fes vaiffeaux, lefquels vogue-rent iufques à Naples, & de là pafferent droit en Sicile & en-fin aborderent heureufement aux riuages d'Afrique. Il auoit enuoyé vn peu auparauant à André Dorie General des Gale-res de l'Empereur l'efpée benifte, dont les gardes & le four-reau eftoient enrichis de pierres pretieufes, le baudrier bou-clé d'or, & le bonnet fourré de panne, & couuert de perles, qui font les prefens ordinaires que les Papes font aux grands Rois, lors qu'ils entreprennent la guerre contre les Infideles, & qui firent naiftre à ce venerable vieillard, plus chargé de gloire que d'années, vn ardent defir de les meriter par fes nouueaux exploits. Au mefme temps Hippolyte de Medicis defireux de commander, & enuieux de la fortune d'Alexandre Duc de Florence, attenta fur fa vie, par le moyen d'vne mine de poudre, dont Iean Baptifte Cibo Euefque de Marfeille eftoit l'autheur. La coniuration fut découuerte par Alexandre, qui en fit fes plaintes au Pape, lequel bien qu'il fuft affez content de voir la maifon de Medicis à bas, pour fe preualoir de leurs dépoüilles, & conferer à fes neueux les riches benefices qu'ils poffedoient, ne voulut pas neantmoins qu'on cruft, qu'il negligeaft l'iniure faite à ce Prince. Il fit donc arrefter Octauian Tanga, homme determiné, l'vn des Satellites du Cardinal Hippolyte, & Miniftre de fes confeils ; quoy que l'opinion commune ne fuft point qu'il euft efté pris pour le fuiet de cette confpiration, mais pour d'autres crimes. Hippolyte, d'ailleurs fort endebté, & deftitué de la protection du Roy de France, fur lequel il s'eftoit fié iufques alors, prit tellement l'efpouuante, qu'il fe fauua dans vn Chafteau. Neantmoins peu de temps apres il reuint à Rome, pour tafcher de faire fa paix auec Alexandre, & fut receu fauorablement du Pape, qui fe contenta d'vne douce correction. Mais comme il fut à Fondi pour aller à Naples, il mourut d'vne fiéure contagieufe, les autres difent que ce fut de poifon. Son corps fut rapporté à Rome, & enterré dans l'Eglife de faint Laurens, toute la ville fondant en larmes ; le Pape n'en eftant pas beaucoup fafché, pour l'Office de Chancelier, & pour les benefices, dont il pourueut Alexandre Farnefe ; & les bannis de Florence en tefmoignant de la ioye, pour l'efperance qu'ils auoient de fe voir bientoft deliurés de la domination des Medicis, qui ne fubfiftoit plus que par la puiffance d'vn feul. Cependant l'Empereur ayant mis fon armée en terre au riuage d'Vtique, donna la chaffe à Barberouffe, prit Tunes d'abord, remit Muleaffes dans fon Royaume, auec des conditions bien onereufes, fortifia la Goulete, où il laiffa vne garnifon Efpagnole, remit en liberté vingt mille Chreftiens, que ce fameux Pyrate auoit enleuez de diuers endroits de la terre, & reprit la route d'Italie. Il aborda premierement en Sici-

le, & puis à Naples, où il fut receu en triomphe. Le Pape mefme en fit des proceſſions publiques en action de graces, &
luy deputa deux Cardinaux, pour teſmoigner la part qu'il
prenoit à ſa victoire. Comme il paſſoit de Sicile à Naples, il
receut les nouuelles de la mort de François Sforce dernier
Duc de Milan, laquelle excita de nouueau le feu de la guerre en Italie. Car l'Empereur, qui voyoit que cét Eſtat eſtoit
à ſa bien-ſeance, le reünit à ſa Couronne comme vn fief
de l'Empire, ſans vouloir examiner le droit & les raiſons
de François I. Roy de France, qui pretendoit que la Duché luy appartint, puis qu'il eſtoit l'heritier legitime de ſa
grand-Mere Valentine Vicomteſſe de Milan, que Louys
d'Orleans auoit eſpouſée, & que l'Empereur Maximilian
l'auoit ainſi iugé en faueur de Louys douzieſme qui luy en
fit l'hommage, apres la defaite de Louys Sforce ſon pri-
ſonnier. Le Roy ne pouuant auoir de iuſtice par les Loix,
ſe reſolut d'en tirer raiſon par les armes; & à cet effet il
declara la guerre au Duc de Sauoye vaſſal de l'Empire,
afin d'auoir le paſſage libre par ſon pays, pour entrer en
Italie. L'Admiral Chabot, qui commandoit l'armée, dépoüilla d'abord le Duc de Sauoye de toutes les places qu'il
poſſedoit au deça des Monts, paſſa les Alpes ſans reſiſtance,
gaigna vne partie du Piedmont, & entre autres prit Turin, au
grand regret de l'Empereur, qui ſe mit promptement en eſtat
de venger l'iniure faite à ſon allié, & de ſe ietter dans la France
auec ſes troupes victorieuſes qu'il auoit ramenées d'Afrique,
chargées de lauriers & de la dépoüille des Barbares. Il partit
de Naples vers le milieu du Printemps l'an 1536. & ſe rendit
à Rome où il fit ſon entrée en triomphe, les Cardinaux, le
Clergé & tout le peuple Romain eſtant allé au deuant de
luy pour le receuoir, qui l'accompagnerent iuſques au
Vatican, où le Pape l'attendoit aſſis dans ſa chaire ſur les
degrez de l'Egliſe. Il y paſſa les Feſtes de Paſques, &
apres auoir conferé auec ſa Sainteté durant treize iours,
de l'eſtat des affaires preſentes, & des choſes de la Chreſtienté le iour deuant ſon depart il fit vn diſcours en la preſence du Pape, des Cardinaux, & des Ambaſſadeurs de
France, touchant les meſcontentemens que le Roy Tres-

Chreftien luy auoit caufés & à la maifon d'Auftriche, auec
tant de chaleur, qu'il prefenta le duel au Roy François, s'il
vouloit le receuoir, & terminer les differends de leur Couronne auec l'efpée & le poignard. Les Ambaffadeurs ne manque-
rent pas de refponfe, & le Pape iugeant des paroles de l'Empereur, qu'il eftoit pour faire vn plus long feiour à Rome, &
peut-eftre pour s'en rendre le maiftre, aduertit fecretement
les Cardinaux duBellay & Colône, d'attirer promptement les
François en Italie, pour l'obliger de fe mettre en campagne. Il
fortit de Rome le quatorziefme iour apres qu'il y eftoit entré,
& prenant fon chemin par la Tofcane & par la Ligurie, fuiuât
le confeil d'Antoine de Leua, il entra dans la France Narbon-
noife, d'où il eut bien de la peine à fe retirer, fans beaucoup de
fuccés, à caufe du mauuais temps, de l'incommodité des chemins & de la difficulté des conuois. Pendant le feiour qu'il fit
à Rome, on arrefta de conuoquer vn Concile general, pour
mettre vne ferieufe fin aux difputes de la Religion qui caufoiét
tant de malheurs, & donner quelque repos à la Chreftienté,
agitée depuis vingt ans des tumultes de l'herefie que Luther
auoit efmeus. La ville de Mantouë fut choifie pour le lieu de
l'affemblée : mais pource que le Duc apprehendoit la puiffance de l'Empereur, le Pape ordonna qu'elle fe tiendroit à Vicenze ; où il n'y eut pas moins de difficulté, tant à caufe qu'elle eftoit trop éloignée des Prouinces infeétées de l'erreur & du
fchifme, comme auffi pource que les Venitiens ne vouloient
point dôner d'ôbrage au Turc, qui ne craignoit rien tant que
les affêblées des Chreftiés. Cependant Paul 2. qui vouloit d'vn
cofté reformer la vie des Eclefiaftiques, & de l'autre mettre les
deux premiers Princes Chreftiens en bonne intelligence, nomma neuf perfonnes fignalées en fcience & pieté, pour donner
quelque remede aux mœurs deprauées de fon Clergé; & deputa le Cardinal Triuulce vers le Roy, & le Cardinal Carac-
-ciole vers l'Empereur pour les accorder, iufques à ce qu'apres
le Concile ils fe ioigniffent tous deux enfemble pour faire la
guerre au Turc. Mais le feu eftoit trop allumé pour eftre fi
toft appaifé, il falloit beaucoup verfer de fang auant que de
l'efteindre. Vn an apres, qui fut 1537. Alexandre Duc de Florence, qui auoit efchapé la coniuration de fon coufin le Cardi-

nal Hippolyte ne put euiter la perfidie d'vn sien autre parent, Laurens de Medicis, son familier & son obligé, qui le tua de nuit dormant dans son lit, & luy passa son espée à trauers le corps. Les bannis & quelques Cardinaux prirent incontinent les armes, & se rendirent à Florence, pour remettre leur pays en liberté. Le bruit estoit constant, que le Pape Paul auoit excité cette guerre, iugeant qu'il estoit plus à propos, pour ses interests particuliers, & pour l'vtilité publique, que l'Etrurie fût gouuernée par vn conseil libre & populaire, que par la puissance d'vn Prince absolu, particulierement dans vne ville, où il auoit autrefois habité, & fait le cours de ses estudes, au temps qu'elle estoit en sa liberté. Outre que la mauuaise intelligence, qui s'estoit entretenuë entre luy & le defunt, luy faisoit apprehender, qu'vn autre ne changeroit que de nom, & conserueroit les mesmes sentimens que son predecesseur, succedant esgalement à ses passions & à sa Principauté. Mais la fortune, qui fauorisoit Cosme de Medicis, rompit tous les efforts de ses aduersaires. La ville de Clisse vne des places fortes de la Dalmatie, vint en mesme temps sous la puissance des Turcs, qui coururent toute la Prouince auec le fer & le feu, & firent de grandes ruines sur les terres des Venitiens, auec lesquels ils estoient en guerre. Le Pape, qui auoit contribué de son costé tout ce qu'il auoit peu pour la conseruation de cette place, conceut vn extreme déplaisir de sa perte, ordonna des prieres publiques, pour appaiser la colere de Dieu; fit reparer les murailles de la ville de Rome, pour empescher l'inuasion, & procura vn traité d'vnion entre l'Empereur & les Venitiens, pour porter la guerre en Grece. L'Empereur fournissoit pour sa part quatre-vingt deux galeres, les Venitiens autant & le Pape trente six, faisant en tout le nombre de deux cens voiles. Le Pape ayant crainte que le Roy de France ne se iettast dans la Prouince de l'Empereur, pendant qu'il seroit occupé à cette guerre, tascha de moyenner entr' eux vne paix ou vne treue, & reciproquement l'Empereur ayant quelque suiet de craindre, que Paul III. en son absence ne se iettast dans le party de François I. luy proposa sa fille Marguerite vefue d'Alexandre de Medicis, pour la donner en mariage à son neueu Octau Fearnese. Cependant les deux sœurs Marie & Eleonor d'Auftriche Princeffes incomparables, porterent ces deux grands Princes à faire vne treue de neuf mois, qui fut ratifiée par leur prefence l'année apres. Car le Pape fit tant par l'entremife de fes Legats, qu'il les fit condefcendre à vne conference amiable, où luy même voulut fe trouuer. Ils fe rendirent pour cette fin tous trois à Nice en Prouence fur les confins de l'Italie & de la France : mais iamais ces deux Princes ne voulurent fe voir ny fe parler en la prefence du Pape; foit pour luy ofter la gloire d'vn accord, dont il eftoit l'entremetteur, plus par intereft que par religion, ne cherchant dans leur entreueuë que la grandeur de fa maifon par deux alliances Royales, l'vne de fon neueu auec la fille de l Empereur, & l'autre de fa niece auec vn des enfans du Roy; ou pluftoft par l'animofité d Anne de Montmorency Conneftable de France, qui ne put mieux fe venger de fes querelles particulieres, que par cet artifice. Quoy qu'il en foit, le Pape ayant obtenu vne treue pour neuf ans entre les deux Couronnes, monta fur les vaiffeaux du Roy, & reprit la route d'Italie. L'Empereur l'accompagna iufques à Genes, où il le quitta pour venir trouuer le Roy François, qui l'attendoit à Aigues-mortes, fuiuant leurs conuentions fecretes. Ceux qui les virent s'embraffer l'vn l'autre durant deux iours, & fe parler en confidence, ne pouuoient croire qu'vne amitié fi bien eftreinte deuft eftre fi toft defnoüée. Là deffus la flotte des Confederez s'eftant mife à la voile atteignit Barberouffe au Promontoire Actiaque, nommé le Cap de Preuife, & contre les fentimens d'André Dorie, qui n'eftoit pas d'auis de côbattre, receut la bataille qu'il luy prefenta, où les noftres furent fi mal traités, qu'ils perdirent ce iour là toute la gloire qu'ils auoient acquife en plufieurs fiecles. Paul III. qui ioüoit parfaitement fes deux perfonnages de Prince intereffé & du Pape zelé, apres le mariage confommé de fon neueu Farnefe, & de Marguerite fille de l'Empereur, s'empara de la Duché de Camerin, comme d'vn fief de l Eglife vacquant par la mort de François Marie de la Rouere Duc d'Vrbin decedé fans enfans mafles, & donna l'inueftiture à ce neueu. Puis apres il chaftia feuerement ceux de Peroufe, qui s'eftoient foufleuez pour les impofts du fel, caffa leurs priuileges, abolit le pouuoir de leurs Decurions, & les obligea d'enuoyer leurs Deputez à Rome,

pour luy demãder pardon, en habit & en posture de criminels.
D'vn autre costé les affaires de la Religion le mettant en souci, il enuoya des hommes de science & de vertu en Allemagne, pour assister à la diete de Ratisbonne, esteindre le feu que Luther auoit allumé, terminer les differens de la Foy, & ramener dans le sein de l'Eglise & de la verité, ceux que l'erreur & le vice en auoient retirez. Mais il falloit bien d'autres remedes pour vn mal si violent, qui estoit desia inueteré dans les esprits, & qui estoit d'autant plus dangereux, qu'il plaisoit aux malades. Presque au mesme temps que le Diable tira Luther de son Cloistre pour affliger l'Eglise, & declarer la guerre aux Saints, Dieu retira Ignace de Loyola Gentilhomme Biscayen de la milice du siecle, pour mettre sur pied vne Compagnie d'hommes spirituels, approuuée de Paul III. confirmée par ses successeurs, autorisée du Concile de Trente, honorée des grands, respectée des petits, aimée de tous les gens de bien, enuiée seulement des lasches, & haye des meschans: laquelle armée de la parole de Dieu & de la science des Saints, a regaigné presque toute l'Europe, conquis les Indes à l'Euangile, & porté les bornes du Royaume de Iesus-Christ sur les extremitez de la terre & de la mer. L'assemblée de Ratisbonne estant rompuë, l'an 1541. l'Empereur, qui s'estoit obligé auec le Pape de conuoquer dans deux ans vn Concile General, se disposant à vn second voyage d'Afrique, suplia le S. Pere de le venir trouuer à Lucques, pour conferer ensemble sur le fait du Concile. Les Medecins, qui consideroient son âge & les chaleurs excessiues de la saison, & l'Ambassadeur de France auec des Cardinaux, qui craignoit que sous couleur de l'expedition d'Alger, il ne luy demandast de l'argent pour faire la guerre en France, firent tout leur possible pour le dissuader de ce voyage. Mais toutes ces considerations ne furent pas si fortes pour l'arrester, que l'ardent desir qu'il auoit de seruir au public, & d'épescher la guerre qui s'alloit allumer entre l'Empereur & le Roy, au preiudice de la treue dont il auoit esté l'entremetteur: au suiet que les Ambassadeurs de France, qui alloient à Constantinople de la part de leur Maistre, auoient esté tuez sur les chemins contre le droit de gens, par les supposts d'Espagne. Il vaudroit bien mieux, comme le Pape remonstroit à

Charles

Charles-Quint, d'entretenir la paix parmy les enfans de l'E-
glife, & faire la guerre au Turc, & fecourir fon frere Ferdinand Roy d'Hongrie, & penfer les playes toutes fanglantes de
la Chreftienté, & empefcher les progrés de Solyman, que de
vouloir encore tenter le hazard de la mer, & fe battre contre vn Pyrate, le fuccés de la bataille eftant douteux , &
la victoire fort peu auantageufe. Mais iamais il ne put rien obtenir de ce qu'il luy propofoit, finon que le Concile General
fe commenceroit l'année fuiuante à Trente, comme eftant le
lieu le plus commode & le moins fufpect aux Princes d'Allemagne, & que les Actes de l'affemblée de Ratifbonne feroient
reformez pour les points de la Religion. Au refte Cefar eftant
preft à voguer, le Pape luy donna fa benediction, & pria Dieu
de fauorifer fon voyage & fes armes. Et toutefois il eut tant de
malheurs fur la mer, que fes vaiffeaux furent brifez par les
tempeftes, qui font ordinaires fur cette mer en la faifon d'Au-
tomne, & fon armée defaite par les Barbares, ou enfeuelie dás
les ondes. Cette perte affez confiderable pour l'eftat prefent
de fes affaires, les Legats & les Nonces, les remonftrances &
les fupplications, les lettres & les larmes du Pape, ne purent
retenir l'Empereur, encore degoutant de fon naufrage, qu'il
ne vint en Italie, pour de là paffer en Flandre, & tirer raifon
des François, qui en fon abfence s'eftoient iettez dans le Pays
bas, où ils auoient fait de grandes ruines. Le Pape party expreffement de Rome pour parler à l'Empereur, qui eftoit venu defcendre à Genes eut bien de la peine apres plufieurs allées & venuës de l'attirer à vne conference, qui fut tenuë à
Buxet, Chafteau de la maifon des Pallauicins, où ils fe virent.
Ce qui rendoit l'Empereur fi difficile à permettre cette entreueuë, eftoit le temps qui le preffoit de marcher contre les factieux d'Allemagne, & la crainte qu'il auoit de donner quelque ombrage au Roy d'Angleterre ennemy du Saint Siege,
auec lequel il auoit fait vn traité d'vnion, pour ioindre leurs
armes contre le Roy de France. Manquant d'argent, neceffaire aux frais de fon voyage il toucha quelque difcours au
Pape d'accepter la Duché de Milan, pour fon neueu, mais
n'ayans peu s'accorder du prix, ny des conuentions, il s'addref-
fa à Cofme de Medicis, qui luy donna deux cens mille efcus,

pour mettre les garnifons Efpagnoles hors de fes places. Apres
vn entretien qui dura cinq iours, fans rien faire pour le bien
de la paix, l'Empereur prit le chemin d'Allemagne, & le Pape
fe rendit à Bologne, où il celebra la fefte du Prince des Apoftres, le mefme iour que Barberouffe, pratiqué par les François,
vint aborder fur les riuages de Terracine, à l'emboucheure du
Tibre: où la confternation fut fi grande par tout le pays, que
les habitans de la campagne fe fauuoient defia fur les montagnes, & le peuple Romain eftoit fur le point de quitter la ville, pour s'enfuïr, fi l'Ambaffadeur de France ne les euft affeu-
rez. Enfin comme les plus grands orages font fuiuis ordinairement des plus beaux iours; la bataille de Cerifole, où il y eut
tant de braues hommes tuez, fut caufe de la paix de Crefpy en
Picardie, le dix huictiefme Septembre mil cinq cens quarante quatre entre la France & l'Efpagne, glorieufe à l'vn & à
l'autre party, prefque ruiné par des guerres fi longues & fi fu-
neftes, heureufe à la Chreftienté, auantageufe à tous les Princes engagez dans leurs querelles, & fingulierement agreable
au Pape, qui l'auoit fi long temps defirée, & fi ardemment
procurée, comme vne ouuerture au Concile General, qu'on
auoit propofé plufieurs fois, & toufiours remis, iufques au
mois de Mars de l'année fuiuante. Les Legats du Saint Siege s'y rendirent les premiers, accompagnez de plus de cent
Euefques fçauans, capables de conferuer leur dignité par leurs
vertus, & de defendre la verité par la difpute. Ceux de France & d'Efpagne les fuiuirent bien-toft en grand nombre. Il n'y
eut que les Lutheriens, qui apres tant de pourfuites ne fe prefenterent point, alleguans pour leurs excufes tantoft le lieu,
tantoft la qualité des Prefidens de l'affemblée, & tefmoignans
bien par ces fuites eftudiées, qu'ils aymoient mieux viure à
leur liberté, que de connoiftre la verité. Ce qui n'empefcha
pas moins le fruit qu'on efperoit du Concile, que la mauuaife
intelligence qui vint à naiftre entre le Pape & l'Empereur; &
la pefte qui s'efchauffoit à Trente, contraignit les Peres de fe
tranfporter à Bologne, fuiuant l'ordre qu'ils en auoient receu
de Rome. Au commencement de la mefme année quelques
Lutheriens s'eftans iettez dans la Comté d'Auignon, & ayant
gaigné quelques places, eftoient pour gafter toute la Prouince

de leurs erreurs & de leurs armes, si Antoine Triuulce Vice-
Legat d'Auignon ne fût allé au deuant d'eux pour les combattre, qui les tailla tous en pieces, & mit le feu aux places
qu'ils auoient vsurpées, dont il ne resta que les vestiges. En ce
mesme temps le mõde fut priué ou deliuré de plusieurs hõmes
insignes en vertus ou en vices, à sçauoir Henry Roy d'Angleterre, François Roy de France, Vastius grand Capitaine, & Luther
heresiarque. Les Eglises du nouueau monde, à la priere do
l'Empereur, furent soustraites de la iurisdiction de l'Archeuesque de Seuille, & soumises à deux autres Archeuesques nouuellement instituez dans les villes de Mexique, de saint Dominique & de Lima, nommée la ville des Roys. Et les Protestans d'Allemagne, qui s'estoient sousleuez iusques au nombre
de cent mille, contre l'autorité de l'Eglise & de l'Empire, conduits par le Duc de Saxe & le Landgraue de Hesse, furent
entierement defaits entre l'Elbe, le Rhin & le Danube, par
l'Empereur, leurs Chefs faits prisonniers, & l'vn deux priué
du rang & de la dignité d'Electeur, & toute l'Allemagne sou-
mise aux volontez du Victorieux. Le Pape luy escriuit aussi-
tost des lettres pleines d'honneur & de resioüissance, auec des
titres de Tres grand & d'Inuincible, qui luy furent portées
par le Cardinal Sfondrat plustost par mine, que par affection.
Car l'Empereur ne s'estoit iamais remué pour la liberté publique au contraire il faisoit soubçonner, qu'il auoit le dessein
de s'emparer vn iour de toute l'Italie; & ne se contentant pas
d'auoir retardé de tout son possible la conuocation du Concile de Trente pour ses interests particuliers, ceux de sa faction
auoient offensé griefuement l'honneur du Saint Siege. Et dauantage Pierre Louys Farnese, fils du Pape, n'ayant iamais
peu obtenir la Principauté de Parme & de Plaisance, quoy
que son fils Octaue eust l'honneur d'auoir espousé sa fille,
auoit esté contraint de se ietter dans le party du Roy de France, son pere ne le sçachant pas, ou le dissimulant. Mais Paul
ne se plaignoit pas seulement de ces mauuais tours de l'Empereur, il adioustoit encore à ces plaintes qu'il s'estoit associé
auec Henry Roy d'Angleterre, pour se mocquer de luy, &
qu'il auoit fait glisser par des Prelats apostez dans quelques
Decrets des choses entierement contraires à son autorité. Ces

mefcontentemens le porterent, fous pretexte que l'air eftoit
mauuais à Trente, à transferer le Concile à Bologne. Là
deffus l'Empereur alleguant que le Concile ne finiroit pas fi
toft qu'il euft efperé, fit vné affemblée à Aufbourg de tous
les Princes Proteftans, où l'on publia les articles de l'*Interim*,
c'eft à dire de la Religion qu'on obferueroit pour vn temps,
iufques à la fin du Concile. Cette affemblée prophane, que le
Pape prit pour vn attentat fait à fa perfonne & à fa dignité,
auec la mort de Pierre Louys de Farnefe tué par la faction de
l'Empereur, l'inuafion de Plaifance, & l entreprife formée
fur la ville de Parme par fon propre neueu le toucherét fi viuement, qu'eftant d'ailleurs extremement adroit à diffimuler fes
reffentimens, & cacher fes deffeins, il leua le mafque, & chercha l'occafion de fe venger. Là deffus la mort le furprit caffé de
vieilleffe & de deplaifir, qui luy ofta la vie, le Pontificat & les
moyés d'executer ce qu'il auoit deliberé, le deuxiéfme de Nouembre mil cinq cens quarante-neuf. Il auoit vefcu affez long
temps pour mourir, ayant atteint l'âge de quatre-vingt vn
an, huit mois & dix iours, & affez long temps regné pour ne
porter point d'enuie à fon fucceffeur, ayant efté quinze ans &
vingt-huit iours dans la Chaire de Saint Pierre. Son corps fut
porté fans aucune pompe par fes domeftiques à l'Fglife du
Vatican. Le Siege vacqua deux mois & vingt-neuf iours. Il
poffeda de grandes vertus, courtois, affable, clement & doüé
d'vne rare prudence, qu'il auoit acquife par l'vfage de 60. années, qu'il employa dans les charges publiques. Il eftoit le plus
adroit Prince de fon temps, pour difcerner les efprits, connoiftre les penfées, & defcouurir les inclinations des hommes
dans les confultations fur les matieres contentieufes. De là
vint qu'il auoit des refponfes toufiours preparées pour donner
aux Ambaffadeurs & des artifices admirables pour ne def-
obliger iamais l'Empereur, ny le Roy Tres Chreftien dans
leurs diuifions. Ses vertus eftoient releuées d'vne connoiffance parfaite des bonnes lettres, & de l'amour qu'il auoit
pour les hommes doctes. Il eft vray qu'il fut blafmé d'a-
uoir efté trop attaché aux Mathematiciens, dont les pre-
dictions font autant incertaines, que leur profeffion eft indigne de ceux qui ne doiuent fe conduire que par la Foy. Il

auoit aussi trop de passion pour enrichir & aggrandir ses parens, en faueur desquels il aliena du domaine de l'Eglise, contre la volonté des Cardinaux de Parme & de Plaisance, & termina le differéd qui estoit pour Modene & Regio auec le Duc
de Ferrare, pour la somme de deux cens mille escus. Il fit ce
que la Cour Romaine n'auoit iamais veu, lors qu'il donna le
Chapeau de Cardinal aux deux Farneses, freres, ses neueux;
quoy qu'à dire le vray, il ne soit point blasmable, d'auoir honoré la vertu, la science & la Noblesse en ceux de sa maison,
puis qu'il la sceut reconnoistre & recompenser des mesmes
faueurs en la personne des Estrangers. Pour ce qui est de son
corps, il estoit d'vne taille mediocre, il auoit la teste petite,
les yeux estincelans, le nez vn peu long, les levres grosses, la
barbe longue, & la complexion forte, & robuste. S'il n'eust
point chargé ses suiets de subsides & d'imposts extraordinaires, il n'en estoit aucun deuant luy, dont la memoire fust
plus glorieuse. Et bien qu'il ne fut point regretté à l heure
de son deceds; neantmoins les gens de bien, & le petit peuple l'ont souhaité depuis dans leurs calamitez.

IVLE III.

CCXXX.

L Es ancestres de Iule III. qui se nommoient autrefois Ciocchi, emprunterent puis apres le
nom du lieu d'où ils estoient sortis, qui est la
ville du Mont de saint Sabin au pays d'Arezzo.
Et luy mesme, bien qu'il nasquit à Rome le
10. iour de Septembre 1487. & qu'il receut le nom de Iean
Marie sur les fonds de Baptesme, fut surnommé l'Aretin, à
cause de l'origine de ses parens. Son oncle Antoine du Mont,
sçauant Iurisconsulte, & Aduocat fameux, qui receut le
Chapeau de la main de Iule II. l'entretint aux estudes, & luy
fit apprendre le Droit, esperant que ce luy seroit vn moyen de

pouuoir fouftenir l'honneur de fa maifon. Eftant encore ieune il cõpofa plufieurs difcours en Latin & en Italien, où il donna des preuues de fon eloquence, & vn entr'autres qu'il recita auecbeaucoup de fuccés à la cinquiefme feancedu Concile de Latran. Il fe vid bientoft Archeuefque de Siponto, par la refignation que luy en fit fon oncle, puis Vice-Legat de Peroufe & de Spolete, & deux fois Gouuerneur de Rome, fous le Pontificat de Clement VII. qui le donna en oftage auec plufieurs autres perfonnes de qualité, aux foldats de l'armée de l'Empereur, lors que la ville fut prife. Si dans l'extremité, où il fut reduit par la fureur de ces Barbares, qui l'auoient conduit par deux fois au Champ de Flore lié, auec fes compagnons, & qui auoient defia prononcé leur fentence; Dieu qui l'auoit deftiné à vne fortune plus eminente, ne luy euft ouuert le chemin pour fe fauuer, il fuft mort à vne potence. On le blafma d'eftre trop addonné à fes plaifirs; ce qui neantmoins ne le deftourna point des deuoirs de la iuftice, qu'il rendoit indifferemment à tout le monde, ny des autres emplois de fes charges, dont il s'acquita dignement. Gouuernant les Princes de l'Emilie & de la Flaminie au nom de fa Sainteté, il reprit Arimini, & enfin fit perdre l'efperance aux Malateftes d'y pouuoir iamais rentrer. Il fut Vice-Legat de Bologne & Auditeur de la Chambre Apoftolique fous Paul III. qui l'enuoya à Terracine receuoir l'Empereur Charles V. à fon retour du voyage de Tunes, & qui le fit Cardinal à la quatriefme promotion du mois de Decembre de l'année 1536. Cette nouuelle dignité luy fit auoir les Legations de la Gaule, qui eft au delà du Pò, de la Flaminie, de l'Æmilie & de Bologne, & celle du Concile de Trente, où il fut deputé Legat Apoftolique auec Marcel Ceruin, & Renaud Pole : dans tous lefquels emplois, qu'il eut auant que d'eftre Pape, il fit paroiftre vne application merueilleufe, vne fidelité finguliere, vne iuftice incomparable, vne diligence extreme, & vne affiduité infatigable, fans auoir iamais donné dans vne fi grande varieté d'affaires le moindre foubçon d'ambition, de lafcheté, de pareffe, d'auarice & de cupidité. De forte qu'apres le deceds de Paul III. le Siege ayant vaqué prefque trois mois, il fut eflen Pape contre fon efperance, & contre l'opinion commu-

ne, à la faueur des Cardinaux de Farnefe & de Guife, qui
fceurent fi bien moderer les efprits du Conclaue diuifez en
partis, que quarante fept Cardinaux s'accorderent à luy donner leur voix le 7. de Feurier l'an 1550. Il prit le nom de Iule,
pour reconnoiftre les obligations qu'il auoit à la memoire de
Iule II. l'autheur de fa fortune, & fut couronné le iour de la
Chaire du Prince des Apoftres à Antioche de la main du premier Cardinal Diacre, fuiuant la Couftume ordinaire, fous
l'Empire de Charles V. & gouuerna l'Eglife cinq ans, vn mois
& feize iours Il commença fon Pontificat par l'ouuerture du
Iubilé, qu'il ferma le iour des Roys de l'année fuiuante, pendant lequel il donna l'Audience d'Obedience aux Ambaffadeurs des Princes Chreftiens, & congedia le Patriarche de
la grande Armenie, furnommé le Catholique, qui eftoit venu fous Paul III. reconnoiftre l'authorité du S. Siege, & profeffer la Foy de l'Eglife Romaine. Il ofta quelques impofts,
dont fon predeceffeur auoit chargé le peuple, inftitua le
Mont Iule des fubfides impofez fur les bleds, qui luy rendoit
douze pour cent, confirma les Priuileges de Officiers de la
Cour & des habitans de la ville, aufquels il permit de pouuoir difpofer de leurs biens par Teftament, & ne voulut plus
confentir, que le Fifc Apoftolique profitaft des dépoüilles
des Clercs qui mouroient à Rome. Il fit de beaux Edicts,
pour inuiter les Heretiques & les Schifmatiques de retourner
au fein de l'Eglife, cenfura leurs liures, & en defendit la lecture fous griefues peines, comme auffi du Talmud de Iuifs, &
de tous les autres efcrits outrageux à la doctrine & à la Sainteté de Iefus-Chrift Il confirma la charge du Grand Penitencier, blafma ceux qui fembloient douter de fon pouuoir, &
accorda des Priuileges particuliers aux Euefques qui refi-
doient actuellement dans leurs Eglifes. En vn mot il donna
de grandes efperances de remettre les affaires de la Religion
au point qu'on defiroit, lors qu'il remit l'affemblée du Conci-
lé de Bologne dans la ville de Trente, où il enuoya fes Legats,
qui furent fuiuis de quelques Euefques d'Allemagne, d'Efpagne & d'Italie. Il procura le foulagement du public au
temps vne extreme difette, & ordonna des prieres publiques,
pour la prife de la fortereffe de Lepre ou Maomedie en Afri-

que, que les Chrestiens auoient conquise sur les Turcs. Il fit
aussi vingt Cardinaux à quatre diuerses promotions, l'vn desquels fut George Martinez Vtissenouick, Religieux de l'Ordre de saint Paul premier Ermite, lequel apres la mort de Iean
Roy d'Hongrie, qu'il n'auoit iamais abandonné dans ses mau-
uaises fortunes, fut declaré Tuteur du ieune Roy, & Regent
du Royaume, & puis assassiné par le cõmandement de l'Empereur Ferdinand, qui luy auoit fait auoir le Chapeau de Cardinal, & l'Archeuesché de Strigonie, sous pretexte d'vne
alliance secrette qu'il traitoit auec les Turcs; & en verité pour
se defaire d'vn homme courageux & prudent, qui luy auoit
tousiours donné de la crainte ou de l'ombrage, pendant la vie
du defunt Roy Iean, auquel il ne portoit enuie que pour vn
Moyne, comme il disoit assez souuent, qui valoit mieux luy
seul auec son capuchon, que dix mille soldats auec leurs armes, pour la conseruation de son Estat. Le Pape excommunia l'Empereur, & l'Empereur s'excusa du crime, protestant
qu'il n'estoit commis ny par son commandement, ny de son
consentement. Iule dés l'entrée de son Pontificat s'estoit pro-
posé de n'entreprendre aucune guerre, pour iuste qu'elle fust,
mais la necessité des affaires l'obligea de changer de dessein,
& de s'engager dans la guerre de Parme, presque auec toute
l'Europe. I'en raporteray briefuement l'origine & le succez.
Paul III. apres le meurtre de Pierre Louys, & la prise de Plaisance, confia la grande ville de Parme à Camille des Vrsins,
homme vaillant aux armes, pour la garder au nom de l'Eglise,
contre les entreprises des Imperiaux, qui s'estoient emparez
de Plaisance; auec ordre exprez de ne la rendre que par son
commandement. Mais Paul estant mort bientost apres de
mescontentement, les Cardinaux assemblez dans le Conclaue firent vne loy, que celuy d'entr'eux qui seroit nommé Pape, mettroit la ville entre les mains d'Octaue Farnese, pour
oster par ce moyen tous les suiets d'vne nouuelle guerre. Iule
III estant esleu rappella Camille de son gouuernement, &
rendit la place à Octaue, à condition qu'il ne receuroit aucune garnison estrangere que par son ordre, pour ne donner
aucune occasion de plainte aux François & aux Espagnols,
qui estoient lors en bonne intelligence, & luy assigna deux

mille

mille efcus de penfion par mois, pour payer les foldats qui la gardoient, de peur de quelque inuafion. Octaue Farnefe, craignant de ne pouuoir conferuer cette place auec les bonnes graces de l'Empereur, & d'ailleurs eftant mal payé de fa penfion, fit fuplier le Pape par fon frere le Cardinal Farnefe, de luy fournir l'argent neceffaire, ou de luy permettre de fe ranger fous la protection d'vn Prince, qui puft le maintenir dans fa poffeffion contre la puiffance de l'Empereur. Le Pape, qui n'auoit point preueu ce coup, fit vne refponfe fort imprudente, comme l'euenement le fit bien voir, que le Duc fift comme il iugeroit pour la feureté de fes affaires. Octaue, qui fe voyoit d'ailleurs fans efperance d'aucun fecours, receut ces paroles comme vne permiffion d'agir fuiuant fes volontez, & fe ioignit à Henry II. Roy de France, qu'il confideroit defia comme l'ornement de fa maifon, & fon allié par le mariage futur d'vne des filles de France auec fon frere Horace, & receut garnifon Françoife. Le Pape, qui pretendoit que la chofe euft efté faite fans luy communiquer, & qui en auoit donné des affeurances à l'Empereur, de ce pas declara la guerre au Duc, & nomma pour fon General Ferdinand de Gonzague Gouuerneur de Milan, & pour fon Legat Iean Ange de Medicis, frere du Marquis de Melenian, qui auoit auffi commandement dans l'armée. Et ayant appris, que le Marquis de Termes leuoit des troupes & des bleds à la Mirande fous l'authorité du Roy, pour le fecours de Parme, & que Pierre Strozzy & Horace Farnefe auoient fait des courfes fur le Bolonois, il fut arrefté dans le Confeil de guerre du Pape, qu'on affiegeroit au mefme temps Parme & la Mirande. Ainfi la guerre fut allumée en Italie, qui caufa les degats, les ruines, les meutres & les autres calamitez, que les armes ont accouftumé de produire dans vn pays ennemy ; les François remportans toufiours l'auantage fur les gens de l'Empereur, qui ne firent aucun exploit memorable, & fur ceux du Pape, dont plufieurs furét tuez aux forties que faifoient les affiegez, particulierement ceux de la garnifon de la Mirande. Cette guerre dura vn an, & eftoit pour continuer plus long-temps, fi le Comte de Briffac ne fe fuft ietté dans le Piedmont, où il prit plufieurs places, pour faire vne diuerfion des armes de

m

l'Empereur, & l'obliger de leuer le siege de Parme, & venir
au secours du Duc de Sauoye, qui estoit en danger de perdre
tous ses Estats. Ferdinand de Gonzague ayant laissé le Marquis de Melenian deuant Parme, detacha vne partie de son
armée, & alla au deuant des François, qui faisoient de grands
progrez au pied des Alpes. Le Pape, qui estoit d'vn naturel
benin, & enclin à la paix, & qui n'auoit entrepris cette guerre, que pour complaire à l'Empereur, à la sollicitation de son
Ambassadeur Didaque de Mendoze, ennemy des Farneses,
estant pressé par les raisons de son Legat le Cardinal de Medicis, de s'accorder auec le Duc de Farnese, pour donner
quelque repos à l'Italie & à l'Eglise, qui ne pouuoit plus
soustenir les frais de la guerre; & de l'autre costé les Cardinaux François, & principalement le Cardinal de Tournon,
qui auoit vne grande authorité dans le sacré College, luy
conseillant d'entendre à cette reconciliation, conclud leur
accord, à condition que le siege seroit leué de Parme & de
la Mirande. Mais deuant que la paix eust esté publiée au
camp de la Mirande, les assiegez firent vne sortie, où Iean
Baptiste du Mont fut tué d'vn coup de canon, qui accrut les
deplaisirs du Pape. Au suiet de cette guerre, le saint Pere fut
contraint de continuer les imposts de son Predecesseur sur
le peuple Romain, & de confirmer les Annates & tous
les autres droits, qu'on exigeoit pour l'impetration ou l'v-
nion des benefices. Il punit aussi les Ecclesiastiques qui en
possedoient quelques vns, sans auoir eu leurs prouisions de
Rome, & ordonna, que les reuenus qui restoient à payer
des Benefices de ceux qui mourroient, appartiendroient à
leurs Successeurs, & non à leurs heritiers; excepté que l'argent & les meubles des Cardinaux seroient appliquez à la
Chambre & à la Chapelle Apostolique. Cependant les Rois,
qui estoient engagez l'vn contre l'autre dans les querelles
des Princes leurs alliez, ne quitterent point les armes, & en-
tretinrent la guerre durant neuf ans, au grand malheur de la
Chrestienté. Neantmoins cela n'empescha point la conti-
nuation du Concile de Trente, où il y eut six seances, iufques à l'année 1552. que la guerre s'estant esmeuë aux Grisons & en Bauiere,   par les rebelles d'Al-

lemagne , sous la conduite de Maurice Duc de Saxe , qui
s'empara de la ville d'Insprug à trois iournées de Trente, les
Peres apprehendant d'estre surpris , rompirent l'assemblée.
Trois Electeurs de l'Empire auoient eu commandement de
l'Empereur de s'y trouuer, auec vn grand nombre de Prelats & de Docteurs, sans que pas vn des Lutheriens, aufquels on auoit donné sauf-conduit, y eust voulu venir, alleguans pour excuse le lieu qui leur estoit suspect, & où ils
n'esperoient pas de proposer leurs sentimens auec liberté.
Henry II. qui estoit mal auec l'Empereur, pour le suiet de
Parme , & qui ne cherchoit que les occasions d'affoiblir
vne puissance, qui s'estoit desia renduë redoutable à toute l'Europe, auoit pratiqué les Princes Lutheriens d'Allemagne, & en particulier Maurice Duc de Saxe, qui d'ailleurs auoit raison de prendre les armes contre l'Empereur,
pour venger l'iniure faite à Philippe Landgraue de Hesse
son beau-pere, qu'il detenoit prisonnier, & traitoit fort mal
depuis quelques années, contre la foy publique. A cette occasion il mit sur pied vne puissante armée, auec laquelle il entra dans le pays des Grisons, & ayant surpris Charles-Quint
au despoururu, l'obligea de sortir promptement d'Insprug, &
de se sauuer de nuict, luy & quelques-vns de sa suite, à Villac
au pays des Carnes, dependant de la maison d'Austriche.
Maurice glorieux de ce succez recommença la guerre contre Albert Marquis de Brandebourg, qui faisoit de grandes
ruines, & exerçoit toutes sortes de cruautez sur les Catholiques, & l'engagea dans vn combat, où il fut tué d'vn coup
de pistolet, sans pouuoir iouïr du fruit de la victoire. Plusieurs
personnes de remarque, & entr'autres Charles Victor, &
Philippe le Grand fils du Duc de Brunsuic, ieunes Princes d'v-
ne grande esperance, qui s'estoient iettés dans le party de
Maurice contre Albert, demeurerent dans la mestée. Cependant le Pape, qui viuoit en paix à Rome, voyant l'assemblée de Trente rompuë, sans la pouuoir remettre, choisit vn
certain nombre d'hommes capables, ausquels il donna charge de suppleer par leur prudence au defaut du Concile, de
remarquer ce qui auoit besoin de reformation dans l'Eglise,
& d'y apporter quelque remede. Mais les difficultez, & les

empeſchemens qui ſe trouuerent à l'execution de ce deſſein, refroidirent les volontez, & differerent l'entrepriſe à vne
autre occaſion. Simon Mama Patriarche de l'Orient, dont
le pouuoir s'eſtend au delà de. l'Euphrate iuſques aux Indes, Simon Sulaka, fils de Daniel de la famille de Belu, du
Monaſtere d Horſmid, de l'Ordre de ſaint Baſile, homme de
bien, ſçauant & Catholique, ayant eſté eſleu en ſa place,
dans la ville de Muzalana, ſituée dans vne Iſle du Tigre, fut
enuoyé luy meſme vers le ſaint Siege, pour eſtre confirmé
dans ſon eſlection, auec des lettres de creance de ſon Egliſe,
qu'il preſenta au Pape apres ſa confeſſion de Foy, & vne relation conceuë en ees termes : Sulaca, ou Saud, c'eſt à dire
Approchant en Arabe, âgé enuiron de quarante ans, de la
ville de Muzal, dans laquelle il y a dix-huict Egliſes de Chreſtiens, à ſçauoir quinze des Neſtoriens & trois des Iacobites,
baſtie ſur l'vn des bords du Tigre, diſtante de deux mille pas
de la ville de Niniue, fameuſe pour la predication du Prophete Ionas, ſur l'autre bord du fleuue, qui à preſent n'a pas plus
de cent feux ; d'vne des plus illuſtres maiſons du pays, s'e-
ſtant porté par inclination dés ſon enfance à la vie Monaſtique, de laquelle il a touſiours fait profeſſion, & de la Religion Catholique dans vn monaſtere nommé Rabban Horſmid, au delà du Tigre, à huict mille pas de Niniue, baſty ſur
vne montagne, comme ſont tous les autres Monaſteres de
ce pays-là, & où il a exercé la charge d'Abbé depuis vingt
deux ans, commandant à ſoixante dix Religieux. La ville de
Hault, le lieu de la naiſſance du Prophete Naum, où l'on
void encore à preſent ſon ſepulchre, qui eſt viſité des Iuifs,
qui s'y rendent de tous les endroits en grand nombre, & ve-
neré des Chreſtiens, qui ſont ſeuls dans cette ville, n'en eſt
eſloignée que d'vne lieuë. La plus grande partie des Chreſtiens, qui habitent l'Aſſyrie, la Perſe & les autres Prouinces
de l'Orient, ſont Neſtoriens : Les Maronites ont leur cartier au delà du Mont Liban, en petit nombre : Les Iacobites ſont reſpandus de tous coſtez, qui ſont pareillement
fort peu. Les Cophtes, ou les Ægophtes, comme ils eſcriuent,
ſont plus voiſins de l'Egypte, d'où il ſemble qu'ils ayent em-
prunté leur nom, ſous l'Empire du Prete Ian. Pour les Neſto-

riens, ie puis dire qu'ils ont conſerué le nom de Neſtorius, ſans
en retenir les erreurs, puis que ie ne remarque rien en eux qui
reſſente la doctrine de cet hereſiarque. De ſorte que la hayne
que les Maronites, les Iacobites, les Cophtes, & les autres
Chreſtiens de ce pays ont contr'eux, procede pluſtoſt du nom
qu'ils portent, & de ce qu'ils ſont en plus grand nombre, plus
riches en terres & en Egliſes, & plus conſiderez que les autres,
que d'aucune autre ſource. Au reſte il y a deſia 300. ans, qu'vn
certain nõmé Maraüs fut enuoyé vers le S. Siege Apoſtolique
par l'ordonnance de tout le pays, pour receuoir ſa nomination
& ſon pouuoir de la main du Pape, qui l'ayant creé Patriarche,
le renuoya dans ſon Egliſe: Peut-eſtre que celuy là changea
les erreurs anciennes, & eſtablit les dogmes de la Foy Catholique, qu'il auoit appris dans l'Ecole du Prince des Apoſtres.
Par ſucceſſion de temps il eſt arriué que depuis cent ans, vn
certain Patriarche ayant voulu rendre cette charge auguſte,
hereditaire en ſa maiſon, ne faiſoit aucun Eueſque ny Archeueſque qui ne fuſt de ceux de ſa famille, pour l'eſleuer puis
apres ſur le Throſne de cette Egliſe. Le dernier mort en voulut faire autant, & confera le caractere & la dignité d'Eueſque
à vn enfant fils de ſon frere, qui n'auoit encore atteint que l'â-
ge de 8. ans, lequel il deſtinoit pour eſtre ſon ſucceſſeur. Mais
l'oncle eſtant mort, auant que ſon neueu euſt l'âge de pouuoir
tenir ſa place, le peuple & le Clergé iugeant que Dieu leur
auoit fait naiſtre cette occaſion d'effacer cette tache de leur
Egliſe, & d'empeſcher cette vſurpation prophane, contraire
à la couſtume ſainte des anciens, les Eueſques d'Arbelée, où
Darius fut vaincu par Alexandre, de Salmaſt & d'Adurbeigan
au pays des Pſophis de Perſe, à huit ou neuf iournées de Niniue, qui ſont les ſeuls Eueſques qui nous reſtent, s'aſſemblerent
dans la Cité de Muzal, auec trois ou quatre deputez de toutes
les villes voiſines, pour créer vn nouueau Patriarche. à ſçauoir
de Babylone, qu'on nomme à preſent Bagdat, de l'Iſle de Car-
ca, qui eſt aú milieu du Tigre, enuiron douze mille pas au deſſus de Muzal, de Tauris en Perſe le ſiege des Pſophis, d'Ecba-
tana, de Niſibe anciennement l'Antioche de Migdonie, baſtie
au pied du mont Maſius, ſur le fleuue Hormis, qui ſe deborde
tous les ans, & rend la terre ſi graſſe & ſi feconde, qu'vne char-

ge de riz n'y vaut que deux ou trois Iules, de Merdin, qui eſt
la Marde de Ptolomée, d'Amet ou Amée, de Neſa Cepha,
c'eſt à dire pierre forte, aſſiſe ſur vn rocher au delà des riuages
du Tigre, qui eſt peut-eſtre la meſme que Strabon nomme Se-
leucie de Nicanor, & enfin de toutes les autres villes voiſines.
Leſquels portans la parole au nom des autres Chreſtiens de
leur pays, apres le Sacrifice celebré par vn des trois Eueſques,
le liure des Euangiles & la Croix ayans eſté produits au milieu
de l'aſſemblée, ont nommé Sulakan, à cauſe de ſa ſainteté reconnuë de tout le monde, qu'on a eſté contraint, apres trois
Meſſages, de tirer par force de ſon Monaſtere, pour venir
prendre poſſeſſion de ſa dignité. La Meſſe chantée pour la
deuxieſme fois, & le S. Eſprit inuoqué, Sulakan ayant eſtécon-
duit & preſenté deuant ſes Electeurs, tous d'vne voix l'ont
proclamé Patriarche d'Orient, auec des applaudiſſemens extraordinaires, & d'vn concert commun l'ont enuoyé aux pieds
du tres ſaint Pere, comme Vicaire de Ieſus-Chriſt, & ſuccef-
ſeur du Prince des Apoſtres, pour obtenir ſa Confirmation.
Cette lettre, dont luy meſme eſt le porteur, a eſté dictée au nõ
de l'aſſemblée, & enregiſtrée fidellemét dans les actes publics.
Soixante & dix des plus conſiderables, tant du peuple que du
Clergé, ont eſté deputez auec luy, qui l'ont accompagné iufques à Ieruſalem, comme en font foy les lettres du Gardien
du Mont de Sion, & trois entr'autres l'ont ſuiuy pour venir
à Rome, l'vn deſquels eſt icy preſent, nomméCaleph, l'vn des
premiers de l'Iſle du Tigre; l'autre eſt mort en chemin, & le
troiſieſme eſt tombé malade, qui n'a peu continuer le voyage.
Au reſte Simon Sulak ſuplie humblement ſa Sainteté, de le
vouloir confirmer dans la dignité de Patriarche, le pluſtoſt
qu'il ſe pourra faire, afin qu'il s'en retourne par la mer en ſon
pays, d'où il eſt abſent il y a plus de ſix mois; de peur que le
peuple ne receuant point de ſes nouuelles, & iugeant qu'il ſoit
mort n'apporte quelque changement aux affaires de la Religion. Il luy demande de plus tres-humblement ſa ſainte benediction, tant pour luy que pour ſon peuple, & pour toutes les
Prouinces de l'Orient. Il ſouhaiteroit auſſi qu'on luy donnaſt
vn homme bien verſé dans les matieres Eccleſiaſtiques, qui
puſt leur enſeigner l'vſage & les ceremonies de l'Egliſe Ro-

maine, luy promettant de le faire bien-toſt Eueſque, ou de le
pouruoir de quelque autre dignité, & de luy donner vn lieu &
vne maiſon commode pour ſon habitation. Il adiouſte à cela
que les quatre premiers Conciles ſont chez luy eſcrits en quatre grands volumes, auec pluſieurs liures des anciens Docteurs,
qui ne ſont point connus des Latins, que ce perſonnage pourroit nous enuoyer. Cette relation ayant eſté diligemment exa-
minée, le Pape ſacra Simon, luy confera de ſa main le manteau, qui eſt la marque de la puiſſance ſouueraine d'vn Patriarche, & conformément à ſa demande luy donna des perſonnes Religieuſes, qui ſçauoient la langue Syriaque, auec leſquelles il s'en retourna chargé des preſens & des benedictions Apoſtoliques. Cependant l'Italie n'eſtoit pas entierement en paix.
Car le peuple de Siene ſe voyant deliuré de la preſence d'Hur-
tade de Mendoza, Reſident pour l'Empereur à Siene, qui
les opprimoit cruellement, & ſous couleur d'empeſcher leurs
diſcordes ciuiles, auoit deſia commencé de baſtir vne Citadelle, preuoyant que c'eſtoit vne priſon qu'on leur preparoit,
auant que les Eſpagnols ſe fortifiaſſent dauantage, prirent la
reſolution de ſe donner au Roy de France. Henry les ayant aſ-
ſeurés de ſes armes & de ſa protection, les Chefs de la coniuration exciterent le peuple à reprendre leur liberté, & à la faueur
des Officiers du Roy, du Cardinal & des Princes de Farneſe, &
de Nicolas des Vrſins Prince de Petilian, qui auoiết mis vne armée ſur pied en peu de iours, ſous pretexte de quelque autre
entrepriſe, chaſſerent les Eſpagnols, raſerent la Citadelle, &
ſecoüerent le ioug d'vne domination eſtrangere qui les tenoit
en ſeruitude. Le Pape ſe mit en deuoir de pacifier les eſprits
par l'entremiſe du Cardinal de Siene, mais n'ayant trouué aucune diſpoſition aux volontez de celuy qui l'auoit enuoyé, il
fut contraint de reprendre le chemin de Rome. L'Empereur
qui eſtoit au ſiege de la ville de Mets auec toutes ſes forces, de
laquelle le Roy de France s'eſtoit emparé par fineſſe, ayant receu les nouuelles de ce ſouleuement, commanda à Pietre de
Tolede Vice-Roy de Naples, d'y aller en perſonne. Il prit la
mer pour ce ſuiet à Naples, & fit marcher par terre ſon armée,
qui eſtoit compoſée d'Italiens, d'Eſpagnols & d'Allemans. Le
Pape, quoy qu'il fuſt bien auec l'Empereur, apprehendant le

paſſage des troupes par ſes terres, & ſe ſouuenant de ce qui
eſtoit arriué à Clement VII. pour s'eſtre confié trop legerement à ſes voiſins, fortifia la ville de Rome, & mit huit mille
hommes en armes, pour empeſcher toutes ſortes de ſurpriſe.
Apres pluſieurs legers combats entre les Imperiaux & les François, toute la Toſcane eſtant en feu ou en ſang, le Pape ſe rendit à Viterbe du conſentement des deux partis, pour tenir la
ville de Siene en ſequeſtre, iuſques à ce qu'on ſceuſt qui en
deuoit eſtre le poſſeſſeur legitime ; mais les Eſpagnols s'eſtans
retirez du ſiege du Mont Illicin, affoiblis d'hommes, d'argent
& de la perte du Vice-Roy de Naples, & le Cardinal de Ferrare, qui eſtoit dans Siene auec le Mareſchal de Terme, ayant
auſſi quitté la ville, comme victorieux apres la retraite honteu-
ſe des ennemis, le Pape fut contraint de s'en retourner à Rome
ſans rien faire. Cette guerre en enfanta vne autre plus cruelle,
qui ne finit qu'auec la liberté des Sienois. Coſme de Medicis
Duc de Florence, qui par vn traité ſecret fait auec le Roy
Tres-Chreſtien, s'eſtoit tenu comme neutre, & ſpectateur de
cette ſanglante tragedie, ſe ſentant offenſé de ce que les François & les Turcs s'eſtoient iettez dans l'Iſle d'Elbe qui luy appartenoit, ſe deſtacha de l'alliance du Roy Henry. Et d'vn autre coſté, le Roy, à la ſollicitation des bannis de Florence, leua
vne puiſſante armée, dont il donna le commandement à Pierre Strozzy Florentin, ennemy mortel du Duc, ſous vn pretexte ſpecieux de defendre la ville de Siene, & en effet pour ſe ietter ſur l'Eſtat de Florence. Alors Coſme ſe croyant attaqué, ſe
ioignit à l'Empereur, pour recommencer de nouueau la guerre contre les Sienois. Iean Iacques de Medicis Marquis de
Melenian, homme vaillant, & vn des braues Capitaines de
ſon temps, commanda l'armée, qu'il fit marcher contre la ville
de Siene, l'an 1553. & s'eſtant ſaiſi d'vn fort, qui eſtoit deuant
vne des portes, que les habitans auoient abandonné, les traita ſi mal pendant deux ans, que la deſolation fut generale par
tout le pays, les maiſons pillées, les villages bruſlez, preſque tous les payſans paſſez au fil de l'eſpée, & vne terre ſi ferti-
le & ſi delicieuſe changée en vne funeſte ſolitude. L'an 1554.
les deux armées s'eſtans rencontrées dans vn combat, Pierre
Strozzy fut bleſſé dans la meſlée, & contraint d'abandonner

ſon

son armée & ses drapeaux à l'ennemy, pour se sauuer à la fuite.
Les soldats qui eschapperent la mort ou la prison, se retirerent
dans la ville, laquelle estant preslée de la faim, & de toutes les
incommoditez d'vn long siege, se rendit aux volontez de l'Empereur le vingt & vniesme d'Auril de la mesme année. Les
Sienois n'ayant plus rien de libre, que la voix pour se plaindre
de leur mauuaise fortune, accusoient le Pape d'auoir fourny
de l'argent & des viures à Cosme de Medicis, pour ruiner vne
ville où sa mere estoit née, & où luy mesme auoit esté nourry,
& appris les sciences. Ce qui sembloit d'autant plus veritable,
que Iule estoit obligé au Duc, pour auoir erigé la ville du Mont
en tiltre de Marquisat, dont il auoit honoré Baudoüin frere
de Iule, & donna mesme sa fille en mariage au fils de Baudoüin. Cela fut cause, que Paul IV. sur ce soubçon fit mettre
à la question François Lotin vn des confidens du Duc de Florence, pour trouuer vn suiet de luy redemander cet argent,
comme ayant esté tiré des coffres de l'Eglise. Mais il ne put
rien descouurir, qui choquast tant soit peu la memoire de Iule, lequel estoit plus porté à la paix qu'à la guerre, & qui pensoit plustost à iouïr de son Pontificat qu'à regler son Eglise, &
à faire bonne chere, & prendre ses diuertissemens dans vne
maison de plaisance, qu'à vacquer aux affaires publiques. L'an
1553. Edoüard Roy d'Angleterre estant decedé, sa sœur Marie
Princesse tres-Catholique, fille de Catherine d'Austriche, luy
succeda par vne prouidence particuliere de Dieu, laquelle
suiuant les conseils du Cardinal Polus, Legat Apostolique en
ce Royaume, restablit l'ancienne Religion de ses peres, & la
discipline de l'Eglise Romaine, vingt ans apres qu'elle en auoit
esté bannie par le Roy Henry VIII. renonça publiquement
au tiltre prophane & ambitieux de Chef de l'Eglise Anglicane, que son pere auoit vsurpé; enuoya ses Ambassadeurs à Rome, pour rendre l'obeissance au S. Siege, suiuant la coustume
des Princes Chrestiens, & luy demander pour son peuple l'ab-
solution de son schisme & de son heresie; chassa les Euesques
heretiques, & remit les Catholiques dans leurs sieges. L'année
suiuante, elle fut mariée à Philippe fils de Charles-Quint, qui
luy ceda les Royaumes de Naples & de Sicile, auec le consentement du Pape, qui luy en donna l'inuestiture, comme d'vn

fief mouuant de l'Eglise, Milan & les Pays-bas. Enfin le Pape, qui auoit toufiours vefcu de viandes affez groffieres, & qui fe plaifoit à manger des gros oignons, qu'il fe faifoit aporter de Caiete, ayant changé de regime de vie, fuiuant l'auis des Medecins, & ne fe faifant plus feruir que des viandes delicates, pour foulager les douleurs de fa goutte, tomba dans vne fieure affez legere au commencement, laquelle venant peu à peu à s'efchauffer, l'emporta du monde le 23. iour de Mars l'an 1555. Quelques-vns penfent qu'il fe fit mourir luy mefme en cette forte. Son frere Baudoüin le preffant extraordinairement de luy donner la Principauté de Camerin dependante de l'Eglife, & ne luy fçachant par quel moyen fe defaire de fes importunitez ; pour ne point affembler le Confiftoire des Cardinaux, qui n'euffent iamais côfenty à cette alienation, fit femblant d'eftre malade, & pour le perfuader mieux à fon frere, changea les viandes ordinaires de fa table, & s'en fit feruir d'autres propres à vn malade, aufquelles il n'eftoit point accouftumé. Là deffus penfant fe ioüer, il tomba ferieufement dans la maladie, dont il mourut, à l'âge de 67. ans, fix mois & quatorze iours. Le Siege vacqua 17. iours. Ce Pape eftoit d'vne riche taille, le vifage mal gratieux, la barbe grande, le nez long, la bouche vn peu de trauers, prompt à fe fafcher & facile à s'appaifer. S'il eût vécu fur le Throfne, comme il auoit vefcu dans la pourpre, fans doute qu'il eût bien reglé beaucoup de chofes, qui auoient befoin de reformation. Lors qu'il eftoit Cardinal il eftoit tout dans les affaires, & ne prenoit fes plaifirs qu'à la defrobée: mais deflors qu'il fut Pape, il fe mit tout dans les plaifirs, & n'entreprit les affaires que par neceffité. Sans confiderer la grandeur & la maiefté de fon Siege, il auoit quelques fois des difcours fi peu honneftes, qu'il faifoit rire ou rougir les affiftans, & menoit vne vie fi licentieufe, qu'il ne reffentoit rien moins que la fainteté d'vn homme Apoftolique.

MARCEL II.
CCXXXI.

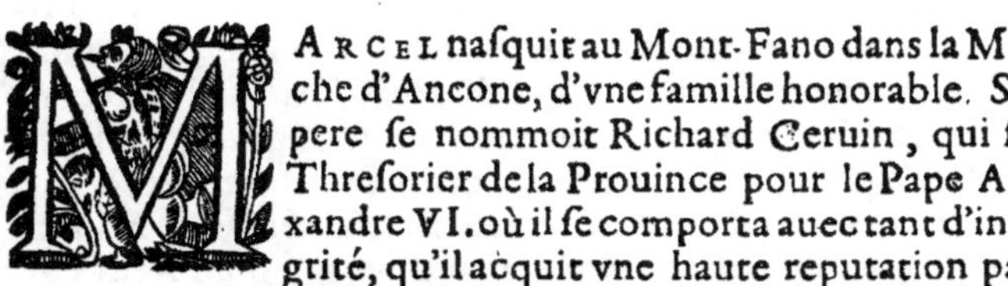

ARCEL nafquit au Mont-Fano dans la Marche d'Ancone, d'vne famille honorable. Son pere fe nommoit Richard Ceruin, qui fut Threforier de la Prouince pour le Pape Alexandre VI. où il fe comporta auec tant d'integrité, qu'il acquit vne haute reputation parmy les peuples, & que le Pape & le Duc de Venife luy efcriuirêt auec beaucoup de ciuilité. Eftudiant à Siene, il gaigna tellement le cœur de fes Maiftres & de fes compagnons, que les vns l'aymoient comme leur fils, & les autres comme leur frere. Sa modeftie & fon honnefteté eftoient fi vniuerfellement reconnuës de tout le monde, que fes condifciples fe retenoient en fa prefence, pour ne dire ou faire aucune chofe licencieufement. Au refte il fceut fi bien aiufter fon efprit à cette grauité, par vne induftrie merueilleufe, qu'on pouuoit deflors iuger de fes commencemens, qu'il eftoit né pour commander. Auffi fon pere, qui eftoit excellent Aftrologue, ayant confideré la difpofition des Aftres à la naiffance de fon fils, predit qu'il deuoit eftre vn iour grand dans l'Eglife de Dieu. Luy qui deferoit beaucoup à la fcience & au iugement de fon pere, s'affeüra tellement fur cette production, que fes amis le preffant puis apres d'efpoufer vne femme, il ne voulut iamais y confentir, & leur dit en riant, qu'il fe donneroit bien garde de mettre vn empefchement par les liens du mariage à la bonne fortune que les Aftres luy faifoient efperer. Au fortir de fes eftudes, il fe mit en la compagnie des Ambaffadeurs de la Republique de Florence, qui allerent à Rome rendre l'obeiffance au Souuerain Pontife Clement VII. leur Citoyen. Dans cette occafion il fe fit connoiftre au Pape, auec lequel Richard fon pere auoit eu autrefois quelque familiarité, & leur communiqua plufieurs fecrets de l'Aftrologie. Il reuint pour la deuxiefme fois à Rome, pour luy prefenter les Tables Aftronomiques que fon pere auoit dreffées par fon commandement, & demeura quelque temps aupres d'vn malheureux Euefque, iufques à ce que l'eftat deplorable, où le Pape & la ville furent reduits, l'obligea de fe retirer. Les affaires eftant pacifiées, & la liberté luy eftant donnée de reuoir la ville de Rome, il fut fait Copifte du Pape, & fe mit à cultiuer la faueur du Cardinal Alexandre Farnefe, qui auoit confideré fon pere dans fes difgraces, lors qu'il fut contraint par les guerres d'abandonner fon pays, & l'eftimoit à caufe de fa fcience. Son pere eftant decedé, il s'en retourna pour mettre ordre aux affaires de fa maifon, & pouruoir au mariage de fes deux fœurs, qui furent colloquées honorablement, l'vne defquelles, nommée Cynthie, a donné depuis à l'Eglife Robert Bellarmin, l'ornement de fon College, & le fleau des herefies. Clement feptiefme eftant decedé, Paul troifiefme fon fuceeffeur, qui fe nommoit Alexandre Farnefe auant fa promotion, ayant fait rechercher de tous coftez des hommes fçauans & vertueux, pour les mettre aupres de fon neueu le Cardinal Farnefe, & l'affifter de leurs confeils dans fes affaires, & de leurs exemples dans fes mœurs, comme il auoit vne merueilleufe difcretion des efprits, n'en trouua point de plus propre que Marcel, pour luy feruir de Secretaire. Il exerça cette charge auec tant de prudence & de fidelité, que le Pape, d'ailleurs affez chargé d'années, s'eftant defchargé d'vne partie des foins de fon gouuernement fur les efpaules de fon neueu, de peur qu'il ne fuccombaft fous le faix, eftant encore ieune, il voulut que Marcel, graue, prudent & actif, fuft toufiours aupres de luy, pour le foulager, & mefme qu'il l'accompagnaft au voyage d'Efpagne, où il l'enuoyoit pour confoler l'Empereur de la mort de fa femme. Pour cet effet il le fit Protonotaire, & puis apres Euefque de Neuf-Chaftel, pour luy donner plus de credit aupres des Princes, & particulierement en la Cour du Roy de France, où il accompagna le mefme Cardinal. Car il ne fe faifoit plus au-

cun affaire, ny aucune Legation, où Marcel ne fuſt appellé.
Il eſtoit Nonce aux Pays-bas auec le meſme Legat , lors que
le Pape le fit Cardinal en ſon abſence, & le laiſſa depuis en la
place de ce neueu, qu'il rappella de ſa Legation pour les affaires de l'Egliſe. A ſon retour il luy donna l'Eueſché de Rhege, & ſe confia tellement à luy, qu'il ne faiſoit rién que par
ſon conſeil. Il fut vn des Legats Apoſtoliques qui aſſiſterent
au Concile de Trente , auec Iean Marie du Mont Eueſque de
Preneſte, & le Cardinal Polus : Où il teſmoigna ſon courage
& ſon zele à defendre l'authorité du S. Siege , contre l'Empereur Charles V. qui vouloit empeſcher que l'aſſemblée
ne fuſt transferée à Bologne , ſuiuant les volontez du Pape.
Les Miniſtres de l'Empereur en eſtant venus à de groſſes paroles , il ne fut non plus eſbranlé de leurs menaces, qu'eſbloüy
des faueurs de leur Maiſtre, diſant que l'Empereur pouuoit
tourmenter ſon corps, mais qu'il n'auoit aucun droit ſur ſoñ
ame , & que ſes actions eſtoient reſeruées au iugement de
Dieu, qui deuoit connoiſtre de la vie & des deportemens des
Princes & des fuiets. Le Concile ayant donc eſté transferé
par ſon moyen à Bologne, il fit dés lors connoiſtre aux plus
nobles membres du Corps de l'Egliſe, qu'il ſeroit vn iour leur
Chef. L'aſſemblée fut interrompuë , & luy prit reſolution de
s'en retourner à Rome , où Iean Marie du Mont ſon Collegue, qui ſçauoit le pouuoir qu'il auoit aupres de ſa Sainteté ,
le ſuplia de luy obtenir la legation de Bologne, pour auoir
dequoy ſouſtenir ſa dignité. Il n'eſtoit pas encore arriué , lors
qu'il receut le Bref du Pape, par lequel il eſtoit nommé luy
meſme à la Legation de l'Æmilie , laquelle il ne voulut point
accepter , ayant plus d'ambition d'obliger vn amy par vne de-
ference magnanime, que d'accroiſtre ſa fortune par vne charge auantageuſe. Apres le deceds de Paul III. ce Cardinal ſon
amy & ſon obligé, fut eſleué ſur le Siege de Rome , Marcel
n'ayant peu pour ſon indiſpoſition ſe trouuer au Conclaue,
qui ne laiſſa pas neantmoins de l'enuoyer complimenter de ſa
part, & de ſe faire porter en chaire, auſſitoſt qu'il commença
de recouurer ſa ſanté, pour luy faire la reuerence. Dans cette
viſite, apres quelque entretien de ciuilité, & quelque conference ſur les affaires paſſées entr'eux à Trente & à Boulogne ,

il l'excita ferieufement de mettre en execution les bons defirs qu'il luy auoit autrefois tefmoigné, puis que Dieu, l'autheur des Saintes penfées, luy auoit mis la puiffance en main,
le prenant pour fon Vicaire; & le fupplia de ne fe laiffer aucunement corrompre par les interefts de fa famille, & par la
confideration des Grands, puis que l'honneur du fouuerain
Pontificat, & la pompe de la felicité mondaine, n'eftoit qu'vn
efclat qui paffoit bientoft, & que cette moucette, ces pan-
toufles de pourpre, cette eftolle de lin, cette tunique de foye,
& cette tiare, deuoient eftre confumées par les vers auec fon
corps, n'y ayant rien de perdurable, que la memoire & la recompenfe des belles actions. Ces difcours prononcez auec
vne Sainte ardeur tirerent les larmes des yeux du Pape, qui
n'oublia iamais les deuoirs de l'amitié, bien qu'il ne fe fouuint
pas toufiours de fes confeils. Car eftant importuné par fes parens de creer fon frere Prince de Camerin, & d'aliener cette
terre de la Couronne de l'Eglife, il s'eftoit laiffé gaigner, fi
Marcel n'euft preuenu les autres Cardinaux, pour s'oppofer à
ce deffein, & fi luy mefme ne l'euft obligé, & fes fucceffeurs
par vne Conftitution particuliere, de ne faire aucune alienation du domaine de l'Eglife, & que les donations qui en feroient faites, n'auroient point de lieu, fi elles n'eftoient con-
firmées par trois Papes confecutifs. Il eftoit à Eugube, dont il
auoit l'adminiftration de l'Euefché, lors que Iule III. deceda,
d'où il partit au pluftoft pour fe trouuer au Conclaue. Les
Cardinaux Farnefe de S. Ange, & Sforce Camerier du S. Siege pratiquerent fi bien les voix de toute l'affemblée, ou pluftoft le faint Efprit par leur miniftere, que Marcel fut efleu du
confentement de tous. La nouuelle de fon election fut receuë du peuple Romain, comme vn Euangile de paix, pour
l'efperance qu'on eut de reuoir la felicité des premiers fiecles,
fous le gouuernement d'vn homme, dont la vie eftoit vn modele de la vertu, & vne cenfure des vices. Le lendemain, qui
fut le 10. Auril 1555. le Cardinal de Naples Euefque d'Oftie
le facra, & le Cardinal de Pife premier Diacre luy mit la couronne fur la tefte, fans aucune ceremonie, à caufe de la Fefte
de Pafques qui s'approchoit. Au commencement de fon Pontificat, les Cardinaux luy voulant faire figner la Bulle, qui

prefcrit le nombre de leur College, il refpondit, qu'il aymoit mieux leur dôner des effets que des paroles. Il dit au Cardinal de Mantoüe plufieurs autres chofes, qui côcernoient l'admini-ftration de l'Eglife, qu'il eftoit parfaitement inftruit de cette verité, qu'il falloit dire peu, & faire beaucoup ; & qu'il s'obli-geoit ainfi luy mefme de faire beaucoup , fans rien promettre , depeur que s'il venoit vn iour à s'oublier de fes bôs deffeins, ce Cardinal n'euft fuiet de fe plaindre de luy, comme d'vn hy-pocrite, qui dementoit par fes mauuaifes actions la bonté de fes paroles. Il appella les Ambaffadeurs de France & de l'Em-pire, & leur commanda de confirmer à leurs Maiftres ce qu'il leur auoit defia mandé, que s'ils faifoient refus d'accepter les conditions de paix, qu'il leur auoit fait propofer par fes Non-ces, il iroit luy mefme en perfonne leur faire figner. L'Am-baffadeur d'Efpagne luy ayant demandé grace , pour vn Gen-tilhomme Romain qui auoit commis vn meurtre : A Dieu ne plaife, dit-il, que ie veuille commencer d'executer ma puiffance par le pardon d'vn meurtre. Au contraire, il donna des regles à tous les Officiers de la Iuftice, qu'il leur com-manda d'exercer exactement, & au lieu des vifites d'honneur, que luy rendoient les Auditeurs de la Rote, il les pria de fe re-nir à leur maifon, & de s'employer entierement aux fonctions de leur charge. Il ne permit iamais que fes parens vinfent à Rome; & ce qui eft vne chofe fort extraordinaire pour les mœurs de ce fiecle , il defendit qu'on vifitaft deux de fes petis neueux, qui eftudioient lors au College, & qu'on les menaft mefme en public, fi ce n'eftoit pour entendre la Meffe. Ayant fceu qu'on les auoit habillés de foye, il les fit aduertir d'eftre modeftes, & ne voulut iamais les voir. On luy demanda, fi on les tranfporteroit d'vne maifon particuliere où ils eftoient logez, dans fon Palais: Dans mon Palais ! dit-il, penfez vous, que ce foit leur maifon ? Il donna trois benefices qu'il poffe-doit, à trois excellens hommes, & refufa la Legation de Bo-logne au Cardinal de Trente, pource qu'il eftoit penfionnai-re de l'Empereur, & qu'il auoit plus d'inclination pour le par-ty d'Efpagne que pour celuy de France; au lieu qu'il eftoit comme Pere commun, qui ne fouhaitoit, que de mettre la paix entre fes enfans. Il eft vray, que pour recompenfer les

pertes & les despenses que le Cardinal de Trente auoit souf-
fertes durant le Concile, & dans le dessein où il estoit de ne
faire les Legations que de deux ans, il luy donna dix mille
escus, qui estoit à plus prez ce qu'il pouuoit pretendre de cette commission. Ceux qui sçauoient ses secrets, & qui auoient
esté ses plus grands confidens pendant son Cardinalat, ont
tesmoigné qu'il auoit de glorieux proiets pour l'honneur de
l'Eglise, & entr'autres choses, de ne donner pas vn sol des reuenus de l'Eglise à ses parens, sans le consentement des Cardinaux, & de ne les esleuer iamais à vne fortune esleuée au
dessus de la condition des simples Gentilshommes. La plus
haute qualité qu'il leur souhaitoit, estoit le titre & le rang de
Patrices Venitiens: comme il estoit en volonté de conferer
toutes les charges temporelles de son Estat aux personnes Laïques, il estoit aussi resolu de ne permettre pas, que les Euefques & les Pasteurs des ames fussent à Rome ou ailleurs, ab-
sens de leurs Troupeaux, s'ils ne quittoient leurs Benefices. Il
estoit sur le point de nettoyer sa maison des personnes vicieu-
ses, faineantes & inutiles, iugeant que le luxe estoit la cause
& le plus grand de tous les maux. D'où vient aussi, qu'il retrancha les despenses superfluës de ses predecesseurs: & eut
le dessein de ne receuoir personne au nombre des Cardinaux,
qui n'eust la voix du College, & l'approbation des hommes
de foy. Bien qu'il se fust souuent promis d'abolir entierement,
ou de moderer les imposts, dont ses predecesseurs auoient
chargé le peuple: toutefois la necessité de ses affaires, n'y
ayant point d'argent dans les coffres, & le saint Siege estant
d'ailleurs endebté, l'obligea de continuer contre sa volonté la
leuée des trois cens mille escus, que Paul III. auoit imposez
pour trois ans. S'il eust vescu plus long-temps, il esperoit de
desgager l'Eglise par son espargne, en ne faisant point bastir
de palais superbes, & n'acheptant point de Principautez à
ses parens. Il fit fondre la vaisselle d'or de sa table, & ne voulut pas mesme permettre, qu'on luy seruist vn réchaut d'argent, puis qu'vn de cuiure estoit autant commode. Il auoit
quelque dessein de remettre la ville de Siene en liberté, & l'e-
stat de Parme sous l'obeissance de l'Eglise, en rendant Camerin aux Farneses. On dit mesme, qu'apres auoir mis ordre aux
affaires

affaires de la Republique, il vouloit esloigner tous les gens de guerre de la ville de Rome, & les tenir sur les frontieres seulement pour empescher l'inuasion. On adiouste, qu'il estoit resolu de casser les gardes Allemandes, n'estant pas à propos, que le Souuerain Pontife de l'Eglise, Vicaire de Iesus-Christ, eust des hommes armez autour de sa personne, puis que des Princes seculiers auoiét trouué plus de secours dans la Croix, que dans leur espée pour se defendre contre leurs ennemis, & qu'il valoit beaucoup mieux estre tué de la main d'vn impie, que de seruir de scandale au peuple Chrestien, par vn exemple si peu conforme à la vie des Saints. Ie ne doute aucunement qu'il n'eust estoufé les heresies dans leur naissance, qui se sont fortifiées auec l'âge, & qu'il n'eust terminé tous les differens de la Religion par vn Concile general, qu'il souhaitoit, ou par quelque autre moyen. Ce que i'auance d'autant plus librement, que ie l'ay oüy souuent de sa bouche, lors mesme qu'il estoit Cardinal, me faisant l'honneur que de m'aimer, & de se communiquer familierement à moy. Car il ne changea point de cœur pour ses amis en changeant de fortune, & fit dauantage paroistre la bonne volonté qu'il auoit pour les hommes sçauans & vertueux, lors qu'il en eut plus de pouuoir. Il fut tres-sobre au manger & au boire, le seruice de sa table simple & modeste; & ses repas, tant ceux qu'il prenoit en public, qu'on particulier, estoient tousiours assaisonnez d'vne lecture spirituelle. Vn iour à disner, apres vn long silence passé dans la consideration des paroles du Pape Adrien IV. Qu'il n'est point de condition si miserable, que celle d'vn Pontife Romain, dont les plus grandes felicitez ne sont qu'amerture, sa chaire entourée d'espines, & ses chemins semez de ronces, & sa charge si pesante, que les meilleures espaules ne la peuuent porter; frappant de sa main sur la table il s'escria: Ie ne puis comprendre, comment vn homme se peut sauuer dans cette dignité. Il eut la santé assez mauuaise, le corps bien proportionné, le visage agreable & plein de maiesté, la taille haute & deliée, le poil blond, les sourcils inesgaux, l'vn plus esleué que l'autre. Il fut modeste, paisible, liberal pour ses moyens, grand aumosnier, agreable en sa conuersation, bien qu'on le vist rire fort rarement, graue en son allure,

& compaſſé en tous ſes mouuemens. En vn mot c'eſtoit vn exemplaire de vertu, qui eſclatoit merueilleuſement dans vn ſiecle ſi peruers; & qui nous fut oſté preſque auſſitoſt que nous le poſſedâmes, au grand regret de la Republique Chreſtienne, qui fit vne perte ſenſible en perdant vn ſi bon Pere. Car outre qu'il eſtoit d'vne complexion mal ſaine, comme i'ay deſia dit, les incommoditez du Conclaue, & le trauail de la Semaine Sainte, où le Pape fait tout l'Office, luy cauſerent la fiéure, qui fut ſuiuie d'vne apoplexie, de laquelle il mourut le dernier iour d'Auril, n'ãyant eſté que 22. iours Pape, & n'ayant pas encore acheué la 55. année de ſon âge. Son corps fut porté ſans aucune pompe par les Chanoines dans l'Egliſe du Vatican, & mis dans vn tombeau de marbre. Le S. Siege fut vaquant 22. iours. On peut dire fort à propos de luy ce que Virgile a dit d'vn autre:

A peine les deſtins le feront voir aux hommes,
Sans permettre qu'il ſoit plus long temps où nous ſommes.

PAVL IV.
CCXXXII.

PAVL IV. nommé Iean Pierre Carafe naſquit le 30. de Iuin 1476. au village de S. Ange de l'Eſchelle au Royaume de Naples, aſſez prez du Pas des Fourches Caudines, où Septimius Poſthumius fit la paix auec les Samnites, apres vne bataille funeſte au peuple Romain. Son grand-pere Diomedes Comte de Montalone, fut en grande authorité aupres du vieux Ferdinand Roy de Naples & d'Arragon; & ſon pere Iean Anthoine, l'vn des plus conſiderables Gentilshommes du Royaume de Naples, receut du mariage de ſa femme la Comté de Montorio. Il témoigna dés ſon enfance vne inclination particuliere aux bonnes lettres & à la vie Reguliere. Et de vray ſes parens eurent bien de la peine de le retirer d'vn Monaſtere des Dominicains, où il s'eſtoit ietté pour luy faire

acheuer le cours de ses estudes, où il se perfectionna dans toutes les belles sciences, & principalement des langues, Latine,
Grecque & Hebraïque, qu'il orna de ses vertus, ioignant l'a-
ction au discours, & l'exéple à la parole. Il vint à Rome sous la
faueur du Cardinal Oliuier Carafe son proche parent, par la
recommendation duquel Iule II. le fit Euesque de Theate,
& l'enuoya à Naples, pour rendre de la part du S. Siege les
complimens au Roy Ferdinand, qui estoit arriué d'Espagne.
Leon X. le fit puis apres son Nonce en Angleterre, où il demeura trois ans pour leuer le denier de S. Pierre, qui est vne
espece de tribut que cette Isle doit au S. Siege. De là il prit la
route d'Espagne, où il fut receu fauorablement du Roy Catholique, qui le fit Sous-maistre de sa Chapelle, l'ayant desia
connu & gousté dans sa Nontiature du Royaume de Naples.
Il demeura 8. ans en Espagne, exerçant la mesme charge sous
Charles V. apres la mort de son grand-pere, où il apprit la langue Espagnole, & la parloit auec autant de perfection que sa
langue maternelle. Hadrien VI. auec lequel il auoit contracté
vne amitié particuliere à la Cour d'Espagne, estant paruenu à
la dignité souueraine de l'Eglise, le fit venir aupres de luy auec
vn saint personnage nommé Marcel Gazel, & le mit du nombre de ceux qu'il auoit deputez pour vaquer à la reformation
des Ecclesiastiques, & sans doute, qu'il l'eust fait Cardinal, s'il
eust vescu plus long-temps. Charles V. le nomma puis apres à
l'Euesché de Brindes, beaucoup plus riche que le sien, lequel
il refusa constamment, & mesme se demit de celuy qu'il possedoit, entre les mains de Clement VII. successeur d'Hadrien,
pour se retirer du monde & du soin des affaires dans vne petite
maison à l'escart, au pied du Mont Pincien, où il passa quelques années dans l'estude de l'Escriture sainte, & fonda vne
Congregation de Clercs Reguliers, qui fut approuuée par le
Pape Clement. La prise & le saccagement de la ville de Rome,
où il endura beaucoup, l'obligerent de se retirer à Verone aupres de l'Euesque, & de là à Venise, où il assembla de nouueaux compagnons sous vne discipline plus rigoureuse, qui se
nommerent Theatins, à cause de l'Euesché de Theate qu'il
auoit autrefois possedé. Paul III. qui vouloit se seruir de luy,
pour la conuocation d'vn Concile General, luy escriuit deux

fois, auant que de pouuoir le retirer de sa solitude, où il viuoit loin du tumulte & de l'ambitiõ du siecle; & luy remit en main l'Eglise qu'il auoit autresfois gouuernée, auec la Chapeau de Cardinal sur la teste. Ce changement donna suiet de parler à plusieurs, les vns le loüant & les autres le blasmant, de ce qu'il auoit preferé les affaires publiques à son repos particulier. Mais luy se contentant du témoignage de sa conscience, & de la reputation de sa doctrine & de sa bonne vie, mesprisoit indifferemment les discours du peuple, & les menaces & les prieres des Grands qui vouloient esbranler sa constance. Durant le Pontificat de Paul III. & de Iule son Successeur, lors qu'il fut question de proposer des affaires moins conuenables à la dignité du S. Siege, il s'absentoit du Conseil, ou bien il prenoit la liberté de dire ses sentimens. Il conseilla à Paul III. d'establir le Conseil de l'Inquisition contre l'heresie de Luther, qui s'alloit respandant de tous costez dans l'Italie, comme vne peste, qui auoit infecté de son venin, non seulement le peuple dans les villes, mais encore les Ecclesiastiques dans le Clergé, & les Religieux dans les Cloistres, lesquels furent guaris par ce medicament salutaire, ou retranchez du corps de l'Eglise comme des membres pourris. La seuerité de son naturel, & la fermeté dãs ses opinions, qu'il fit paroistre alors, & aux autres occasions, le rendirent odieux à la Cour Romaine, & redoutable au peuple; qui fut cause que son election fut vniuersellement receuë auec plus de tristesse que d'aprobation, pour la crainte qu'on auoit de sa seuerité. Paul III. le fit Cardinal, & puis Euesque d'Albe, & de Sabine, & Archeuesque de Naples. Iule III. luy confera les Euesches de Frescati & d'Ostie, comme Doyen des Cardinaux; & Alexandre Farnese neueu du Pape Paul, duquel il voulut prendre le nom auec la dignité, luy acquit auec beaucoup de peine les voix du Conclaue. Il monta sur le Throsne de saint Pierre à l'âge de 79. ans, le mesme iour que Nostre Seigneur monta dans les Cieux, le vingt-troisiesme de May 1555. Il fit son possible pour effacer l'opinion que le peuple auoit conceu de son gouuernement, par tous les témoignages de liberalité, de clemence & de ciuilité. L'Intendant de sa maison luy ayant demandé, comment il vouloit qu'on le trai-

taſt & ſes neueux; Splendidement, cõmedes Princes, reſpondit il:Ce qu'il obſerua touſiours depuis Car il donna liberalement tous les offices de ſa maiſon & de ſa Chancelerie, ſans
rien exiger ; il taſcha d'oſter les impoſts, dont ſes predeceſſeurs
auoient chargé le peuple. Il corrigea l'auarice de ſes Dataires,
& retrancha les abus qui ſe commettoient tous les iours dans
les compoſitions, comme ils les appellent, c'eſt à dire les expeditions. Il reprit les biens de l'Egliſe qui auoient eſté alienez, & caſſa quelques conſtitutions de Iule III. qu'il n'auoit
iamais approuuées, & meſme fit mettre en priſon quelques
Officiers, du conſeil deſquels il s'eſtoit ſeruy. Il renferma les
Iuifs dans des cartiers ſeparés, modera leurs vſures, les declara
inhabiles de poſſeder aucune terre, ne leur laiſſa qu'vne Synagogue en chaque ville, & leur fit prendre le chapeau iaune
pour les diſcerner des Chreſtiens. Il reuoqua tous les Cardinaux Legats de ſes Prouinces, & en ſubſtitua d'autres en leur
place, moins conſiderables qu'eux, excepté ſon neueu le Cardinal Charles Carafe, Cheualier de Malthe, & Prieur de Bologne, qu'il continua dans la Legation de Bologne. Il augmenta la puiſſance des Triumuirs & du Sénat. Il confirma les
priuileges des Citoyens accordez par ſes predeceſſeurs, il fit
vn preſent de la ville de Tiuoly au peuple Romain. Il fit vn
fonds de trente mille eſcus de rente ſur l'Hoſpital du S. Eſprit
pour ſoulager les pauures au temps de la cherté. En vn mot il
s'acquit tellement la bienueillance du peuple par ces actions
genereuſes, qu'on luy erigea vne ſtatuë de marbre à la façon
des anciens dans le Capitole, auec vne compagnie de Gentils-
hommes, qui le gardoient par tour ſans toucher aucune paye,
qu'il nomma les Cheualiers fideles. Parmy cette gloire qu'il
s'eſtoit acquiſe, il entreprit la guerre contre le Roy d'Eſpagne,
pour le ſuiet du Royaume de Naples. Il eſt vray qu'il auoit de
puiſſans motifs de prendre les armes contre vne nation, qui
auoit violé tous les droits de la pieté Chreſtienne ſous Charles V. à la priſe de Rome, & à l'empriſonnement de Clement
VII. qui tenoit l'Italie dans l'oppreſſion par ſa tyrannie, & qui
en particulier l'auoit choqué en ſa perſonne, en ſon honneur &
en ſes biens, le priuant des charges qu'il auoit autrefois meri-
tées, le troublant dans la poſſeſſion de l'Archeueſché de Na-

ples, dont il auoit esté pourueu par Paul III. & recemment ayant formé vne coniuration de quelques Cardinaux, & des Principaux de Naples & de Florence, pour attenter sur sa vie. Mais rien ne le porta si puissamment à cette guerre, que l'alliance des François, qui passerent en Italie sous la conduite du Duc de Guise, auec le secours des Suisses, pour venger ses querelles, & defendre les interests de la Couronne de France. Le Duc d'Albe Gouuerneur de Naples, & Lieutenant du Roy d'Espagne en Italie, se mit aussi-tost en campagne auec toutes les troupes qu'il tira des garnisons, se ietta sur les terres de l'Eglise, rauagea la Campanie, s'empara des places qu'il fit fortifier, ferma le Tibre par vne citadelle, qu'il fit bastir dans l'Isle sacrée deuant le port d'Ostie; debaucha le Duc de Parme Octaue Farnese du seruice & du party du Pape & des François, en luy remettant Plaisance entre les mains; gaigna la meilleure partie de la Noblesse, & des Citoyens de Rome par ceux de sa faction. Toutes ces disgraces, outre qu'il n'y auoit plus d'argent dans les coffres pour soustenir le faix d'vne cruelle guerre, qui auoit mis l'Estat Ecclesiastique en combustion; la defaite des Suisses, qui auoient esté taillez en pieces par Marc Antoine Colomne, venans au secours du S. Siege, & particulierement la grande victoire que le Roy Philippe auoit gaignée sur les François à la Iournée de S. Quentin l'an 1557. où la fleur de la Noblesse auoit esté tuée, & seruy de victime à la colere d'vn insolent vainqueur, le firent entendre à la paix, qui luy fut proposée par la Republique de Venise. le Duc de Florence, & le Cardinal Chamier, & qui fut signée par le Cardinal Carafe & par le Duc d'Albe au nom du Pape & du Roy, l'oncle de l'vn & le Maistre de l'autre. Les conditions de leur traité furent, que le Roy d'Espagne enuoyroit vn Ambassadeur extraordinaire au Pape, pour luy rendre l'obeïssance, & que le Pape reprenant le Roy d'Espagne en son amitié, renonceroit à l'alliance des François, sans auoir aucune inclination à l'vn ou à l'autre party. Que ceux qui auoient porté les armes pour les vns ou pour les autres, seroient reintegrez au mesme estat qu'ils estoient auant la guerre, sans pouuoir estre recherchez. Que les places qui auoient esté prises sur le S. Siege, seroient remises de bonne foy entre les mains du Pape, ou de ses Le-

gats, en ayant demoly les nouuelles fortifications; & que Palian, que le Pape auoit oſté aux Colomnes, & dont il auoit
donné l'inueſtiture auec la qualité de Duc, à ſon neueu, de-
meureroit en ſequeſtre entre les mains d'vn amy commun,
qui la garderoit, & y tiendroit vne garniſon entretenuë aux
deſpens des deux. A peine les Cardinaux arbitres ou teſmoins
de la paix eſtoient de retour à Rome, que le Tibre ſe deborda
ſi furieuſement, que l'eau, qui coula durant deux iours par les
ruës, & qui monta iuſqu'à la place du Pantheon, & iuſques à
l'Egliſe de S. Marcel & de S. Marc, ruina ce que le feu de la
guerre n'auoit pû conſommer. Les maiſons & les palais des
Cardinaux baſtis ſur les bords de la riuiere, les arches du pont
Palatin, & l'Egliſe de S. Barthelemy furent renuerſées par la
violence de cette inondation, qui fut incomparablement plus
gráde que celle qui arriua ſous le Pontificat de Clement VII.
l'an 1530. Et bien qu'il y eut peu de perſonnes noyées, neantmoins c'eſtoit vn ſpectacle funeſte de voir les animaux, les
bleds, les moulins, & les vignes depuis le pont Miluien iuſques
à l'Egliſe de S. Paul, emportez, ruinez & arrachés voguans,
ſur les eaux, comme le bris d'vn naufrage. La meſme deſolation & encore plus grande fut veuë à Florence par le debordement de l'Arne. La paix eſtant faite, le Duc de Guiſe fit embarquer ſes troupes à Cento-Camerelle, pour reprendre la route de France, & le Duc d'Albe entra à Rome le meſme iour
que l'autre en ſortit, où il baiſa les pieds au Pape, qui le receut
honorablement, l'embraſſa, leua ſon excommunication, & fit
vn preſent à ſa femme d'vne roſe d'or. La garniſon de l'Empereur qui eſtoit dans le Chaſteau S. Ange en ſortit à ſa priere,
les priſonniers furent remis en liberté, & Alexandre Sforce
rentra dans la poſſeſſion de ſes dignitez & de ſes benefices. Le
Pape enuoya de ce pas Charles Carafe au Roy d'Eſpagne, &
Antoine Triuulce au Roy de France, pour moyenner entr'eux
vne paix ou vne treue, & pour deliberer ſur l'affaire de Petilian, dont ils eſtoient en conteſtation. Il pouruût pareillemét
aux neceſſitez publiques, ayant employé cinquante mille eſcus de ſon argent à acheter des bleds. Il inſtitua le conſeil
de l'Inquiſition, dont il donna la direction au Cardinal Alexandrin Religieux de S. Dominique, perſonnage d'vne inſi-

gne .. probité, & grand ennemy des heretiques. Et pour fermer entieremēt l'ētrée à l'heresie dans ses Prouinces, il publia le catalogue des liures suspects, qu'il defendit de lire & de garder sur peine d'excommunication, sçachant le mal que peut causer dans les esprits cette lecture. Il obligea mesme les Moynes, qui auoient quitté leur habit & leur profession auec le consentement des Papes, de retourner à leurs Monasteres, & en condamna quelques vns aux galeres qui faisoient refus de luy obeïr. On s'estonna, de ce qu'il auoit osté la Legation du Royaume d'Angleterre au Cardinal Polus, homme qui estoit en estime d'vne grande vertu, pour la donner à Petus, Religieux de S. François, qu'il auoit nommé à l'Euesché de Salisbery, lequel fut arresté sur les chemins par les gens du Roy, & mourut auant que d'auoir pris possession de sa charge & de son Eglise. Il fit aussi mettre en prison quelques Cardinaux, & quelques Euesques soubçonnez d'heresie, comme il auoit auparauant degradé Thomas Cromer Archeuesque de Cantorberie, qui fut bruslé vif en Angleterre pour le mesme crime. L'Empereur Charles V. degousté des grandeurs du monde, se demit au mesme temps de ses Estats, & ceda l'Empire à son frere Ferdinand. Le Pape, qui pensoit que cette demission estoit contraire aux saints Canons, comme ayant esté faite sans son consentement, ne voulut iamais reconnoistre son Ambassadeur, Martin Guzman, vn Grand d'Espagne, ny luy donner audience en public, bien qu'en particulier il le traitast auec beaucoup de ciuilité. Il suprima l'Office d'Auditeur de la Chambre, qu'il annexa à la Regence de la Chambre Apostolique en faueur de son neueu, le Cardinal de Naples, au preiudice du Camerier, qui en tiroit de grands emolumens. Sur les plaintes qu'il receut de ses autres neueux, qui abusoient de leur autorité, contre les loix de la Iustice & de la Religion, il leur osta leurs charges & leurs dignitez, à l'vn la Legation de Bologne, à l'autre la Duché de Petilian, & la conduite des armées & des galeres de l'Eglise, & à l'autre la garde du Palais Apostolique, & leur fit commandement & à tous leurs Officiers de sortir de la ville, & de se retirer dans leurs maisons. Et pour remedier aux desordres, que leur ambition & leur auarice pouuoiēt auoir causez, il institua vne Congregation de dix-neuf Cardinaux,

naux, & de quarante Officiers, où il se trouuoit luy mesme en
personne toutes les semaines, receuant les plaintes des particuliers, & leur rendant iustice. Par ce moyen il s'acquit beaucoup de reputation, & effaça les taches dont ses neueux
auoient obscurcy la gloire de son Pontificat. Il crea dix-neuf
Cardinaux à quatre diuerses promotions, l'vn desquels fut
Pie 5. qui gouuerna l'Eglise vniuerselle quelque temps apres: Iean
Gropper Allemand fut admiré de tout le monde, pour auoir
refusé genereusement le Chapeau dont il l'auoit honoré. Il remit la feste de la Chaire de S. Pierre à Rome, dont la memoire estoit presque esteinte; & dressa vn formulaire de la Confession de Foy, que les nouueaux Euesques doiuent faire auant
que d'estre sacrez. Il fit des constitutions seueres contre ceux
qui aspirent à la Monarchie de l'Eglise, par la faueur & par des
moyens illicites. Enfin ayant obligé tous les Prelats de resider
dans leurs Dioceses, pour vaquer au salut des ames qui leur
sont commises, à la sollicitation des Roys d'Espagne & de Portugal il erigea plusieurs Eueschez, & fit de nouueaux Metro-
politains aux Indes & aux Pays-bas, pour la commodité des
peuples, & pour le gouuernement des Eglises, qui receuoient
vn notable detriment de l'absence ou de l'esloignement de
leurs Pasteurs, parmy des peuples infectez de l'heresie, ou encore engagez dans l'infidelité. Tous ces beaux reglemens,
pour auoir esté faits dans vn temps agité de tumultes, & affligé de la diuision des Princes, ne purent mettre à couuert sa
reputation contre les traits de la medisance. S'il conceut vne
extreme deplaisir de voir l'Angleterre retombée dans l'heresie
apres la mort de la Reyne Marie, & du Cardinal Polus son
confident; il eut aussi la satisfaction de voir la paix entre les
deux premiers Princes de la Chrestienté, apres des guerres si
longues & si sanglantes, Henry II. Roy de France donnant
sa fille en mariage à Philippe II. Roy d'Espagne. Mais il ne
iouit pas long-temps des fruits de cette paix. Car Charles V.
l'Empereur estant decedé dans le Monastere de S. Iust de
l'Ordre de S. Ierosme, où il s'estoit retiré pour vacquer à Dieu,
& Henry II. ayant esté tué d'vn coup de lance dans vn tournois, parmy les pompes & les resiouissances publiques; il en
pleura de regret, preuoyant les malheurs qui deuoient ac-

cueillir ce pauure Royaume, apres la mort d'vn si grand Prince, & fut attaqué d'vne hydropisie qui luy osta la vie, dont il
auoit iouy 83. ans, vn mois & vingt-deux iours, & le Pontificat, qu'il auoit possedé quatre ans, deux mois & 24. iours. Ses
dernieres paroles auec lesquelles il finit sa vie, furent celles du
Prophete Dauid: Ie me suis resiouy sur ce qu'on m'a dit, Nous
irons à la maison du Seigneur. Auant que de mourir il fit venir les Cardinaux en sa chambre, ausquels il recommanda le
saint office de l'Inquisition, s'excusa sur son âge & sur son indisposition, de ce qu'il les auoit assemblez si rarement, comme
il estoit obligé par les deuoirs de sa charge, & les pria de con-
spirer ensemble pour donner vn Pape à l'Eglise qui fust homme de bien. Son corps fut porté au Vatican, & enterré sans
pompe dans vn tombeau de brique, pour la crainte du peuple,
qui accourut promptement au Capitole, osta la teste & le bras
droit de sa statuë, qu'il traisna durant trois iours par les ruës, &
la ietta dans le Tibre, vn malheureux Iuif luy ayant mis dessus
son chapeau jaune. Les prisons neuues de l'Inquisition qu'il
auoit fait bastir, dans lesquelles il y auoit plus de 70. heretiques, furent bruslées, & les armes & le nom des Caraffes effa-
cés de tous les endroits de la ville. Tant il est vray que les bien-
faits s'escriuent sur le sable, & les iniures se grauent sur le
marbre. Paul IV. estoit d'vne haute taille, le corps delié, le visage maigre, la mine morne & refroignée, les yeux enfoncez,
le regard perçant, le nez court, la barbe claire; qui n'auoit iamais vsé des Medecins pour sa santé, bien qu'il ne fût pas
beaucoup moderé au manger & au boire. Au reste il estoit liberal, religieux, & zelé pour la discipline Ecclesiastique, qui
estoit grandement decheuë par la negligence de ses Predecesseurs. Et ie puis dire, qu'vne bonne partie des Decrets du Cô-
cile de Trente pour la reformation des mœurs de l'Eglise, sont
les fruits de ses pensées. Il deceda le dix-huictiesme d'Aoust
1559. Si vous me demandez pourquoy, les meschans se sont ré-
joüis de sa mort, Ie respons: Pour ce qu'il a eu le zele de Iesus-
Christ, pour l'honneur de son Pere, qu'il a persecuté les impies,
fait chastier les blasphemateurs, protegé les marchans contre
l'inuasion des brigans & des pirates, fait brusler les heretiques
& les Sodomites, emprisonné les apostats, conserué la foy &

la pudicité des mariages, diftingué les Iuifs des Chreftiens par
vne marque d'infamie, refufé le Chapeau & le tiltre de Cardinal à ceux qui en eftoient indignes, reformé les mœurs de la
Cour Romaine, donné des loix falutaires à l'Vniuers, chaffé
fes neueux de la ville & de leurs gouuernemens, & en vn mot
pour ce qu'il a conferué toute fa vie la faincteté de fes mœurs.

PIE IV.
CCXXXIII.

E s Seigneurs de Medicis ayans efté con-
traints par les factions populaires de quitter
le lieu de leur naiffance, & de fe retirer en
diuers lieux de l'Italie, comme à Verone,
Creme, Orbitello, & ailleurs; ceux qui s'arrefterent à Milan, ne prirent pour leurs armes, qu'vn Bezan ou vne pillule d'or dans
vn champ de gueules; au lieu que ceux de Florence ont toufjours porté d'or aux pillules de gueules fans nombre, qui furent depuis reduites à neuf, puis à huit & à fept, & enfin à fix,
difpofées en forme de deux triangles, dont celle du Chef eft
chargée de France, par la conceffion des Roys, qui ayans honoré cette illuftre maifon de leur amitié & de leurs armes,
l'ont depuis honorée de leur alliance, iufques à ce que la fortune ayant fauorifé Iean Iacques de Medicis de Melenian, fils
de Bernardin & frere de Pie IV. ceux de Milan prirent les
mefmes armes que les Medicis de Florence. Noftre Pie, qui
fut nommé Iean Ange eut quatre freres, tous braues hommes,
& cinq fœurs, trois defquelles n'eurent point d'autre efpoux
que Iefus-Chrift, la Couronne & l'ornement des Vierges, les
autres deux furent mariées, l'aifnée à Vicof Comte d'Altemps,
& la cadette à Gibert Borromée Milanois Comte d'Arone,
qui luy mit au monde plufieurs enfans, & entre autres le Cardinal S. Charles Borromée & Camile, qui fut mariée à Cefar

de Gonzague fils de Ferdinand. Pie IV. naſquit à Milan, le
iour de Paſques l'an 1499. ſa mere qui aſſiſtoit aux offices di-
uins, ayant eſté contrainte par les douleurs de l'enfantement
de ſortir de l'Egliſe. Il fit ſes eſtudes à Pauie & à Bologne, où
il s'appliqua premierement à la Philoſophie & à la Medecine,
& puis au Droit ciuil, dont il receut le bonnet de Docteur, &
s'exerça quelque temps dans le barreau, iuſques à ce que la
guerre, qui s'eſtoit eſchaufée en ſon pays, l'obligea de venir à
Rome, pour chercher de l'employ, les loix n'eſtans point eſ-
coutées dans le bruit des armes. Il s'en retourna depuis pour
accompagner ſon frere à la guerre qu'il auoit contre le Duc
de Milan, François Sforce, qui le receut en oſtage, & qui peu
s'en fallut qu'il ne le fit mourir dans la Citadelle de Milan, où
il eſtoit gardé, pour la mauuaiſe foy de ſon frere, qui auoit
manqué de parole au Duc, & violé leur traité. Eſtant eſchapé
de ce danger il reuint à Rome pour la deuxieſme fois, où ſon
frere le Marquis, dont la reputation eſtoit haute parmy les
gens de guerre, le preſenta à Clement VII. qui le fit Protonotaire, du nombre de ceux qu'on nomme Participans. Cette
charge luy donna l'entrée dans la maiſon & dans le cœur du
Cardinal Farneſe, Doyen du ſacré College, qui eſtant paruenu à la dignité du Souuerain Pontificat, voulut honorer ſa vertu, & reconnoiſtre ſes merites par des employs plus glorieux. Il
luy donna donc le gouuernemét de quelques villes de la Marche d'Ancone, & du Duché de Spolete, & puis de la Principauté de Parme, où il acquit autant de gloire parmy les peuples par
ſa prudence & par ſon integrité, que de credit aupres du Pape,
qui le voulut auoir en ſa compagnie au voyage qu'il fit à Nice,
pour conferer auec l'Empereur & le Roy de France. Il ſe ſeruit
ſi à propos de cette occaſion, pour gaigner l'eſprit du Pape &
des Princes, qu'il obtint la liberté pour ſes deux freres, le Marquis & Iean Baptiſte, qui eſtoient detenus en priſon dans la Citadelle de Milan, par l'enuie des ennemis de leur vertu. De là il
fut enuoyé à Fano-fortuna, & pour la deuxieſme fois à Parme
en la place du Legat Verulan. Il fut trois fois Commiſſaire
des guerres dans les armées de l'Egliſe, deux fois en Hongrie
contre les Turcs, & vne fois en Allemagne pour l'Empereur
contre les Proteſtans. Au ſecours que le Pape enuoya

puis apres à Ferdinand contre le grand Solyman, ce fut luy qui paya les troupes qu'il auoit baillées à Alexandre Vitellin pour commander. Dans cet exercice vne balle de canon luy frisa l'oreille droite, qui luy offensa l'oüie. Il commença de bastir la fortune de sa maison sur ces premiers cõmandemens, & obtint pour son frere Ferdinand la conduite des vaisseaux qui estoient sur le Danube, & à son retour le Pape le nomma pour estre l'Arbitre des differens esmeus entre le Duc de Ferrare & la Republique de Bologne, qu'il composa heureusement au gré des parties. Les armes du Turc ayant mis encore vne fois la terreur dans l'Hongrie, & la ville de Vienne en Austriche estant pressée par cet iniuste vsurpateur des terres des Chrestiens, le Pape le fit Thresorier General des guerres, & luy commanda de suiure Iean Baptiste Sabelle, qui menoit le secours à Ferdinand Roy des Romains : d'où estant de retour, il fut pourueu du Gouuernement de la Marche d'Ancone ; & son frere le Marquis de Melenian espousa Marcie des Vrsins fille du Comte de Petilian, & parente du Pape, sœur de sa Bru. Cette alliance luy fit auoir l'Archeuesché de Raguse, & la commission des guerres d'Allemagne contre les Protestans, qui s'estoient sousleuez au mesme temps contre l'authorité de l'Eglise, & contre le seruice de l'Empereur, mais qui furent desfaits par l'armée de Charles V. & par le secours qu'Alexandre Farnese & son frere Octauius luy auoiét amené de la part de leur oncle. Tous ces exploits de iustice & de valeur meritoient bien d'estre recompensez de quelque charge. Aussi le Pape le nomma Vice-Legat de Bologne, pendant lequel temps le Prince Louys ayant esté tué, & Plaisance surprise par les gens de l'Empereur, Pie IV. se transporta promptement à Parme, pour maintenir la ville dans l'obeissance du S. Siege. Enfin comme il rendoit la iustice en qualité de Preteur à Perouse, & dans la Duché d'Ombrie, Paul III. le receut au nombre des Cardinaux, & luy donna le titre de S^{te}. Pudentiane, le 8. Auril 1549. Apres le deceds du Pape Paul, Iule III. son successeur declara la guerre au Prince de Parme, à la sollicitation de Charles-Quint, pour auoir fait alliance contre son authorité, comme il disoit, auec Henry II. & receu garnison Françoise dans sa ville, au preiudice de l'Empereur. Ferdinand Gonzague fut fait Lieutenant General des troupes de l'Eglife, & le Cardinal de Medicis Legat du S. Siege, lequel dans cette conionĉture contribua beaucoup à la paix par fon confeil & par fa dexterité. Depuis il fut toufjours en grande eftime aupres de l'Empereur, qui le nomma à l'Euefché de Caffane en Calabre; & des Papes Iule III & Paul IV. qui luy donnerent la Signature de grace, & durant quelque temps l Intendance de la Iuftice. Il eft vray que Paul IV. le prit en auerfion, & le blafma hautement en plein Confiftoire, de ce qu'il auoit recherché l'Archeuefché de Milan par fes mauuais artifices. De forte, que ne croyant pas eftre affeuré à Rome, il prit l'occafion de fa fanté, pour aller aux bains de Luque, & de là à Milan, pour reuoir fa patrie, où il vefcut quelque temps dans vn grand repos, n'ayant point d'autres penfées que celles que luy fourniffoient fes liures, ny d'autres occupations que l'acheuemét de la maifon, que le Marquis fon frere auoit fait cómencer; comme dans tout fon Cardinalat il n'eut point d'entretiens plus agreables, que la conuerfation des hommes doĉtes qui l'alloient voir, & qui faifoient de fa table vne Efchole des belles lettres. Son naturel obligeant & mifericordieux fe defcouuroit par fes difcours, & fe faifoit voir plus clairement par les grandes aumofnes qu'il faifoit en cachete & à defcouuert à tous les Pauures, qui le nommoient leur Pere: Car il donnoit tous les iours à ceux qui venoient à fa porte, fuffifamment de quoy fe nourrir tout vn iour. Apres le debordement du Tibre, qui reduifit tant de Citoyens à la mendicité, il leur fit diftribuer les bleds, qu'il auoit ferré dans fes greniers pour la prouifion de fa famille. Et apres le decés de fon frere, dont il fut heritier, apprehendant qu'il n'euft efté la ruine de plufieurs particuliers dans les guerres où il auoit commandé, il appliqua trois mille liures du reuenu de fon bien à l'Hoftel-Dieu de Milan. Que diray ie de fes autres vertus? la ville de Milan, qui examine affez curieufement le naturel & les mœurs des perfonnes, luy donna cette loüange d'eftre franc & fincere, fans artifices & fans fineffe, debonnaire, liberal, ciuil & courtois à tout le monde, qui aymoit les vertueux, & ne haïffoit que les mauuais. Par ces degrez il monta au faifte des, dignitez humaines, & fut esleu Pape, apres de longues & fascheuses contestations, par les Cardinaux Caraffes, de Farnese, de Guise & Sfortia, qui tenoient tout le Conclaue. Il eut cét auantage par dessus ses Predecesseurs, qu'estant né le iour Pasque, il fut creé Pontife Souuerain le iour de Noël, & couronné le iour des Rois, les trois principales festes de l'année, qui nous sembloient promettre en sa personne vne vie nouuelle dans les mœurs des Chrestiens, vne espece de Resurrection au peuple affligé & demy-mort par les calamitez passées, & vn Estat heureux sous son gouuernement. Outre qu'il sembloit que le S Esprit l'eust expressément designé par le presage d'vne Colombe, qui estant entrée par vne fenestre dans la Chapelle de Sixte, où estoit assemblé le Conclaue, apres auoir long temps voltigé, alla se reposer sur sa chambre, au grand estonnement de ceux qui la virent, sans en sçauoir le mystere. La ioye, que le peuple témoigna de sa promotion, fut moderée par la mort de plusieurs hommes, qui furent estoufez à son couronnement sur les degrez de l'Eglise du Vatican, qui estoient si glissans à cause de la pluye du iour & de la nuict precedente, qu'il estoit impossible d'y asseurer le pied. Il commença son Pontificat par l'expression du nom de Pie qu'il auoit pris, & par vne clemence extraordinaire, dont il vsa enuers le peuple Romain, auquel il pardonna les outrages qu'ils auoient commis apres la mort du defunt, contre sa statuë, & contre sa memoire, à condition qu'ils satisferoient aux pertes de l'Inquisition. Les Ambassadeurs de l'Empereur, dés Rois de France, d'Espagne, de Portugal, de Nauarre, de Pologne, de la Republique de Venise, des Cantons Catholiques, de Luque, des Ducs de Sauoye & de Florence, de Ferrare, d'Vrbin, de Genes, & de la Cité de Milan, luy vinrent rendre les deuoirs de leurs Maistres. Enfin tout le monde esperoit vn siecle d'or sous vn Pape si ardemment souhaité. Mais helas ! il emprunta bientost vn autre personnage ; & cét homme patient, debonnaire, liberal courtois & agreable à tous, changea tellement de naturel, qu'on eust iuré qu'il estoit vn autre que le Cardinal Ange de Medicis. Car premierement il changea tout ce que son Predecesseur auoit estably, contre les coustumes anciennes de la Cour de Rome. Il

confirma le tranfport de l'Empire que Charles-Quint auoit
fait à fon frere Ferdinand, comme legitime, & receut fon
Ambaffadeur , que Paul n'auoit pas voulu reconnoiftre. Il
modera la conftitution qu'il auoit faite contre ceux qui
poffedoient les biens de l'Eglife, alienez par fraudes ou par fi-
monie. Il permit aux Mendians & autres Religieux, defer-
teurs de leur Profeffion, que le defunt auoit contraint de reprendre leur habit & de rentrer dans leur Ordre, de faire reuoir leur procez, & fe feruir de leurs difpéfes. Il remit en liberté , & declara innocens les Cardinaux & les autres Prelats qui
eftoient detenus en prifon, pour eftre foubçonnés d'herefie.
Il fuprima l'office de Regent que l'autre auoit erigé, & remit
celuy d'Auditeur de la Chambre , qu'il vendit quarante mille efcus à Flaue des Vrfins Euefque de Muran. Il declara
Charles-Quint & fon fils Philippe innocens des crimes, dont
ils auoient efté chargez par fon predeceffeur. En vn mot il
traicta cruellement la maifon des Caraffes auec tous leurs
adherans : iufques là, que pour fe venger de l'affront qu'il
auoit receu d'vn de ces Cardinaux dans le Conclaue, ou
pour enrichir vn de fes neueux des defpoüilles du Duc de Palian , ou bien , comme il difoit, pour laiffer vn exemple memorable aux parens des Papes, de ne point abufer de leur authorité à l'oppreffion des peuples, & à la ruine de l'Eglife, fous
vn pretexte fpecieux de chaftier les crimes, qui auoient efté
commis fous le Pontificat de leur oncle, & principalement à
la guerre de Naples ; il eftablit vne Chambre de Iuftice, où en
fuite du iugement donné contr'eux , le Cardinal Charles Caraffe fut eftranglé de la main d'vn bourreau dans le Chafteau
S. Ange, le Duc de Palian, & fon beau-frere le Comte d'Ali-
fe, decapitez, auec le Cardinal Leonard, dans la prifon de la
Tour-neuue ; & le Cardinal Alphonfe, qui eftoit le moins
coupable, priué de fes benefices , & condamné à vne amende
de cent mille efcus. Le lendemain de cete execution, qui fut le
7. de Mars de l'année 1561. les corps de ces Princes infortunez,
le ioüet de l'inconftance, & l'effay de la Fortune, furent expofez fur le Pont de S. Ange, le peuple accourant de toutes parts
à ce fpectacle fanglant, qui donnoit de la terreur aux plus af-
feurez, & tiroit les larmes des yeux des moins paffionnez ,

confi-

confiderant que ces Seigneurs n'auoient efleué Pie IV. fur le
plus eminent throfne de l'vniuers, que pour les renuerfer, &
ne luy auoient donné la puiffance abfoluë, que pour les faire
mourir fi lafchement. Enuiron ce temps-là la puiffante flotte,
que Philippe II. auoit fait equipper pour la guerre d'Afrique,
fut entierement ruinée par celle des Turcs, la forterefle des
Gerbes fur les coftes de Barbarie prife d'affaut, & tous les
Chreftiens qui eftoient dans la garnifon, reduits fous la captiuité de ces Barbares, qui enflerent leur courage de ces conqueftes. Cette perte fi dommageable à la Republique Chreftienne, ne toucha point fi fort l'efprit du Pape, que felon l'v-
fage de fes predeceffeurs, il ne penfaft à l'agrandiffement de
fes neueux & de fes niepces, dont il en fit deux Cardinaux,
Marc Scitice Altemps, & Charles Borromée, qui pour fes rares vertus eut l'entiere adminiftration des affaires de l'Eglife.
Son frere Comte d'Arone fut fait General des armées, auec
douze mille efcus de penfion, & fes fœurs mariées aux plus
riches du pays. On tient mefme que le Pape de gayeté de
cœur intenta vn procez aux Seigneurs de Farnefe, pour la
Principauté de Camerin, qu'ils auoient autrefois cedée au S.
Siege pour les villes de Parme & de Plaifance, à deffein de la
faire tomber à ce Comte. Le Duc de Florence vint lors à Rome, où il fut regalé maqnifiquement du Pape, qui prit luy
mefme la peine de le conduire le long d'vn iour par la ville,
pour luy faire voir les Antiquités, qui eftoit le fuiet de fon
voyage: Abdyfu, c'eft à dire, Seruiteur de Iefus-Chrift Patriarche des Chreftiens de l'Orient, qui font au delà de l'Euphrate, dont le pouuoir s'eftend iufques dans l'Inde interieu-
re, y vint prefque au mefme temps, non pas par curiofité,
mais par deuotion, pour venerer les corps des Saints Apoftres, reconnoiftre le faint Siege, & receuoir le Manteau de la
main du Chef de l'Eglife vniuerfelle. Il fit vne profeffion de
Foy, qui fut leuë publiquement au Concile de Trente, à la
Seffion vingt-deuxiéme, dont il pria fa Sainteté qu'elle luy
enuoyaft les Decrets, pour les faire obferuer par tous fes Suffragans, comme eftans parfaitement conformes à la doctrine qu'ils tenoient, & que leurs Anceftres auoient receü
des Apoftres faint Thomas & faint Iude, & du Difciple faint

Marc. Il auoit vne intelligence parfaite des Langues Chaldaï-
que, Arabique & Aſſyrienne, & ſçauoit par cœur les liures
du vieux & du nouueau Teſtament, les anciens Peres Grecs
& Latins, & pluſieurs autres qui nous ſont inconnus. Cependant le Pape, qui deſiroit ardemment de remettre l'Egliſe en
ſon ancienne ſplendeur, & les Eccleſiaſtiques en leur premier
eſprit, apres auoir diſpoſé ſon peuple par vn Iubilé, par des
ieuſnes & des prieres publiques, ordõna l'ouuerture de la con-
tinuation du Concile de Trente pour la Feſte de Paſques de
l'an 1561. qui auoit eſté interrompu par l'iniure des temps, &
par la negligence de ſes Predeceſſeurs. Il fut loüable, en ce
qu'il n'attendit pas d'en eſtre prié, comme c'eſtoit autrefois la
couſtume, mais luy meſme preuint les deſirs des gens de bien,
& inuita tous les Princes Catholiques d'y enuoyer les Eueſques de leurs Prouinces auec leurs Deputez. Il ſomma meſmes la Reyne d'Angleterre Elizabeth, & les autres Princes
Lutheriens d'Allemagne, de deputer de leur part ceux qu'ils
iugeroient les plus habiles de conferer dans l'Aſſemblée des
points de la Foy qu'ils mettoient en controuerſe. Les Princes
d'Allemagne receurent honorablement les Nonces: mais ſur
ce qu'ils pretendoient n'auoir aucune affaire à traiter auec le
Pape, ils voulurent ſçauoir les volontez de l'Empereur. Il n'y
eut qu'Elizabeth, qui defendit à celuy qu'on luy auoit enuoyé, de paſſer de Flandre en Angleterre. Il y eut fort peu d'E-
ueſques Polonois, d'Hongrie, de Boheme & d'Allemagne, qui
oſaſſent ſe mettre en chemin, depeur que les Heretiques ne
s'emparaſſent de leurs Egliſes en leur abſence. Le Royaume
de France n'eut pas meſme la liberté dãs cette occaſion de té-
moigner tout le zele, que ſes Rois ont touſiours eu pour la Religiõ, & pour l'authorité du Siege, à cauſe que les Huguenots,
qui auoient abuſé de la ieuneſſe de François II. & de Charles
IX. depuis la mort d'Henry leur pere, conduits par le Prince
de Condé & par l'Admiral de Coligny, perſecutoient cruellement les Catholiques, & s'eſtoient rendus maiſtres de Lyon,
d'Orleans, de Roüen, de Bourges, de Blois, de Poitiers, de
Niſmes, de Montpellier, & des principales villes de la Guyenne, & de la France Narbonnoiſe. Les Regents du Royaume,
& les Tuteurs des Rois auoient taſché premierement de repri-

mer cette infolence audacieufe par des Edits, & leur authorité n'eftant point reconnuë, il en falloit venir aux mains. Le Pape voulut eftre de la partie, qui ayát affeuré la Comté d'Auignon, prit & rafa la fortereffe d'Orange par vn de fes Lieutenans, nommé Luc Antoine Thomafon, qui alla puis apres au fecours du Comte de Somme-riue, auec lequel il prit & faccagea Cifteron, la retraite de heretiques d'Auignon & de Narbonne, & en tua fix mille qui venoient pour fecourir les affiegez. Il enuoya de plus de l'argent au Roy, pour fouftenir le faix de la guerre, & le Cardinal de Ferrare fon Legat, pour l'affifter de fes confeils, & excommunia & degrada le Cardinal Odet de Chaftillon de Coligny, Euefque de Beauuais, qui s'eftoit fait heretique, lequel fe maria & reprit fon habit de Cardinal, au mefpris du Pape & de l'Eglife, & fe fit appeller Comte de Beauuais. Le feu eftoit fi allumé, qu'il ne pouuoit s'efteindre, que par le fang de l'vn des deux partis. L'affignation fut donnée au iour de la S. Barthelemy, auquel il fut fait vn horrible carnage des Huguenots par tous les endroits du Royaume. La France eftant agitée de ces guerres plufque ciuiles, le Concile, qui auoit efté commencé l'an 1545. fous Paul III. à Trente & à Boulogne, continué fous Iule III. interrompu fous Marcel & fous Paul IV. fut enfin heureufement terminé fous Pie IV. fur la fin de l'année 1563. & figné des Legats du S. Siege, qui fuiuant la pratique de tous les fiecles, prefiderent à l affeblée, à fçauoir des Cardinaux de Varme, Simonet & Nauagier, de deux autres Cardinaux celuy-là de Lorraine & celuycy de Trente, des trois Patriarches de Ierufalem, de Venife & d'Aquilée, de 25. Archeuefques, & cent foixante huiĉt Euefques, de fept Abbez, de 36. Deputez, qui auoient procuration des abfens, de fept Generaux d'Ordres, des Ambaffadeurs de l'Empereur, des Rois de France, d'Efpagne, & de Portugal, de la Republique de Venife, des Cantons Catholiques, des Ducs de Bauiere & de Florence, & d'vn grand nombre de Doĉteurs & de Religieux. Outre les Decrets de ce Concile, le Pape fit plufieurs autres reglemens pour tous les Ecclefiaftiques, qu'il obligea de porter l'habit conuenable à leur profeffion, & fpecialement pour les Euefques, qui font tenus de refider dans leurs Prouinces, fous les peines portées par le

Droit. Il reſtablit auſſi l'Ordre des Cheualiers de **S.** Lazare,
qui eſtoit décheu , & approuua celuy des Cheualiers de ſaint
Eſtienne , que Coſme de Medicis Grand Duc de Florence
auoit inſtituez. Apres la reformation des mœurs de l'Egliſe , il
ne reſtoit plus qu'à reparer les ruines de la ville de Rome , & à
refaire & embellir ſes baſtimens. Il commença donc par la ville Leonine , autrement le Bourg , qu il aggrandit , & renferma
d'vne groſſe muraille , & par le Chaſteau S. Ange , qu'il fortifia,
apres auoir donné vne nouuelle forme au Palais du Vatican ,
dans ſes ſales ſurperbes , dans ſes grandes galeries , dans ſes lambris dorés , & ſur ſes murailles reueſtuës des ouurages des meilleurs Peintres. Combien de portes & de grands chemins à-il
fait changer , ouurir , pauer , & applanir pour la commodité du
public ? N'a-il pas refait les canaux de la fontaine Vierge , qui
eſtoient rompus ou bouchez depuis mille ans ? Les murailles ,
les ports & les fortereſſes d'Oſtie , d'Ancone & de Cento-camerelle , qui auoient eſté ruinées par les guerres , ou par le
temps , ne ſont ce pas des effets de ſa magnificence ? Rauenne
n'eſt peuplée de Citoyens courageux , & fortifiée de boule-
uards , que par ſes ſoins. Le Palais des Papes , que Paul IV.
auoit fait demolir au Capitole , n'a eſté releué que ſur les fondemens de ſa liberalité. Les Echoles de la Sapience à Rome
& à Bologne , & le College de Pauie luy ſont redeuables de
leurs premiers commencemens , ou de leur derniere perfection. Les Papes prenant leurs diuertiſſemens , & les Cardinaux , les Princes eſtrangers , & les Ambaſſadeurs leurs logemens dans la belle maiſon de Iulia , qu il fit refaire , pour en
faire vn preſent à la Chambre Apoſtolique. Les clochers de
Latran , & les lambris de l Egliſe font entendre ſes loüanges
auec le bruit des cloches : & repreſentét ſon image depeinte de
leurs coleurs. Si les Thermes de Diocletian ſont chágés en vne
Egliſe dediée à N. Dame , & en vn Conuét de Chartreux , c'eſt
de ſon artifice. N'eſt-ce pas vn de ſes miracles , que l Egliſe du
Vatican , admirable aux yeux de l'Vniuers ? Il a ſceu arreſter le
Tibre dans ſon canal par ſes leuées , il a donné vne nouuelle vie
aux SS. Peres par l'impreſſion de leurs ouurages , dás cette belle Imprimerie , dont il dóna la conduite à Paul Manuce : il a re-
nouuellé les Titres des Cardinaux , & reparé les Egliſes , que la
vieilleſſe auoit mis à bas , ou priuées de leur premiere beauté.

Enfin Augufte auoit autrefois fait Rome toute de marbre, & Pie
la fit toute nouuelle. Mais côme ces defpenfes eftoiét exceffiues, & que les Threfors de l'Eglife eftoient efpuifez, il inuenta
des moyens fort extraordinaires pour auoir de l'argent, comme les Monts ou les Banques vfuraires qu'il autorifa, les cinq
cens trente cinq Cheualiers, nommez Pies, qu'il inftitua, les
nouueaux offices qu'il erigea, les penfions fur les Abbayes &
fur les Euefchez qu'il exigea, & les impofts fur le bled, la chair,
& toutes les marchandifes, dont il furchargea le peuple, qui
pour ce fuiet le chargea d'iniures & de maledictions. Tandis
que ces chofes fe paffoient à Rome, la France eftoit en armes
à la bataille de Dreux, où les Catholiques, qui eftoient commandez par le Duc de Guyfe & par le Conneftable Anne de
Montmorency, gaignerent la victoire fur les Heretiques. Le
Conneftable fut fait prifonnier, & le Marefchal de S. André
tué dans le combat: mais en recompenfe le Prince de Condé
Chef des rebelles perdit fa liberté, & l'Admiral de Coligny
fon honneur, fe fauuant à la fuite. Cette nouuelle refioüit autant le Pape, qui en fit des feux de ioye & des prieres publiques, que la mort du Duc de Guife, qui fut tué d'vn coup de
piftolet au fiege d'Orleans, l'attrifta puis apres, à caufe de la
paix hôteufe, que les Catholiques deftituez d'vn fi fage & vaillant Capitaine, furent contraints d'accorder aux Heretiques,
auec la liberté de profeffer publiquemét leur erreur, & d'auoir
des Temples & des Miniftres dans les places qu'ils auoient
auparauant vfurpées, lefquelles furent remifes fous l'obeiffance du Roy, & dans les autres villes portées par leur traité. Au
mefme temps le Roy d'Alger fçachant le funefte naufrage de
la flotte d'Efpagne au port d'Herradoure, & que le refte des
vaiffeaux eftoit diftribué en diuers ports de l'Italie, fit vne
entreprife fur la fortereffe d'Orane en Afrique, qui le tenoit en
bride iufques alors, & l'empefchoit de courir librement les
mers de Barbarie, ne voyant point de port plus commode pour
hyuerner, & pour mettre en feureté fes voiles, que celuy là, tât
pour la fituation du hâvre & de la place que pour la fertilité
de la côtrée & d'ailleurs ne fe perfuadant point que le Roy Catholique, apres cette difgrace des flots & des tempeftes, la peuft
fecourir. Et pour faciliter fon deffein, il attaqua premierement

la Citadelle de Mafarquiuir, qui eftoit à l'entrée de fon canal,
pour arrefter les ennemis. Nonobftant la diligence prefque
incroyable que fit le Roy pour ramaffer les vaiffeaux, la place
eftoit perduë pour les Chreftiens, fi le Vice-Roy de Naples,
qui en auoit efté aduerty auparauant, plutoft par vn bruit confus que par des nouuelles certaines, n'euft promptement
equippé vingt-cinq galeres, qui eftoient au port de Naples,
fous la conduite de Iean André Dorie, pour aller contre ces
Barbares, lefquels il furprit au defpourueu, & leur fit leuer
honteufement le fiege, deliurant par ce moyen la place du
danger imminent où elle eftoit reduite, ne pouuant pas encore fouftenir quatre iours, & outre la gloire qu'il s'acquit, s'e-
ftant enrichy du canon & du bagage de ce fameux Pirate, &
de quelques vaiffeaux qu'il fut contraint d abandonner. Le
Pape, qui auoit lors commis la Legation d'Auignon au Cardinal de Bourbon, par la demiffion que luy en fit le Cardinal
Farnefe, en tefmoigna toute forte de ioye. Vn peu apres il
s'efmeut vn different à Rome entre les Ambaffadeurs de
France & d Efpagne, pour la preffeance, que Pie IV. accorda
apres plufieurs remifes à l'honneur des François, bien qu'il ac-
cepta les plaintes que luy en fit l'Efpagnol de la part de fon
Maiftre, & promit de luy faire iuftice à la premiere occafion.
L'année 1565. donna de la peur aux Chreftiens par vne nouuelle entreprife que Solyman fit fur Malthe, lequel eftant fa-
ché contre les Cheualiers, qui l'alloient brauer iufques aux
portes de fon Serrail, & luy enleuoient tous les iours des vaiffeaux & des hommes, affiegea leur Ifle auec tous fes voiles, &
les forces de fon Empire.   Il auoit defia gaigné le chafteau S.
Elme, & arboré fes eftandars en la place de ceux de la Religion, lors que le Grand-Maiftre Iean de la Vallete, plein de zele & de courage, affifté de la valeur de fes Cheualiers, & du fecours de Dom Garzias de Tolede Admiral du Roy Catholique, & des prieres, des larmes & des troupes du Pape, qui ne
confideroit plus cette Ifle comme vn bouleuart de la Chreftienté, mais comme vne porte ouuerte pour entrer dans la
Sicile, & paffer de là dans l'Italie, ne l'euft repouffé dans fes
vaiffeaux, & contraint d'abandonner fon camp pour fauuer le
refte de fon armée, qui eftoit diminué de plus de trente mille

hommes tuez aux affauts & aux forties que firent fes Cheualiers, dont il en mourut deux cens cinquante des plus braues
pendant dix mois qu'ils fouftinrent le fiege. Le Pape ne vefcut
pas long-temps apres. Car il tomba malade dans vne fieure, &
fut attaqué d'vn grand catharre, caufé d'vn excés de bouche,
comme il eftoit grand mangeur, & beuuoit extraordinairement. Auffi-toft qu'il fut malade, il fit fon teftament à la priere de quelques Cardinaux, laiffa cent mille efcus à vn de fes
neueux, Hannibal Comte d'Altemps, fils d'vne fienne fœur,
au cas qu'il vint à mourir de cette maladie. Le Cardinal Borromée fon autre neueu, qu'il auoit fait vn peu auparauant fon
grand Penitencier par la mort du Cardinal S. Ange, luy adminiftra tous les Sacremens de l'Eglife, par vn exemple qui iamais ne s'eftoit pratiqué, que ie fçache, fous aucun de fes Predeceffeurs. Les Cardinaux Paleote & Syrlet firent les prieres au
pied de fon lit, dont l'Eglife fe fert en ces extremitez de la vie,
aufquels il refpondoit auec beaucoup de fentiment de pieté,
& vne grande fermeté de iugement, & les remercia de la peine
qu'ils auoient prife pour luy rendre ces feruices religieux. Ce
fut vne chofe bien remarquable, que dix mois auparauant par
vn prefage merueilleux, côme il mettoit le Chapeau fur la tefte de Sirlet : Ie reçois, dit-il, cet homme au College des Cardinaux, afin que côme autrefois il a fermé les yeux à Paul IV.
mon deuancier, il m'affifte à l'heure de ma mort, & accompa-
gne mon ame deuant Dieu par fes prieres au fortir du corps. Il
deceda le 5. de Decembre l'an 1565. qui eftoit le huitiefme
iour de fa maladie, fans auoir affemblé les Cardinaux, comme
c'eftoit la couftume, & finit fa vie en finiffant ces paroles du
venerable Simeon : *Vous renuoyez maintenant voftre feruiteur en
paix, ô Seigneur, fuiuant voftre parole.* Il eftoit âgé de foixante
fix ans, huit mois & neuf iours, dont il en auoit paffé prez de
fix entiers dans le Pontificat. Son corps fut mis pour vn temps
dans vn tombeau de brique dans l'Eglife du Prince des Apoftres. Le Siege fut vaquant 29. iours.

Sous fon regne l'Italie ioüit d'vne profonde paix; l'Eftat de
l'Eglife fut en repos, le peuple Romain ne manqua d'aucunes
chofes neceffaires à la vie, & les Prouinces ne fouffrirent prefque aucune calamité. Il eftoit d'vne iufte ftature, le front lar-

ge, les yeux bleus, le regard de trauers, le nez rouge & esleué,
la barbe mediocre, le corps replet, la santé parfaite, sinon
qu'il auoit les mains & les pieds incommodez de la goute. Il
estoit à souhaiter, qu'il fût vn peu plus graue & maiestueux
en son allure & en son visage, riant quelquefois trop effuse-
ment pour vn homme de cette qualité. Il changea ses mœurs
auec sa condition, & fut fort inesgal Estant homme particulier il se conserua dans vne haute reputation, & vescut auec
beaucoup d'integrité dans toutes les charges qu'il exerça sous
ses Predecesseurs Il fit mesme des actions, & donna des exemples d'vn excellent & saint Pontife durant la tenuë du Concile de Trente ; mais apres il suiuit les mouuemens de son naturel, & comme si la reformation de l'Eglise luy eust donné plus
de licence il se laissa emporter à des excés qui n'estoient pas
approuuez de tout le monde. Il auoit vne merueilleuse aptitu-
de à tous les exercices de la guerre & de la paix, estant homme
sçauant, experimenté dans les affaires, patient dans ses douleurs, endurcy au trauail, eloquent, doüé d'vne heureuse memoire, recitant quelquefois par cœur sur le champ des pages
entieres des anciens Iurisconsultes, des Poëtes & des Histo-
riens. Il auoit l'imagination viue, le iugement solide, l'esprit
perçant & raffiné, & qui neantmoins affectoit de passer pour
simple & grossier Il estoit d'vne conuersation agreable, plai-
sant & facecieux à table, affable & familier auec tous ses do-
mestiques, porté au boire & au manger, disnant auec excez &
soupant fort peu, amateur de ses plaisirs, prompt & colere, se-
cretement enuieux, impatient & difficile aux audiences, aigre
en ses responses, cupide d'honneur, ambitieux, rusé, dissimu-
lé, timide & poltron en effet, courageux en apparence, & peu
reconnoissant, particulierement enuers ceux qui l'auoient éleué: qui cherchoit toutes les occasions d'amasser de l'argent,
mesme au preiudice du bien d'autruy, & qui le despensoit sans
moderation. La regle de ses amitiés c'estoit son interest plustost que la vertu. Il eut tousiours trop de passion pour ses neueux, & n'eut iamais assez d'amour pour son frere, le Marquis
de Melenian En vn mot, comme les Eclipses n'arriuent qu'-
aux grands Astres, ses grandes vertus furent couuertes de
grâds defauts. Qui est ce qui peut douter, que le temps de son
Pontificat

Pontificat n'ait efté heureux, s'il confidere la paix & la tranquillité publique auec l'abondance, les nobles parties de fon efprit & de fon corps, fes baftimens magnifiques, fes liberalitez enuers les pauures, fa maifon ouuerte aux hommes doctes, & fes coffres aux Princes neceffiteux, les decorations de la ville de Rome, & la Reformation de l'Eglife & de l'Eftat par vn Concile & par fes reglemens. Mais d'ailleurs, qui peut nier que ce temps n'ait efté miferable, s'il iette les yeux fur fon auidité infatiable, fa colere immoderée, & fon impatience extreme dans l'adminiftration des affaires? Tant il eft difficile de trouuer vn Prince accomply, qui garde toufiours vne mefme moderation. Il crea quarante fix Cardinaux à quatre promotions, aufquels il confeilla de laiffer les caroffes aux femmes, dont la Marquife de Mantouë auoit introduit l'vfage à Rome, & de conferuer la maiefté de leur Senat, ne marchans qu'à cheual, à fon exemple & . . . . . de l'Empereur, qu'il auoit veu & admiré dans cette pofture.

PIE V.

CCXXXIV.

S I quelqu'vn veut parcourir tous les Pontifes, qui ont occupé le Saint Siege depuis Saint Pierre iufques à prefent, & faire vn choix de ceux qui ont gouuerné l'Eglife auec plus de fainteté, de prudence & de fuccés; il eft certain qu'il en trouuera plufieurs, qui ont fait paroiftre plus d'innocence & de vertu dans leurs actions particulieres, que de confeil & de fcience dans l'adminiftration des affaires publiques. Il en verra d'autres, lefquels ont fait connoiftre par leur adreffe & par leur prudence, accompagnée des vertus neceffaires, qu'ils eftoient nez pour gouuerner le monde, mais qui neantmoins ne font pas paruenus à ce haut degré de fainteté, que la digni-

té d'vn Vicaire de Iesus-Chrift demande de celuy qui la poffede, pour auoir tefmoigné plus de courage dans les occupations du fiecle, que de ferueur dans les exercices de l'efprit.
Quelques-vns ont conioint les bonnes difpofitions des vns
auec les belles qualitez des autres, du nombre defquels Pie V.
merite cette loüange, d'auoir gouuerné fi fagemét fes peuples,
& reglé fi faintement fes mœurs, qu'on s'eftonne comment il
a peu employer tant de temps à la priere, à la meditation & aux
autres exercices de pieté parmy les grandes occupations, que
luy donnoient les Infideles, qu'il tafchoit de ruiner par la force
des armes ; & les Chreftiens qu'il vouloit reformér par la iuftice, & par fes reglemens.

Ce tres-faint Pere nafquit en la ville de Bofchà trois lieuës
d'Alexandrie, en Lombardie, le quatorziefme de Feurier l'an
mil cinq cens quatre. Il receut le nom de Michel au Baptefme, qu'il garda dans la Religion, & qu'il n'euft pas mefme
quitté dans fon Pontificat, fans les inftantes prieres des Cardinaux, & particulierement du Cardinal Borromée, qui l'o-
bligea de prendre celuy de Pie, pour conferuer la memoire du
Pape Pie IV. fon oncle. S'eftant fait Religieux de l'Ordre des
Dominicains Reformez au Conuent de Voghiere, ie puis dire, qu'il ne changea que d'habit, & qu'il continua les ieufnes
les prieres, les mortifications, & les autres exercices de pieté,
qu'il pratiquoit au monde auec le mefme efprit que dans la
Religion. Il acheua le cours de fes eftudes à Bologne, & fut
fait Preftre à Genes. Bien-toft apres il communiqua les grandes lumieres de fon efprit à ceux de l'Ordre pendant feize ans,
qu'il fut Profeffeur de Philofophie & de Theologie. Son zele fon eloquence & fa pieté receurent l'aprobation des plus
folides iugemens de l'Italie, aux Carefmes qu'il prefcha dans
les plus grandes villes. Son integrité, fa prudence, & fa difcretion dans les charges de fon Ordre, furent comme les premiers
fondemens de ces hautes maximes d'vne fainte Politique,
qu'il deuoit obferuer au gouuernement du monde Chreftien.
Le courage, la conftance, l'ardeur & la fcience, qu'il fit paroiftre dans les occafions qui fe prefenterent à Come, au pays des
Grifons & à Bergame, où il exerça l'Office d'Inquifiteur, & à
Rome mefme, où il fut nommé Commiffaire de l'Inquifition,

luy acquirent vne si grande reputation dans les esprits des peuples, & luy gaignerent tellement les volontez des Cardinaux, & en particulier du Cardinal Carafe, qu'estant monté par ses merites & par les voix du Conclaue sur le Throsne de l'Eglise, il luy donna le Chapeau, & la qualité de Cardinal d'Alexandrie, pour estre voisine du lieu de sa naissance. Apres le deceds de Pie quatriesme, il fut esleu de cinquante deux Cardinaux contre son esperance, & au delà mesme de ceux qui luy donnerent leur voix, qui furent sollicitez par le Cardinal Borromée, & gaignez par le Saint Esprit, à faire le choix d'vne personne si vtile à l'administration de l'Eglise. Le bruit de cette eslection estant semé par la ville, causa autant d'estonnement que de crainte dans les esprits du peuple, qui l'apprehendoit, pour auoir esté Religieux & creature de Paul quatriesme, & bien dauantage pour la seuerité qu'il auoit fait paroistre dans la charge d'Inquisiteur, & pour estre d'vn naturel colere. Il est vray que comme la raison auoit vn tel empire sur ses passions, qu'il estoufoit incontinent ce feu, sans en garder la moindre chaleur dans son ame, lors qu'il s'alloit coucher, ny mesme la moindre alteration sur son visage dans les rencontres; l'opinion qu'on auoit de sa prudence & de sa sainteté, addoucit cette crainte. Car hors de ce defaut on ne pouuoit rien reprendre en ses mœurs, ny en ses actions. Il n'estoit aucunement ambitieux, pour estre plus esleué, & son esprit estoit de la nature du Soleil, qui respand ses rayons sur la terre, sans participer à ses impuretez. Sur la persuasion, qu'il auoit qu'vn homme ne doit estre grand que pour faire du bien aux petits, & qu'il ne possede la puissance de Dieu, que pour en exercer la munificence, il soulagea dés aussi-tost la pauureté des Cardinaux & des Princes necessiteux par ses liberalitez. & d'vne mesme main osta la crainte que le peuple auoit de son fascheux gouuernement. I'espere, dit-il, auec la grace de Dieu, que le peuple Romain aura vn iour plus de regret de me perdre, qu'il n'a d'apprehension de me posseder.

Il fut couronné le iour ou le lendemain de Saint Antoine, qui estoit celuy de sa naissance, auec les mesmes

ceremonies que ſes predeceſſeurs, excepté qu'au lieu des
profuſions publiques il fit ſes largeſſes aux pauures , &
changea le feſtin ſomptueux, où les Papes auoient couſtume de traiter les Cardinaux & les Ambaſſadeurs, au ban-
quet de l'Autel , qu'il aſſaiſonna de ſes larmes. Apres ſon
couronnement il employa tous ſes ſoins à la reformation des
mœurs de l'Egliſe , & n'obligea pas moins la Republique
Chreſtienne, en faiſant obſeruer les decrets du Concile de
Trente , que ceux qui l'auoient conuoqué , maintenu , &
terminé heureuſement. Il donna ſon propre Chapeau de
Cardinal à vn de ſes neueux, qui eſtoit Religieux du meſme Ordre que luy : en quoy il ne conſidera pas tant les
affections de la chair & du ſang , que les perfections de la
perſonne , qui luy eſtoit preſentée d'vn commun concert
par tous les Cardinaux. Il deputa le Cardinal Gondom à
ſon retour de Pologne, à la Diette d'Allemagne en qualité
de Legat Apoſtolique , où il ſeruit de beaucoup pour reprimer l'inſolence des heretiques , par les inſtructions
qu'il auoit receuës de ſa Sainteté, qui eſtant le Pere commun des Chreſtiens embraſſoit tous ſes enfans, & particulierement les Princes, qui ſont les ſouſtiens de la maiſon de
Dieu; & plus tendrement que les autres, le fils aiſné de ſon
Egliſe, le Roy de France Charles neufieſme, qu'il aſſiſta de
ſes conſeils & de ſes finances, pour faire la guerre aux Heretiques de ſon Royaume, contre leſquels il leua quatre mille
quatre cens hommes de pied , & neuf cens cheuaux ſous la
conduite du Comte de Sᵉ. Flore, ſage & vaillant Capitaine.
Ce n'eſtoit pas encore aſſez d'employ pour la grandeur de
ſon eſprit, de vacquer à la reformation des mœurs & à l'extirpation des hereſies, s'il n'arreſtoit les armes des Turcs, qui
faiſoient des progrez merueilleux ſur l'Eſtat des Chreſtiens,
& ne pretendoient rien moins que la conqueſte de l'Vniuers. Solyman Grand Seigneur eſtoit luy meſme en perſonne
au ſiege de Sighet en Hongrie, auec vne armée de deux
cens mille ſoldats effectifs. Le Pape enuoya quatre-vingt
dix mille ducats à l'Empereur, & luy en promit tous les ans
50000. pour ſubuenir aux frais de cete guerre. Il publia méme
vn Iubilé vniuerſel, & ordonna des proceſſions publiques, où il

affifta marchant à pied , & excitant le peuple par fes exemples
à demander le fecours du Ciel contre vn fi puiffant ennemy.
Dans vne de ces actions il deliura vne poffedée par l'attouche-
ment de fon eftole, & par fa benediction. Ce qui faifoit efperer, auec la mort de Solyman qui furuint pendant le fiege,
que les Turcs feroient contraints de faire vne retraite honteufe, & abandonner leurs nouueaux deffeins pour conferuer
leurs premieres conqueftes. Mais Mahomet Lieutenant general de l'armée des Barbares fceut fi prudemment diffimuler la mort de fa Hauteffe, iufques à l'arriuée de Selin fon fils,
qu'il fit venir expreffément de Conftantinople au camp ; & ce
ieune Prince heritier d'vne fi riche Couronne fceut d'ailleurs
mefnager l'efprit de fes foldats auec tãt d'artifice, que nonobftant la genereufe refiftance des affiegez & le grand nombre
des Turcs, qui demeurerent fur la place à deux affauts, Si-
gheth, vn des forts bouleuarts de la Chreftienté, fut reduit
fous fa domination. Nicolas Serin, qui commandoit dans la
place, n'ayant plus d'autres moyens de fe defendre, que la
neceffité de mourir, fortit dans le camp auec cinq cens foldats, imitateurs de fa vertu, & compagnons de fa fortune,
qui apres auoir fait vn eftrange carnage de ces iniuftes vfurpateurs, furent pluftoft accablez fous le grand nombre, que
vaincus par la force de leurs ennemis.

Selin eftant de retour à Conftantinople, pour recueillir la
Couronne qui luy eftoit efcheuë par la mort de fon Pere, &
receuoir les honneurs de fa victoire, il proietta des deffeins
conformes à l'ambition des Ottomans, pour augmenter fa
gloire auec fon Empire, & donner autant de terreur à fes ennemis, que de crainte à fes fubiets. Pour cette confideration
il delibera dans fon Confeil, par les perfuafions de fon gendre
Piale, de fe rendre le maiftre de l'Ifle de Chypre, au preiudice de la paix qu'il auoit auec les Venitiens, qui la poffedoient
fans auoir iamais violé l'alliance qu ils auoiét auec les Grands
Seigneurs, ny efprouué leur perfidie. Mais comme la Cour
des Princes eft toufiours remplie de mauuais Confeillers, qui
ne manquent point de raifon pour leur perfuader ce qu'ils
defirent, il fe trouua des flateurs à la porte de Selin, qui luy firent entendre, que le Royaume de Chypre eftant vne des

dependances de l'Empire des Grecs, que ses Ancestres
auoient conquis par le bon-heur de leurs armes, il luy estoit
permis de reprédre son bien, & d'entreprendre la guerre contre les vsurpateurs, sans fausser sa foy, ny violer les loix de la
Iustice. Toutefois pour donner plus de couleur à sa Tyrannie,
auant que d'en venir aux mains, il enuoya vne Ambassade à
la Republique, pour luy faire entendre, que le Royaume de
Chypre, qu'ils possedoient, luy appartenoit comme vne piece de sa Couronne, par les mesmes droits, que luy & ses Ancestres auoient sur l'Empire de Grece; & qu'au cas qu'ils re-
fusassent de luy rendre par vne voye d'accord, il leur declaroit la guerre. L'Ambassadeur ayant esté introduit dans le
Senat & exposé le suiet de son voyage, les Senateurs luy firent response, que leur Republique auoit possedé & possedoit iustement le Royaume de Chypre, & qu'ils estoient
prests de conseruer leur droit par les armes contre ceux qui
voudroient les attaquer, esperant que Dieu iuste vengeur des
Princes perfides, & Protecteur des oppressez, seroit de leur
costé contre sa Hautesse, si elle venoit à violer la foy publique, & les traitez particuliers de leur alliance, par vn exemple autant preiudiciable à sa reputation, que contraire à la
probité de ses Ancestres. L'Ambassadeur auec cette response
se retira, & les Venitiens enuoyerent promptement à tous les
Princes voisins, leur demander secours, & les attirer à vne
Confederation contre cet ennemy de Dieu & de la Religion.
Tout ce que put faire le Pape dans vne affaire de telle conse-
quence, qui ne luy donnoit aucun temps de deliberer, le
Turc estant desia sur mer auec vne flotte espouuantable, fut
de se liguer sans autre condition auec les Venitiens, & d'engager dans ce party le Roy d'Espagne, Philippe II. qui fit par-
tir au premier vent cinquante Galeres sous la conduite de Iean
Dorie, auec ordre d'aller ioindre les vaisseaux du Pape, & de
la Republique, faisant en tout cent quatre-vingt Galeres, douze Galeaces, & six grands Galions, & d'obeïr à M. Antoine
Colomne, Prince genereux, Lieutenant des troupes de l'E-
glise. Cette flotte poussée de l'Esprit de Dieu, & chargée des
benedictions du saint Pere, partit sur la fin du mois d'Aoust,
l'an 1570. & arriua heureusement au port de l'Isle de Candie.

Mais la flotte des Turcs, qui nous auoient preuenus, s'estant presentée vn mois auparauant deuant l'Isle de Chypre, la diuersité des opinions qui suruint entre les Officiers de ce Royaume, & l'ambition de nos Chefs, dont l'vn qui estoit Dorie, ne voulut pas receuoir l'ordre de Colomne, ny obeir à ses commandemens, rendit le secours inutile, & la descente dans l'Isle facile aux Turcs, qui prirent la ville de Nicosie apres seize assauts sanglants, & en suite Famagouste, qui ne se rendit que par le defaut des poudres, ayant esté battuë de soixante-quatorze pieces de canon pendant quinze iours, où les Turcs tirerent plus de cent quarante mille boulets, & perdirent prez de quatre-vingt mille hommes aux assauts, & aux sorties que firent les assiegez, sans comprendre les mineurs, & les gouiats. Le Pape, qui, outre les considerations de la pieté & de la Religion Chrestienne, dont il est l'Arbitre & le Moderateur, apprehendoit que le Turc enflé du succés de ses armes, ne se iettast sur les terres de l'Eglise, qui sont sur les costes de la mer, se ioignit plus estroitement par vn nouueau Traitté de Confederation auec le Roy d'Espagne & la Republique de Venise, qui auoient le plus d'interest en cette guerre, l'vne pour le danger de perdre tout ce qu'elle possedoit dans l'Archipel, apres auoir perdu Chypre, & l'autre pour la crainte de se voir attaqué dans ses Royaumes de Naple & de Sicile, lors qu'ils n'auroient plus ces autres Isles, qui leur seruoient de rempars. La flotte des Confederez se rendit au port de Messine en Sicile, où le denombrement fut fait de cent Galeres, six grandes Galeaces, deux Flutes sans conter les Brigantins & les autres vaisseaux, que les Venitiens auoient ietté sur mer. Colomne Lieutenant de l'Eglise conduisoit douze Galeres, & Iean d'Austriche General de l'armée confederée, commandoit auec Iean Dorie à dix-huict Galeres, & vingt-deux nauires, que le Roy d'Espagne auoit fait equipper. Le nombre des Soldats, sans les Matelots & les autres Officiers des vaisseaux, estoit de vingt mille Italiens, Allemans & Espagnols, & trois cents Gentilshommes volotaires, qui s'estoient embarqués à leurs despens. On tint Conseil de guerre, pour deliberer quel chemin on deuoit prendre, pour donner vn heureux commencement à cette guerre. La reso-

lution fut prife, qu'on iroit chercher la flotte des ennemis
pour la combattre, bien qu'elle fuft fans comparaifon plus
groffe & plus forte que la noftre. La chofe eftant arreftée du
iugement des Chefs, les Confederez leuerent l'ancre le 17.
Septembre de l'an 1571. & firent voile dans l'Ifle de Corfou,
& de là vinrent furgir au port de Gomenoze, où tous les Maiftres & les Pilotes eurent commandement de faire la reueuë
de leurs vaiffeaux, & fe tenir prefts à voguer à la prem'ere occafion. Cependant on aprit, que la flotte des Turcs eftoit à
l'ancre au deftroit de Lepante. Sur ces nouuelles tous furent
d'auis de prendre la pleine mer, & de fe faifir de l'entrée du
détroit, pour attirer les ennemis au combat. A ces approches,
les Turcs furét partagez en leurs opinions, les vns eftát refolus
de fe batre, & les autres iugeans plus à propos de fe retirer en
feureté, que de hazarder à vn côbat general la fortune de leur
Empire. Mais celuy qui eftoit allé au deuant pour defcouurir,
ayát fait fon raport, que la flotte des Chreftiens n'eftoit que de
cent cinquante Galeres, dont les plus grandes pour leur pefanteur eftoient inutiles au combat, tous fe trouuerent dans
le mefme deffein de fortir du deftroit de Lepante, pour combattre en haute mer auec plus d'auantage. Et les noftres pareillement, qui auoient efté arreftés pendant quelques iours
par la tempefte au Val d'Alexandrie, vinrent les attendre au
paffage, où le combat fut donné le feptiefme iour d'Octobre
1571. La Mer Mediterranée n'auoit rien veu de plus épouuen-
table depuis la bataille d'Augufte, & iamais iournée ne fut
plus memorable que celle-cy, en laquelle nos ennemis perdirent prés de trois cens Galeres, qui furent prifes ou fubmer-
gées: leurs meilleurs Capitaines, les plus confiderables de
leurs Officiers, les Gouuerneurs des Prouinces, & les plus
grands de leur Porte y furent tués, trente deux mille de leurs
foldats empourprerent cette mer de leur fang, plus de trois
mille cinq cens furent faits prifonniers auec les enfans de Ha-
ly General de l'armée, le Gouuerneur de Negrepont, & vn
grand nombre de perfonnes de marque. Quinze mille Chreftiens captifs receurent la liberté. Trois cens foixante douze,
pieces de canon, furent partagez auec les Efclaues & le refte du butin, qui eftoit prodigieux, entre les trois Autheurs

de

de la Ligue. Si nos Chefs euſſent pourſuiuy le cours de leur victoire , l'Empire des Turcs eſtoit ruiné, & nous n'entendrions plus à preſent parler des Turbans & des Moſquées, que par le raport des ſiecles paſſez. Mais eux voyans leur armée notablement affoiblie, & conſiderant que la ſaiſon de l'Hyuer s'approchoit , qui eſt tres dangereuſe aux vaiſſeaux, & tres-incommode à la nauigation, ils furent d'auis de ſe retirer , & de ſeparer leur armée en diuers ports. Iean d'Auſtriche ſe rendit à Meſſine, où il renouuella la memoire des anciens triomphes de l'Italie par les magnificences de ſa reception ; & M. Antoine Colomne s'en retourna à Rome, où il receut les honneurs du peuple Romain , & la recompenſe du Pape digne de ſes glorieux trauaux. Le Pape raportant l'honneur de la victoire à la Mere de Dieu, inſtitua la Feſte de Noſtre Dame de la Victoire le 7. d'Octobre. La Republique de Veniſe, qui garde religieuſement les Reliques de ſainte Iuſtine Martyre à Padouë, dont la Feſte eſcheut au iour de ce combat naual, luy en rendit vne reconnoiſſance publique par la monnoye qu'elle fit battre auec cette inſcription, *Ie ne vous oublieray iamais Vierge Iuſtine.* Et le peuple Chreſtien en fit des actions de graces à Dieu par toute l'Egliſe, comme au Seigneur des armées, qui fortifia le bras & le courage de nos ſoldats dans cette occaſion, pour mettre le deſordre & la confuſion *dans la maiſon de Nabuchodonoſor.* Apres cette victoire, le Pape voulant ſe ſeruir de l'auantage que les Chreſtiens auoient ſur les Turcs, eſtoit dans le deſſein de les aller charger auec plus de forces , auant qu'ils euſſent le temps de ſe reconnoiſtre , & de ſe releuer de cette cheute ; & pour cet effet il enuoya des Nonces & des Legats à tous les Princes de la Chreſtienté : il eſcriuit meſme au Grand Duc de Moſcouie, à l'Empereur d'Ethiopie, au Roy de Perſe, & aux autres Princes de l'Orient, pour leur perſuader de faire la guerre au Turc, & de ſe ioindre aux autres Confederez. Mais Dieu , dont les iugemens nous ſont cachez, le retira du mõde, auant qu'il pût executer les hauts & glorieux deſſeins , qu'il auoit formez pour l'exaltation de l'Egliſe , & pour la deſtruction des ennemis de Ieſus-Chriſt. Il mourut le premier iour de May, 1572. âgé de 68.ans, dont il en auoit paſſé ſept au Pontificat, d'vn mal

de reins & de calcul , qui luy seruit de matiere d'vne heroïque patience, & d'vne illustre pieté, qu'il fit paroistre particulierement en cette derniere maladie , ne laissant aller de sa
bouche dans ses plus pressantes douleurs, que ces douces paroles, *Seigneur augmentez ma douleur , & fortifiez ma patience.*
Son corps fut porté auec beaucoup de magnificence dans l'E-
glise de S. Pierre, où le Peuple accourut de tous les endroits
de Rome pour le voir, & luy faire toucher leurs Chapelets,
comme aux Reliques d'vn Saint. Il auoit voulu estre enterré
dans le Conuent des Dominicains de Boscho, le lieu de sa naissance, que luy mesme auoit fondé, & où il s'estoit preparé son
tombeau ; mais les Cardinaux & le peuple Romain, qui ne
vouloient pas permettre que la ville de Rome fust priuée de
ce sacré depost, le garderent dans l'Eglise du Vatican, d'où il
fut puis apres porté dans celle de S. Marie Maiour, & mis dans
la Chappelle magnifique , & dans le tombeau superbe, que
Sixte V. luy fit bastir, pour vn témoignage des grandes obligations qu'il auoit à sa memoire, lequel l'auoit éleué comme
vn flambeau sur la montagne, pour illuminer les peuples. Aussi auoit-il vne inclinatio nparticuliere pour les personnes ver-
tueuses, pour les bons esprits & pour les grands courages, qu'il
poussoit dans les charges & dignitez, pour les porter par ces
recompenses aux belles actions. D'où vient que connoissant
les vertus & les hautes qualitez de Cosme de Medicis, il le fit
Grand Duc de Toscane , & luy mit vne couronne d'or sur la
teste, comme vn fruit de sa iustice, & du zele que ce Prince
auoit témoigné pour l'augmention de la Foy Catholique. Il
s'estudia d'estre liberal enuers tous les gens de bien, & principalement enuers ceux qui l'auoient assisté de leur faueur ou
de leurs moyens dans sa premiere fortune, pour lesquels il eut
vne telle veneration, mesme apres leur deceds, qu'il fit esleuer vn monument superbe à Paul IV. qui l'auoit fait Cardinal,
& remit les Carafes dans leurs biens & dans leurs honneurs,
desquels ils auoient esté dépouillés par son predecesseur. Il se
témoigna de même façon reconnoissant à la memoire du Cardinal de Carpi, qui luy auoit donné des Benefices pour subsi-
ster, lors qu'il n'estoit que Cardinal pauure , & Religieux
mendiant. Toutes ces magnificences , auec les frais des guer-

res d'Hongrie contre le Turc, de France contre les Huguenots, de la Confederation contre Selim ; ſes fondations pieu-
ſes, & les Egliſes qu'il fit releuer ou baſtir de nouueau, les aumoſnes & les autres œuures de charité, où il employa de grandes ſommes d'argent, ne purent eſpuiſer les coffres de ſon eſ-
pargne, dans leſquels on trouua plus d'vn million & demy
apres ſa mort: bien qu'il fut ſi ennemy des artifices, dont vſent
les Princes pour augmenter leurs finances, qu'il bannit de la
ville de Rome vn Partiſan, qui luy propoſa des moyens innocens, comme il diſoit, de faire de l'argent ſans fouler le peuple.
Ce S. Pere fut non ſeulement loüé des ſiens, mais encore reſ-
pecté des Turcs ſes plus grands ennemis, & des Heretiques
meſmes qu'il perſecutoit auec les armes du Ciel & de la terre :
Tant les attraits de la vertu ſont puiſſans, qu'elle ſe fait aymer
de ceux qui la fuyent. Les autheurs qui ont recherché plus
particulierement les actions de ſa vie pour en faire leur raport
au Pape Vrbain VIII. racontent des choſes ſi merueilleuſes de
luy, qu'ils oſent le côparer à S. Leon & à S. Gregoire le Grand.
Il traitoit ſes parens comme les Eſtrangers ; il prioit à la table
auec autant de ferueur qu'à l'Autel. Il ſe rendoit venerable
aux Princes, en meſpriſant leurs faueurs, lors qu'elles eſtoient
contraires à la dignité du S. Siege. Il peſoit les merites, ſans
conſiderer les perſonnes, & ornoit les charges d'hommes capables, ſans charger les indignes. Vn de ſes neueux ayant eſté
racheté des mains des Turcs, il ne voulut pas permettre
qu'on luy preſentaſt en autre habit qu'en celuy des Forçats, &
luy fit apprehender les peines d'Enfer par les incommoditez
de la Galere. Il chaſſa courageuſement les femmes deſbau-
chées de la ville de Rome, & ferma la bouche aux Magiſtrats,
qui vouloient s'oppoſer à l'execution de ſon Decret : Et quoy
leur dit-il, depuis quand eſt-ce que le Senat Romain s'eſt rendu l'Aduocat des putains, & le Protecteur de l'impudicité?
Sçachez qu'elles ſortiront, ou que ie quitteray la ville auec la
Cour. Sa maiſon eſtoit vn Temple de pieté, & vne Eſchole
des bonnes lettres, où le Maiſtre du Sacré Palais expliquoit
l'Eſcriture Sainte à ſes domeſtiques trois fois la ſemaine ; vn
autre leur enſeignoit la Philoſophie, & vn autre faiſoit le Ca-
téchiſme aux Suiſſes & aux Soldats des Gardes. Vn Iuif des

plus riches de Rome, qui eſtoit Prince de la Synagogue, nommé Elie, auec lequel il conferoit ſouuent n'eſtant que Cardinal, luy promit d'eſtre Chreſtien lors qu'il ſeroit Pape. Le
Saint homme eſtant eſleu fit auſsitoſt ſommer Elie de ſa pro-
meſſe, qu'il garda fidellement, & receut le Bapteſme de la
main de Pie dans l'Egliſe du Vatican, auec trois de ſes enfans
& vn neueu, aux Feſtes de la Pentecoſte, & receut le nom de
Michel, des Cardinaux qui furent ſes parrains ; Les Iuifs aſsi-
ſtans à cette ceremonie, & ſe tenans dans vn coin de l'Egliſe,
par le commandement de ſa Sainteté. La ville eſtant affligée
de maladie, il donna de l'argent à tous les malades pour ſe faire traiter, gagea dix Medecins, commit quatre notables Citoyens auec vn Eueſque pour Intendans de la Santé, & fit
dreſſer des boucheries & des boutiques garnies de tous les
medicamens neceſſaires. Il auoit le cœur auſsi grand que l'V-
niuers, où l'Allemagne, la France l'Eſpagne, l'Italie, la Pologne, la Lituanie & tout le Septentrion eſtoit eſchauffé de ſon
zele & de ſa pieté contre les poiſons de l'hereſie : où les Indes
trouuoient des Predicateurs & des hommes Apoſtoliques,
pour les inſtruire aux myſteres de la Religion ; où l'Angleterre & l'Eſcoſſe experimentoient les meſmes ſympathies que
dans le cœur de Dieu ; la Iuſtice contre la Reyne Elizabeth
Protectrice de l'hereſie, laquelle il excommunia, & declara
deſcheuë du titre & du droit de ſa Couronne ; la miſericorde
pour Marie Stuart, Princeſſe tres Catholique, qu'il conſola
par ſes lettres, & aſsiſta de ſon ſecours. Vn meſchant homme
auoit eſcrit quelques libelles diffamatoires contre ſa reputation, il luy pardonna d'vn grand cœur: Puis que vous n'aués
point offenſé Pie V. mais ſeulement frere Michel, le Moine
mal chauſſé, & le Cardinal Alexandrin, vous n'aurez point de
mal, & ie vous permets d'aller auec liberté où il vous plaira,
ſans craindre le Gouuerneur, ny la Iuſtice. Au reſte i'auouë
franchement, que de frere Michel, vn Moyne mal chauſſé que
i'eſtois, ie ſuis Vicaire de Ieſus-Chriſt, & que ie fai ma gloire de ce que vous tournez à iniure, de la baſſeſſe de ma naiſſance, de ma vie, de ma profeſsion, & de mon pauure habit, &
que i'en conſerueray la memoire dans mon eſprit, & que
ie ſeray vil deuant mes yeux, & meſpriſable en la preſence de

mon Seigneur. Il voulut que fon neueu le Cardinal imitaft la
pauureté de fon oncle, qui auoit efté Religieux médiant, Cardinal neceffiteux, & Pape mal-aifé; & pour cete confideration
il luy defendit de fe feruir de vaiffelle d'argent à fa table, &
d'auoir fes chambres tapiffées Il protegea les Ordres Religieux: il reforma les Seruites, les Moynes de Cifteaux, les Con-
uentuels, & les Cordeliers: il donna la preference aux Dominicains fur les autres Mendians, & témoigna l'eftime qu'il faifoit des Peres Iefuites, par les grands employs, & par les beaux
priuileges qu'il leur donna En vn mot, les miracles illuftres
& authentiques qu'il opera deuant & apres fon deceds, nous
font croire qu'il poffede au Ciel le rang & la gloire des Saints,
apres auoir porté le tiltre & la qualité de tres-faint fur la terre. Il fit 21. Cardinaux à trois diuerfes promotions.

GREGOIRE XIII.

CCXXXV.

G REGOIRE XIII. nafquit à Bologne en Italie, de la
maifon des Boncompagnons, où il fut efleué dans la
maifon de fes parens auec honneur, & fit fes eftudes
dans l'Vniuerfité auec tant de fuccés. qu'il receut le
bonnet de Docteur à l'âge de 28. ans, & enfeigna publiquement les Loix pendant huict autres années, dans le mefme
College où il les auoit apprifes. Quelque diuifion qui fe forma dans fa famille, & le peu de gages qu'il receuoit au deffous
de fes merites & contre fes efperances, luy firent quitter fon
pays & fa profeffion, pour venir à Rome où il fut fait Iuge du
Capitole, Secretaire du Pape, Abbreuiateur & Referendaire
des caufes ciuiles, & des lettres de grace. Paul III. le nomma
pour vn de fes Deputez au Concile de Trente, & à fon retour
luy donna la charge de Vicaire ciuil de l'Auditeur de fa Chambre. Iule III. le choifit pour fon Secretaire, & puis le conftitua
Vice-Legat fur les terres de l'Eglife fous le Cardinal Cigale,
& enfin Vicegerent de la Chambre Apoftolique Paul IV. luy
confera l'Euefché de Vefte, & le donna pour confident & Con-

feiller au Cardinal Carafe fon neueu, qu'il fit **Legat en Flandre** vers le Roy Philippe II. Pie IV. l'enuoya pour la deuxiefme fois au Concile de Trente, où il demeura iufques à la fin de l'affemblée, d'où il reuint à Rome pour receuoir le Chapeau de Cardinal, & le tiltre de S. Sixte de la main du Pape. Cette dignité iointe à fa fcience, à fa prudence & à fa vertu, obligea le S. Pere de le faire fon Legat en Efpagne, comme le plus capable du facré College, pour l'affaire de l'Archeuefque de Tolede, que Paul IV. auoit fait mettre dans les prifons de l'Inquifition, & qui fut puis apres conduit à Rome par le commandement de Pie V. fous lequel Hugue Boncompagnon, ainfi fe nommoit-il, retourna de fa Legation, & auec lequel il fut au commencement en mauuaife intelligence, pour eftre d'vn naturel plus doux & plus facile que le fien, dont il ne pouuoit aucunement approuuer les rigueurs. Apres le deceds du Pape Pie, il fut efleu du confentement de tous les Cardinaux par la voye de l'Accés, comme ils parlent à Rome, qui eft proprement l'eflection & la voix du S. Efprit; ceux-là mefmes qui le portoient à cette eminente dignité, s'eftonnans qu'vne affaire de cette confequence euft efté terminée dés le fecond iour du Conclaue en moins de quatre heures, fans trouuer aucune oppofition. Il prit le nom de Gregoire à l'honneur de S. Gregoire le Grand, auquel il eftoit deuot dés fon enfance, & fit diftribuer aux pauures les quinze mille efcus qu'on a couftume de ietter parmy le peuple au couronnement des Papes; auec les autres vingt mille efcus qui fe partagent entre les Conclauiftes, pour les rembourfer des frais, & les recompenfer du trauail qu'ils ont pris dans le Conclaue. A fon aduenement au Pontificat il confirma Marc Ant. Colomne dans la charge de General de toutes les troupes de l'Eglife, que les Cardinaux luy auoient donnée, le S. Siege vacquant par la mort du Pape Pie, & enuoya promptement vn de fes Nonces en Efpagne, pour prier le Roy Catholique de perfifter dans l'alliance auec fes autres confederés; vn autre en France vers le Roy Tres Chreftien, pour l'induire d'entrer dans cette confederation, & de contribuer à vne guerre fi digne de la pieté de fes Anceftres, & du rang & du tiltre qu'il poffede, en qualité de fils aifné de l'Eglife; vn autre à l'Empe-

reur & aux Princes d'Allemagne, pour leur faire prendre les
armes contre le Turc. Il confirma le Cardinal Commendion
dans fa Legation de Pologne; & donna l'ordre & la commiffion à vn autre d'aller à Naples, pour faire les apprefts. Iean
d'Auftriche Generaliffime des troupes Confederées eftoit cependant à Meffine, où les vaiffeaux du Pape & de la Republique de Venife s'eftoient auffi rendus, auec l'Euefque qui deuoit donner la benediction à l'armée au nom du Pape, lors que
Gregoire receut vn lettre de Philippe II. efcrite de fa main,
par laquelle il s'excufoit d'éuoyer fes Galeres, & d'obferuer les
articles de leur traité, pour des confiderations d'Eftat, & pour
des affaires qui luy eftoient tres-importantes. Charles IX. pareillement ne pouuoit pas fatisfaire aux defirs de fa Sainteté,
ny leuer vne armée pour cette guerre eftrangere, fans affoiblir
notablement fon Royaume, & l'expofer en proye aux Heretiques, qui eftans nez dans la reuolte, ne recher-
choient qu'vne occafion fauorable pour venger la mort de
leurs freres, qu'il auoit fait tuer iufques au nombre de foixante dix mille, en diuers endroits de la France. L'Empereur & les
Princes d'Allemagne eftoient d'ailleurs affez empefchez à
vuider leurs querelles particulieres, fans porter leurs armes
dans la Grece. La flotte du Pape & celle de la Republique, qui
eftoient compofées de cent vingt huit galeres, fix Galeaces,
& vingt nauires, bien montées, munies & equippées de toutes
les chofes neceffaires, ne laifferent pas de fe mettre à la voile,
& de prendre la route de l'Ifle de Corfou, d'où ayant coftoyé
la Morée, ils vinrent ietter l'ancre à l'Ifle de Cerigo. Ayant appris que la flote des ennemis eftoit pareillement à l'ancre prés
Monenbafie, ils s'approcherent du Cap de Malio, d'où ils la
defcouurirent de loin, qu'elle faifoit mine de les venir attaquer. Les Noftres fe rangerent en bataille, pour les preuenir;
mais eux au lieu de nous attendre, eftans plus forts en nombre
d'hommes & de vaiffeaux que nous, tournerent leur pointe vers l'Orient & fe fauuerent dans vn lieu de feureté,
auant que les noftres qui leur donnoient la chaffé, euffent
peu les atteindre & les engager au combat. Partant Colomne fut contraint dans cette fuite de reprendre la route
de Cerigo; où il apprit que le Roy d'Efpagne auoit changé de-

deſſein, & que Iean d'Auſtriche eſtoit auec ſa flotte à l'Iſle de
Corfou, ſe plaignant qu'on euſt voulu ſe battre ſans luy Colomne, qui n'approuuoit pas beaucoup cette rodomontade
d'vn Prince d'Eſpagne, l'alla trouuer à Coifou, pour deliberer
auec luy des moyens qu'il falloit prendre pour arreſter les ennemis, qui n'eſtoient forts qu'à la fuite. La reſolution fut priſe,
qu'ils iroient les chercher & la nouuelle eſtant venuë qu'ils
eſtoient au port de Nauarrin, où ils refaiſoient leurs vaiſſeaux,
on fit la reueuë de noſtre armée à Gomenozze, pour les aller
ſurprendre au point du iour. Le General des Turcs ayant eſté
aduerty par ceux qu'il tenoit ſur le haut des rochers, pour eſ-
pier la contenance des Chreſtiens, des approches de noſtre armée, fit promptement ſa retraite au haure de Modon, où ſe
tenant couuert de la Citadelle & des murailles, il n'oſa iamais
ſe preſenter. Les Chreſtiens firent lors vne deſcente à deſſein
d'attaquer la ville d'Adon, & de battre le chaſteau de Nauarrin ; mais cette entrepriſe leur ayant mal ſuccedé, & ceux qui
conduiſoient ayans couru fortune d'eſtre enuelopez d'vn eſ-
cadron de Turcs, ſans le Prince de Parme qui les degagea ;
nos Chefs, conſiderans qu'ils ne pouuoient rien auancer ny
par mer ny par terre, & que l'hyuer s'approchoit, ils prirent le
conſeil de s'en retourner, auant que les tempeſtes leur euſſent
fermé la mer. Ce fut le 7. d'Octobre, qu'ils ſe mirent à la voile
pour reprendre la route d'Occident, le meſme iour, vn an re-
uolu, que nous gaignâmes la victoire fameuſe de Lepanthe: ce
qui empeſcha, comme on apprit de quelques eſclaues, le General des Turcs de donner le combat, ſe perſuadant par vne
ſuperſtition Turqueſque, que ce iour eſtoit fatal à la grandeur
de leur Empire. Le Pape taſcha l'année d'apres de remettre la
partie: Mais ſe voyant dans l'impuiſſance de faire luy ſeul cette
guerre, pour ne receuoir aucun ſecours de la France, qui
eſtoit agitée de ſeditions & de guerres ciuiles, & pour ſe voir
abandonné des Venitiens, qui auoient iugé plus à propos pour
la conſeruation du reſte de leur Eſtat, de faire vne treue auec le
Turc, par l'entremiſe de l'Ambaſſadeur du Roy de France, qui
reſidoit à la Porte du Grand Seigneur, que de ſe commettre
encore vne fois à la fortune des armes, & au hazard de tout
perdre : il chercha des moyens plus faciles & plus auantageux

pour

pour amplifier le Royaume de Dieu, & augmenter la Foy.
Pour ce fuiet il affifta d hommes & d'argent l'Empereur Maximilian, efleu Roy de Pologne en la place d Henry de Valois,
pour s'affeurer de la Couronne, qui luy eftoit conteftée par les
ennemis de la Religion. Il prefta fecours au Roy d'Efpagne,
pour ranger les feditieux & les heretiques du Pays bas à l'o-
beïffance de l'Eglife & de leur Prince legitime. Il permit pareillement au Roy Henry III. de leuer vne grande fomme d'argent fur les Eglifes de fon Royaume, pour continuer la guerre
contre les Huguenots, & empefcher que la Religion des fuiets ne vint à defaillir auec les finances du Roy. Ce n'eft pas
fans raifon que l'on le comparoit au Soleil, qui communique
fa lumiere à toutes les parties de l'Vniuers, puis que les Grecs
& les Cypriots opprimez fous la tyrannie du Turc, les Allemans, les Anglois, les Efpagnols, les Polonois, les Mofchouites, les Indiens, les Iaponois, les Maronites, les Hongres,
les Efclauons, les Bohemes, les Moraues, les Lituaniens, les
Tranfyluains, les Saxons, les Suiffes, les François. les Italiens,
les Nobles, les roturiers. les doctes, les ignorans, les filles,
les vefues, les femmes mariées. les enfans de famille, les or-
phelins, les Eglifes, les lieux de pieté, les maifons Religieufes. les familles particulieres ont recueilly les fruits de fes
liberalitez. Il fonda autant de Colleges qu il y a de lettres
dans l Alphabet, en diuers endroits du monde, dont il y en a
fix à Rome, à fçauoir des Allemans, des Anglois, des Neophytes, des Grecs, des Maronites & le College Romain, où les
Peres de la Compagnie de Iefus enfeignent les vertus auec les
fciences. & les bonnes mœurs auec les belles lettres à la ieu-
neff Romaine. Il enuoya des hommes doctes & zelez au Prete Ian en Ethiopie, aux Maures à Conftantinople, & aux lieux
les plus efloignez, pour leur apprendre les veritez de noftre Religion Il entretenoit des Nonces dans les Prouinces d'Allemagne, pour tafcher par leur induftrie & par leur autorité de
gaigner l'efprit des heretiques Il fit baftir les greniers qui
font aux Thermes de Diocletian, aggrandir l'hofpital de S.
Marie, applanir le grand chemin de Laurete, conduire les fontaines dans les places publiques, pauer les ruës reparer les
Eglifes, releuer le Pont des Senateurs, & embellir la ville des

t

deniers de ses coffres. Quelles despenses ne fit-il point l'année du Iubilé, pour receuoir & nourrir les Pelerins, & pour leur faciliter la visite des Eglises par de nouuelles ruës, & par des chemins, qu'il fit pauer? Qui pourroit nombrer l'argent qu'il consuma dans ses Legations, comme à Genes, où le Cardinal Moron fut deputé de sa part, pour dôner la paix aux membres de cette Republique, pacifier les tumultes & les guerres ciuiles dont elle estoit agitée, & terminer tous leurs differens au gré du Pape, du Roy Tres-Chrestien, & du Roy Catholique qu'ils auoient choisis pour Arbitres. En Pologne où l'Eglise auoit interest, qu'Estienne Batory, Prince de Transyluanie, qui auoit esté nommé par vne partie des Senateurs & des Grands du Royaume, apres la retraite d'Henry Roy de France, & qui par le mariage de la Princesse Anne de la maison Royale des Iagelons, auoit emporté la Couronne sur l'Empereur Maximilian son competiteur, fust Catholique, & reconnust le Siege de Rome par les deuoirs de son obeïssance, qu'il rendit par son Ambassadeur: Le Pape neantmoins fit difficulté de luy donner la qualité de Roy, iusques à ce que la mort de Maximilian termina leur differend, & asseura la Couronne sur la teste de Batory. Au Pays bas où il enuoya son Nonce qui fut puis apres le Cardinal de S. Marcel, pour estre present à la paix qui se traitoit par l'entremise de l'Euesque de Liege, entre le Roy Catholique & les Prouinces Vnies, qui s'estoient retirées de son obeïssance, & prendre garde qu'aucun article ne passast au preiudice de la Religion, & de la Maiesté de l'Eglise. En Espagne, où il auoit donné la commission au Cardinal Riaire, de pratiquer les esprits des Portugais en faueur du Roy Philippe, qui pretendoit que le Royaume de Portugal luy deust appartenir apres la mort du Cardinal Henry, oncle & successeur de Dom Sebastien, lequel fut tué à la iournée de Mozazze en Afrique, combattant pour Mahomet Roy de Fez & de Maroc, que son oncle Abdemelech auoit dépoüillé de ses Estats. Mais le Roy Catholique trouua bien plus de raisons dans la teste & dans les armes du Duc d'Albe, pour disputer son droit, que dans la bouche & dans les liures de ses Docteurs, sans auoir besoin de l'entremise du Legat pour entrer dans ce Royaume, ny de l'autorité du Pape, pour se maintenir dans

la poffeffion, contre les pretenfions de Dom Antoine fils naturel du Prince Louys. Enuiron ce mefme temps le Grand
Duc de Mofchouie enuoya vn Ambaffadeur à Rome, pour
fupplier le Pape, comme Pere commun de tous les Chreftiens,
d'interpofer fon autorité, pour-arrefter les armes de Batory
Roy de Pologne, qui le ferroit de prés, & donner la paix à ces
deux Royaumes. L'Ambaffadeur eut audience du Pape, apres
luy auoir baifé les pieds, dont il faifoit difficulté au commencement ; mais la neceffité des affaires de fon Maiftre, qui luy
auoit fait entreprendre ce voyage, luy fit auffi furmonter cette
difficulté, pluftoft que l'amour de la Religion, & le refpect
du Saint Siege Gregoire, qui voyoit bien que cette Ambaffade eftoit pluftoft vne negociation interreffée, qu'vne defe-
rence Chreftienne, & que Iean Bafile n'apportoit pas la mefme fincerité dans fes intentions, que quelques-vns de fes predeceffeurs, qui auoient enuoyé des Ambaffades d'obeïffance,
& non des Agens de leurs affaires, à Clement feptiefme & à
Iule troifiefme, ne laiffa pas de luy promettre toutes fortes de
faueurs, & d'efcrire au Roy de Pologne, qui ne voulut pas
luy refufer la paix & l'amitié qu'il luy demandoit pour le
Mofchouite Le S. Pere voulant profiter de cette guerre des
Princes pour les affaires de la Religion Catholique, & retirer
le Grâd Duc & fes fuiets de l'erreur & fchifme des Grecs, pour
les mettre dans la Communion de l'Eglife apres luy auoir procuré la paix auec fes voifins, luy efcriuit & à fa femme Anafta-
fie des lettres obligeantes, qu'Antoine Poffeuin de la Compagnie de Iefus, qui accompagna l'Ambaffadeur à fon retour,
luy porta, auec plufieurs riches prefens de pieté & vne copie
du Concile de Florence. Cette bonté du Pape ne fut pas entierement inutile ; puis que les Mofchouites, qui n'eftoient
venus le rechercher que pour leur intereft, vinrent puis apres
auec Poffeuin le faluer par deuoir Cependant outre les autres
ouurages magnifiques qu'il auoit fait baftir pour l'auancement de la Religion, pour l'ornement de la ville, & pour la
feureté de fes Eftats, comme l'Eglife de Sainte Marie des
Monts le Palais du mont Quirinal ; le Conuent des Capucins
de Frefcat, les rempars du Chafteau Saint Ange la belle maifon de Tolfe, & les fortifications de la ville d'Auignon, il fit

encore edifier vne Chapelle fomptueufe dans l'Eglife du Vatican à l'honneur de S. Gregoire de Nazianze, où il transfera
fon corps qui eftoit au Champ de Mars, auec vne fi grande
pompe, qu'on euft dit, qu'il vouloit faire triompher ce grand
Theologien plufieurs années apres fa mort des victoires qu'il
auoit gaignées par fon eloquence & par fa pieté fur les ennemis de Iefus-Chrift. Auquel temps il fe forma vne maladie populaire de l'intemperie de l'air, que les Italiens nommoient
mao d l Caftrone, c'eft à dire le mal des moutons, qui parcou-
rut toute l'Italie, la France, l'Efpagne, & gaigna mefme juf-
ques à Conftantinople, & qui fut fi vniuerfel, que les pauures,
les riches, les grands & les petits en furent attaquez. Gregoire
exerça les mefmes deuoirs de charité dans cette calamité publique, que S. Charles auoit rendus vn peu auparauãt auxpeu-
ples de la Lombardie, dans la cruelle contagion qui rauagea
les plus floriffantes villes de ce Royaume. Vn an apres, qui fut
1581. les feditions & les tumultes s'efchauferent fi fort dans
l'Ifle de Malthe, que les principaux de l'Ordre emprifonne-
rent leur Grand Maiftre dans le Chafteau S Ange, & nommerent pour Vicaire General le Cheualier Romegas Gafcon,
dont le feul nom donnoit de la terreur aux Turcs. Le Pape,
qui confideroit cette Ifle comme vn Bouleuart de la Chreftienté, & cette Religion comme vn appuy de l'Eglife, voulut
connoiftre de leurs differens, côme ils l en auoient fuplié pour
cette confideration, fit mettre le Grand Maiftre en liberté,
& le conduire à Rome, où il fut receu honorablement de fa
Sainteté qui luy promit fa protection paternelle contre la faction de fes aduerfaires. Romegas, le Chef du party contraire
& le plus confiderable de fes ennemis, y eftoit arriué vn peu
auparauant, où n'ayant pas trouué les efprits de la Cour Romaine difpofez à fes humeurs, ny receu les honneurs qu'on
auoit couftume de rendre à fa vertu, mourut de regret. Sa
Mort fut bien toft fuiuie de celle du Grand-Maiftre, qui
termina leurs differens auec leur vie. Alors le Pape propofa quatre Cheualiers les plus dignes d'exercer cette charge, defquels ils efleuerent Hugues de Verdale, Gafcon.
Ces troubles eftant ainfi pacifiés, Gregoire qui n'auoit que
des penfées de paix & de magnificence, entreprit pour l'orne-

ment de fon Palais, & pour la commodité de fes fucceffeurs
cette fuperbe Galerie du Vatican, dont la voute eft vne ex-
preffion des plus Saintes Hiftoires de la Religion, & les murailles font vn abbregé de l'Italie par la defcription des Prouinces & des places de ce Royaume. L'année 1582. doit eftre
memorable à tous les fiecles de la pofterité, pour la Reformation du Calendrier Romain, qui fut mis au point qu'on auoit
toufiours defiré, & qu'on n'auoit iamais entrepris, pour l'E-
quinoxe du Printemps, & pour l'obferuation de la Fefte de
Pafques fuiuant la pratique des premiers Peres de l'Eglife,
& le Decret du Concile de Nicée. La ioye, que le Pàpe receut
de cét ouurage, par lequel il obligeoit tout l'Vniuers, fut extremement abbatuë par la difette des bleds, & par la fanglante Tragedie qui fe ioüa fur le Theatre de Rome & de Padouë, par les Seigneurs Romains, & par les Archers & autres
Miniftres de la Iuftice, fur le fuiet d'vn Bandit, que ceux là
vouloient prendre & ceux-cy fauuer. Cette calamité publique fut foulagée par fes foins charitables & ces fpectables fu-
neftes addoucis par la promotion qu'il fit de dix-neuf Cardinaux, tous capables de gouuerner l'Eglife, & du nombre
defquels trois l'ont actuellement gouuernée, à fçauoir Gregoire X.V. Vrbain VII. & Innocent IX. Les Peres de la
Compagnie de Iefus, qui auoient des obligations infignes à
ce bon Pape, redoublerent fa ioye à l'arriuée des Ambaffadeurs du Iapon, qui vinrent des extremités du monde luy rendre l'obeiffance de la part des Rois de Bongo, d'Arima & d'O-
mura, ayant efté nouuellement conuertis à la Foy par ces
hommes vrayement Apoftoliques, & conduits à Rome par
le Vifiteur des Prouinces de l'Inde, apres vn voyage de dix
mille lieuës, pour mettre leurs Couronnes aux pieds du Vicaire de Iefus-Chrift & apprendre des exemples des anciens
Martyrs à faire de leur fang vne femence de nouueaux Chreftiens. L'infcription des lettres, dont ils eftoient chargez portoit: Au Tres-faint Pape au grand & adorable Lieutenant du
Roy du Ciel en terre. Cette lettre foit renduë à ce grand &
faint Seigneur, que i'adore, tenant la place de Dieu. Les mains
leuées par adoration i'offre la prefente au Tres-faint Seigneur
le Pape Vicaire du grand Dieu. Ces lettres tirerent les larmes

des yeux des Cardinaux, & du Pape mefme, qui les receut
auec tous les honneurs poffibles, & leur fit fournir abondam-
ment tout ce qui eftoit neceffaire pour leur entretien. Mais
il ne goufta pas long-temps les fruits de cette nouuelle
Eglife: Car les Ambaffadeurs firent leur entrée à Rome le 22.
Mars de l'an 1585. & luy fortit de cette vie le 10. Auril. par vne
efpece d'efquinancie, qui l'eftoufa fubitement, fans luy donner que deux heures de temps pour fe preparer à vn fi long
voyage. & pour receuoir le dernier Sacrement de l'Extreme Onction. Ie pourrois adioufter aux loüanges de ce faint
& incomparable Pontife, plufieurs illuftres actions que les
Hiftoriens nous ont laiffé par efcrit. Le Roy de Cochin, bien
qu'Infidele, amy & allié des Portugais, efmeu de fa haute reputation, rechercha auec ambition fon amitié, & luy depefcha
vn Ambaffadeur auec des lettres de creance, qui luy furent
prefentées par vne autre main, l'Ambaffadeur eftant mort en
chemin à Lifbone. D où il prit occafion de l'exciter à receuoir
les veritez de l'Euangile, & proteger de fon authorité les anciens fideles de S. Thomas l'Apoftre, & les Neophytes des
Indes. Quelle diligence ne fit-il point pour retirer le Grand
Duc de Mofcouie du fchifme des Grecs, le Roy de Suede de
l'herefie, & les Iuifs de leur aueuglement & de leur perfidie? L'Archeuefque d'Armenie de l'Ordre des Freres Prefcheurs, qui auoit introduit les ceremonies de l'Eglife Latine
dans quelques lieux de cette vafte Prouince, vint trois fois à
Rome, pour luy rendre compte de fon adminiftration. Nehe-
mes Patriarche des Iacobites, qui auoit abandonné la Foy
Catholique par la violence des Turcs, fe demit de fa charge
entre les mains de fon frere, & vint auffi à Rome, pour abiurer les erreurs de Diofcore, & demander pardon de fon
apoftafie. Les Deputez des Maronites, qui habitent le Mont
Liban, le vinrent reconnoiftre de la part du Patriarche, qui
le fupplioit de le confirmer dans fa dignité; & des Chreftiens
du lieu, qui luy demandoient des Predicateurs pour les in-
ftruire dans la Foy de leurs peres; aufquels il enuoya pour cet
effet deux Iefuiftes, auec plufieurs ornemens d'Autel, quarante Calices, des liures & vn Catechifme en langue Arabique pour les premunir contre les herefies de l'Orient, vn

manteau pour le Patriarche , & vne grande somme d'argent
pour les pauures Religieux. Il donna secours au Roy de Cei-
lan , qui auoit esté dépoüillé de ses Estats, pour auoir embras-
sé la Religion Chrestienne, auec vingt-mille de ses suiets par
les instructions des Peres de saint François. L'Archeuesque
d'Aigamala, Metropolitain de Malabar, apres auoir detes-
té l'erreur de Nestorius, & reconnu l'Eglise Romaine par
le ministere des Peres Iesuistes, reconnut celuy qui en est le
Chef visible par vn de ses Deputez. Le Patriarche des Cophtes receut ses lettres auec veneration, & assembla vn Concile , où l'Eglise Romaine fut declarée Mere & Maistresse de
toutes les autres eglises. Michel Baius Docteur de Louuain
receut de sa part auec soumission la Censure de ses Proposi-
tions. Les Euesques de la Thessalie & de la Morée pour l'a-
mour de luy aymerent le nom Latin. Et Ieremie Patriarche
de Constantinople, vn des Antagonistes de Luther, eut tant
d'inclination pour le Chef & pour l'Eglise de Rome, qu'il
estoit sur le point de receuoir le Chapeau de Cardinal , si les
Turcs ne luy eussent point osté la liberté. Gregoire fut Pape
xi. ans. x. mois & xxviii. iours, dans lequel temps il fit les
actions de plusieurs siecles.

SIXTE V.
CCXXXVI.

SIXTE V. vint au monde le iour de sainte Luce l'an
1520. dans le grottes du Chasteau de Montalte, de
parens pauures, & de fort basse condition : D'où
vient, qu'il disoit quelquesfois en riant, qu'il estoit
sorty d'vne maison illustre, puis que le lieu de sa naissance
estant sans toit & sans fenestres, prenoit le iour de tous costez. A douze ans il prit l'habit de S. Francois parmy les Con-
uentuels, & eut nom Frere Felix, qui estoit celuy du son Baptesme. Les richesses de son esprit parurent bientost sous la
pauureté de cet habit, & les grandes connoissances qu'il ac-

quit par fon trauail & par fon affiduité, luy donnerent le titre d'vn Docteur celebre, & d'vn Predicateur fameux. Le
Cardinal de Carpi, qui fut le Promoteur de fa fortune, le prit
en affection, pour la viuacité de fon efprit, la memoire heureufe, la fcience & la fubtilité, qu'il fit paroiftre dans vne difpute publique au Chapitre General de l'Ordre de faint François, dont ce Prelat eftoit le Protecteur. Siene, Naple, Venife, & en particulier le Cardinal Colomne, receurent de luy
les inftructions de la Philofophie & de la Theologie. Les
principales villes de l'Italie, & Rome mefme le Siege de la
Foy, l'entendirent prefcher auec vne merueilleufe approbation. Il exerça l'Office d'Inquifiteur à Rome & à Venife
dans vne grande integrité. Mais la ialoufie, qui eft infepara-
ble des grandes vertus, luy fufcita des calomnies & des guerres domeftiques parmy fes freres, dont il vint à bout glorieu-
fement, & s'en feruit, comme les arbres font des rigueurs de
l'hyuer, pour porter plus de fruits. Car il entra par cette porte de l'honneur aux grandes charges de fon Ordre, dont il fut
Procureur, nonobftant les oppofitions du General. Le Cardinal d'Alexandrie le fit nommer au nom du S. Office, pour
accompagner le Cardinal Boncompagnon Legat en Efpagne,
& luy feruir de Confeiller en l'affaire de l'Archeuefque de
Tolede, qui eftoit le fuiet de fa legation. Le Pape Pie V. qui
l'auoit connu familierement à Rome, lors qu'il y prefchoit
la parole de Dieu; & duquel il auoit efté tres-fatisfait fur vn
different qui furuint pour la matiere de la Predeftination, le
fit General de fon Ordre, puis Euefque, & Cardinal; & ainfi
d'vn fils de pauure Payfan il fut le Souuerain du monde.
C'eft ainfi que les grandes Riuieres prennent leur fource d'v-
ne petite fontaine, & prefque tous les grands hommes fe font
efleuez d'vne baffe naiffance à vne vie illuftre.

Apres la mort de Pie V. quarante deux Cardinaux, diuifez en fix partis, s'eftant affemblez dans le Conclaue le propre
iour de Pafques, pour la creation d'vn nouueau Pape, entre feize qu'ils eftimoient capables d'exercer honorablement
cette charge, n'en iugerent point vn plus digne que le Cardinal Felix de Montalte, homme docte, paifible, aymé de tout
le monde, qui n'eftoit point engagé dans le party des Princes

par

par aucuns interefts, & qui n'auoit point d'autres parens que
deux petits neueux, dont l'age les rendoit incapables de pof-
feder aucune charge ou dignité dans l'Eglife. Voila iuftement
l'homme que Dieu defire pour gouuerner fon Eglife, di-
foient les Cardinaux d'Eft, de Medicis & d'Alexandrie, les
plus puiffans du Conclaue. Vn homme curieux du feruice
de Dieu, zelé pour la Religion, doux & affable, chery de
tous les Cardinaux, aufquels il auoit tafché de plaire en toutes fortes d'occafions. Sa vie tenoit dauantage de la retraite
d vn folitaire, que de la pompe d'vn Cardinal. Sa doctrine
eftoit fans pareille, & neantmoins dans les deliberations il fe
laiffoit pluftoft vaincre par vne condefcendance obligeante,
que de fe roidir dans fes opinions. Il eftoit fi efloigné de l'humeur de la vengeance, qu'il faifoit femblant de n auoir pas
ouy les paroles iniurieufes, comme fouuent en plein Confiftoire quelques Cardinaux moins difcrets l'auoient appellé
l'Afne de la Marche d'Ancone, pour n eftre point obligé de former vne querelle; & ayma mieux paffer pour vn infenfible au
meurtre commis en la perfonne de fon neueu, que d'en faire
les pourfuites, en offenfant quelques vns dont il honoroit l'a-
mitié. Lors qu'il eftoit queftion des affaires des Princes, il
auoit des raifons pour les defendre, ou affez de bonté pour les
excufer, fans intereffer neantmoins l honneur de l Eglife,
ny choquer l'authorité du S. Siege, qu'il preferoit à toutes les
confiderations du monde. Au refte il eftoit l'homme le plus
reconnoiffant de la terre, puis qu'il protefto't fouuent, & le
difoit auec fincerité, qu'il eftoit fi obligé au Cardinal d'Alexandrie, pour les faueurs qu'il auoit receuës du defunt Pape
Pie V. fon oncle, qu'il ne pourroit les reconnoiftre dignement, bien qu'il fuft Maiftre de mille mondes. Enfin il eftoit
d'autant plus digne de l honneur qu'il eftoit le moins ambitieux de la Cour Romaine, & le plus confideré du Roy d'Efpagne Philippe II. qui aymoit en fa perfonne la doctrine & la
vertu Il n'y auoit qu'vne chofe qui puft empefcher ou re-
tarder fon eflection, c'eftoit le Cardinal de S. Sixte neueu du
defunt Pape Gregoire XIII. lequel auoit eu de l'auerfion pour
le Cardinal Felix, & luy auoit mefme fait arrefter la penfion
qu'on donne aux pauures Cardinaux : ce qui luy fut d'autant

plus fenfiblé, qu'il croyoit auoir merité dauantage du Pape
luy ayant dedié les Notes & les Obferuations qu'il auoit faites
fur les œuures de faint Ambroife. Mais comme le Cardinal
de faint Sixte n'eftoit pas beaucoup ferme dans fes opinions,
il n'eut pas beaucoup de peine à fuiure les fentimens de ceux
qui portoient le Cardinal Montalte, & fe ranger de leur cofté auec ceux de fa brigue, qui eftoit la plus confiderable, &
la plus forte du Conclaue. Dont Montalte fe témoigna fi
fort fon obligé, qu'ayant efté efleu pour Vicaire de Iefus-
Chrift, le 24. d'Auril, l'an 1585. il prit le nom de Sixte, non
tant pour honorer la memoire du Pape Sixte IV. qui auoit
efté Religieux du mefme Ordre, que pour reconnoiftre les
grandes obligations qu'il auoit au Cardinal de S. Sixte, qui
luy auoit mis apres Dieu la Tiare fur la tefte. Les Romains,
qui ne font pas moins fuperftitieux que paffionnés dans ces
changemens de Maiftre, auoient pris vn prefage qu'il feroit fait Pape, de ce que fa chambre dans le Conclaue eftoit
comme engagée au milieu des Principaux Officiers de l'Eglife
Romaine, Farnefe Vice-Chancelier, de Contarel Dataire,
& de Guaftauillain Camerier.

Il fut couronné vn Mercredy premier iour de May, qui
fut vn iour heureux pour luy, puis qu'il prit naiffance, il receut l'habit de S. François, il fut fait Vicaire General de fon
Ordre, il receut le Chapeau de Cardinal, il fut efleu Pontife
Souuerain, & receut la Couronne de la main de Ferdinand de
Medicis Diacre de l'Eglife Romaine, fur les degrés du Vatican vn iour de Mercredy. Il ne reconnut iamais mieux la pefanteur de cette charge, que lors qu'il l'eut fur fes efpaules.
C'eft pourquoy il inftitua des prieres publiques, & ordonna
vn Iubilé vniuerfel, pour obtenir de Dieu, par l'entremife de
tous les Chreftiens les forces de la porter. Et d'ailleurs fçachant que la faincteté de fon Siege & la felicité de fon Eftat
eftoit fondée principalement fur la Iuftice, il employa les premiers iours de fon Pontificat & de fon Regne à en faire les
fonctions. Pour vn iour il fit pendre quatre hommes, pour
auoir efté trouués faifis d'armes à feu contre fes defenfes, fans
que les prieres des perfonnes d'authorité peuffent rien gaigner fur fon efprit en faueur des criminels, ny addoucir la

rigueur de leur fupplice. Ce qui donna de la crainte aux autres, & les retint dans leur deuoir. Les Bandits s'eftoient
rendus fi redoutables fur les terres de l'Eglife par leur nombre
& par l'infolence, qu'il n'y auoit point de place où l'on peuft
trouuer aucune feureté. Le Pape pratiqua fi bien l'amitié des
Princes fes voifins, qu'ils luy promirent de ne donner aucun
lieu de retraite dans leurs Eftats à ces voleurs; puis il propofa des recompenfes à ceux qui les tueroient; & fi quelqu'vn
de leurs Chefs eftoit pris, il en faifoit faire fur le champ vne
punition exemplaire; & menaçoit d'vn pareil chaftiment
leurs parens & leurs amis, s'ils les retiroient dans leurs maifons, ou leur donnoient aucun fecours. Cette feuerité net-
toya bientoft l'Eftat Ecclefiaftique de ces Brigans, & impri-
ma vne telle crainte dans les efprits, que perfonne n'ofoit mefme offenfer fon compagnon de peur d'eftre puny. Les Romains n'auoient plus l'vfage d'autres armes que de la langue
& des poings pour fe battre & fe defendre. Porter la main fur
la garde de fon efpée pour la tirer, eftoit vn crime digne de
mort; & faire la moindre refiftance aux Officiers de la Iuftice eftoit vn peché, qu'on ne pardonnoit point à Rome. Il ne
falloit que deux mots, qui eftoient paffés en Prouerbe, pour
terminer les differends qui naiffoient en public, Nous fommes au temps de Sixte, c'eft à dire il n'eft pas le temps de fe
battre, mais pluftoft de s'accorder, depeur que Sixte ne nous
faffe reffentir la longueur & la pefanteur de fes mains. Cette partie de la Iuftice ioincte aux foins & à la vigilance qu'il
eut pour le bien de fon peuple, caufa la feureté dans la campagne, & l'abondance dans les murailles, autant que le refte
de l'Italie eftoit dans le mal ou dans la crainte. Ayant ainfi
pourueu au repos & à la fubfiftance des Citoyens, il procura l'ornement de la ville par des ouurages publics, qui luy
pourroient auoir acquis le titre de fecond Fondateur de Rome, s'il euft vefcu deuant Augufte. Ce fut luy qui fit ce que
fes predeceffeurs auoient fouuent penfé, mais n'auoient ofé
iamais entreprendre, de tirer de terre cette prodigieufe Obe-
lifque de foixante douze pieds de haut, qu'il fit eriger dans la
place de l'Eglife du Vatican, & qu'il dedia par religion à
l'honneur de la Croix, comme Nuncor Roy d'Egypte l'auoit

autrefois dediée par fuperftition au Soleil, apres auoir recouuré la veué, & les Romains par flaterie à l'Empereur Augufte
& à fon fils Tibere. Il employa trente huiĉt mille efcus en cet
ouurage, auant que la piece fuft pofée en fon lieu , & appuyée
des Lyons de bronze qui la fupportent. Neuf cens ouuriers, &
70. cheuaux trauaillerent inceffamment pendant vn an entier
au mouuement des roües; Et la Chambre Apoftolique fournit le metal pour les Lyons & pour la Croix. il fit efleuer trois
autres Obelifques moindres que celuy-là, l'vn deuant l'Eglife de Ste Marie Majour , l'autre deuant S. Iean de Latran , &
le troifiefme deuant S^{te}. Marie de Populo. Il fit reparer les Colomnes de Trajan & d'Antonin le Debonnaire, fur lefquelles
font grauées les victoires, que ces fameux Conquerans gaignerent fur les Parthes & les Valaches, & fur les Marcomans,
qui font les Bohemes & les Moraues , & les appliquant à des
vfages plus loüables, qu'à la vanité des Princes de la terre, il
efleua fur la premiere la figure du Prince des Apoftres, de
bronze doré, & fur l'autre celle de S. Paul fon Collegue. Il fit
bien d'autres ouurages , tant pour la pieté, que pour l vtilité
publique, qui obligerent le peuple Romain de grauer cet Eloge fur vne table de marbre: Sixte V. à la Religion , à la commodité, & à l'ornement du public. Il acheua la Chapelle de la
Creche du Fils de Dieu, dans l'Eglife de fainte Marie Majour,
qu'il auoit commencée eftant Cardinal : & la fonda richement.
Il y fit dreffer deux tombeaux magnifiques l'vn pour luy, &
l'autre pour Pie V. où il fit tranfporter auec vne grande pompe le corps de ce S. Pape qui repofoit au Vatican. Il faudroit
parcourir tous les endroits de la ville de Rome, pour faire vn
iufte denombrement des magnificences de ce grand homme.
On y verroit l'eau des fontaines, qu'il a fait conduire dans les
places publiques & particulierement celle qu'il fit venir fur
le Mont Caballo, contre l'efperance des Citoyens & mefme
contre l'opinion des plus grands Maiftres, où il employa le
trauail de trois & quatre mille hommes par iour, & prez de
trois cens mille efcus de fes coffres. On confidereroit auec
vn diuertiffement religieux les faintes & riches peintures de
la Galerie du Palais de Latran, qu'il fit baftir pour donner
la benediction au peuple. On diroit fans flaterie, voyant

au mesme lieu le Palais qu'il a fait faire pour le logement des
Papes & de tous les Cardinaux, que plusieurs Empereurs ensemble n'ont peut faire. ce qu'vn Pape a fait seul Les pauures
& les incurables seroient receus & nourris de ses liberalitez
dans l'hospital, qu'il a fondé sur les bords du Tybre. Les Riches y trouueroient les Monts de Pieté, qu'il institua pour faire profiter l'argent, sans vsure, & apprendroient que les plus
grands tributs d'vn Prince, & les moyens les plus faciles de
trouuer de l'argent so t l'espargne, & les despenses moderées,
puis qu'en peu de mois il espargna par son bon menagement
cinq millions d'escus qu'il mit dans le Chasteau S. Ange, pour
subuenir aux necessitez vrgentes de la Religion & de la pieté
Chrestienne. Les Peintres & les Sculpteurs tireroient des co-
pies sur ces rares originaux de Phidias & de Praxiteles, qu'il
vengea de l'iniure des temps, & leur rendit leur premiere perfection. Les Architectes prendroient les dimensions de ces six
grandes ruës, qu'il fit percer & pauer pour la commodité de
ceux qui vont visiter les principales Eglises, & du quatorzié-
me cartier de la ville qu'il adiousta aux treze de l'ancienne
Rome Les personnes deuotieuses visiteroiet l Eschelle sainte,
qu il retira des ruines de quelques vieux bastimés, & les autres
lieux de pieté, comme l'Eglise de S. Ierosme des tsclauons, son
premier tiltre, & celle de Sainte Sabine qu'il fit renouueller
depuis les fondemens. En vn mot sans parler du College qu'il
fonda dans l'Vniuersité de Bologne, pour ceux de la Marche
d'Ancone : de l'Eglise magnifique & somptueuse, qu'il fit bastir à Lorrete à l'honneur de Nostre Dame, où il transfera l'E-
uesché de Racanate. du Pont superbe qu'il ietta sur le Tibre,
& de la ville qu'il auoit commencée à Montalte, les hommes
doctes sans sortir de Rome, pourroient se perfectionner dans
toutes les sciences par la lecture des liures & par la veuë des
tableaux, qui sont dans cette fameule Bibliotheque du Vatican, le plus noble de ses chefs d'œuures. Ie veux ra orter
sommairement par disgression les plus sçauantes peintures,
qu'on y peut voir. Premierement seize Conciles Oecumeni-
ques auec leurs inscriptions ; en second lieu, les plus celebres
Bibliotheques, qui ont esté dressées depuis la naissance du
monde. Et en suite ceux qui ont inuenté les lettres. Pour les

Conciles, le premier eſt celuy de Nicée ſous Sylueſtre Pape, & Conſtantin Empereur, pour defendre la Conſubſtantialité du Fils contre l'impieté d'Arius. Celuy de Conſtantinople, ſous S. Damaſe & Theodoſe, pour la diuinité du Saint Eſprit contre l'hereſic de Macedonius. Celuy d'Epheſe ſous Celeſtin & Theodoſe le ieune contre Neſtorius, qui mettoit vne diuiſion en la perſonne de Ieſus-Chriſt, & refuſoit à la Vierge l'honneur & le tiltre de la Mere de Dieu. Le premier de Chalcedoine ſous S. Leon & l'Empereur Marcian, où Eutyches fut condamné, qui ne reconnoiſſoit qu'vne ſeule nature en Ieſus-Chriſt. Le deuxieſme de Conſtantinople pour le fait des trois Chapitres, auquel les hereſies d'Origene furent pareillement condamnées ſous le Pape Vigilius, & l'Empereur Iuſtinien. Le troiſieſme de Conſtantinople conuoqué ſous Agathon, & l'Empereur Conſtantin Pogonat contre les Monothelites. Le ſecond de Nicée ſous Adrien & Conſtantin fils d'Irene, pour la defenſe des Images contre les Iconomaques. Le troiſieſme de Conſtantinople ſous Adrien II. & Baſile, où Photius fut demis, & Ignace le Patriarche remis dans ſon Siege. Le premier de Latran ſous Alexandre III. & Frederic II. pour l'extirpation des Vaudois & des Cathares, & pour la reformation des mœurs de l'Egliſe & du peuple. Le ſecond de Latran ſous Innocent troiſieſme & Frederic ſecond, où la Guerre ſainte fut arreſtée, & les erreurs de l'Abbé Ioachim condamnées, & ainſi des autres.

Pour les Bibliotheques, la premiere eſt celle des Hebreux, que Moyſe rangea dans le Tabernacle pour l'vſage des Leuites, & qu'Eſdras reſtitua. La deuxieſme eſt celle des Chaldeens à Babylone, où Daniel & ſes compagnons furent inſtruits par le commandement du Roy. La troiſieſme eſt celle des Grecs, que Piſiſtrate mit en public à Athenes. La quatriéme eſt celle des Ægyptiens, que Ptolomée Roy d'Egypte fit dreſſer à Alexandrie, & qui fut enrichie des liures des Hebreux traduits par les ſeptante Interpretes. La cinquieſme eſt celle des Romains qui fut commencée par le Roy Tarquin, où il mit quelques liures des Sybilles, & acheuée par l'Empereur Auguſte. La ſixieſme eſt celle de Ieruſalem, où S. Alexandre Eueſque & Martyr aſſembla tous les liures qu'il put trouuer ſous l'Empire de Decius. La ſeptieſme eſt celle de Ceſarée, compoſée des manuſcripts de S. Pamphile docte & illuſtre Martyr, &c.

Pour les Auteurs des lettres & des ſciences, ils ſont repreſentez ſuiuant leur ordre. Le premier eſt Adam, qui a communiqué aux hommes les lettres & les ſciences qu'il auoit reçeuës de Dieu. Puis les enfans de Seth, qui grauerent ſur deux colomnes l'Aſtrologie. Abraham qui inuenta les Caracteres Syriaques & Chaldaïques. Moyſe qui donna les lettres aux anciens Hebreux, & Eſdras qui a inuenté celles dont ils ſe ſeruent encore à preſent. Mercure l'Auteur des Ieroglyphes des Egyptiens. Hercule l'Egyptien, qui a inuenté les lettres Phrygiennes, & Memnon auec Iſis celles d'Egypte. Phœnix celles de Phœnicie, où il regna. Cadmus, Palamedes & Simonides, qui ont aſſemblé les vingt-quatre lettres de l'Alphabet des Grecs. Nicoſtrate Mere d'Euander qui a eu l'honneur de donner les leurs aux Latins, S. Iean Chryſoſtome aux Armeniens, S. Ieroſme aux Eſclauons, & Vlphias Eueſque aux Goths.

Mais pour donner à mon Lecteur vne connoiſſance plus particuliere des actions du Pape Sixte, ie le veux conſiderer, comme vne de ces Obeliſques à quatre faces, dans les affaires qu'il eut à demeſler auec les Princes, dans le gouuernement de ſon peuple, dans le reglement de ſa vie & de ſes paſſions, & dans ce qu'il fit & ordonna particulierement pour l'honneur de l'Egliſe: outre les baſtimens & les ouurages publics, dont i'ay parlé, qui font paroiſtre ſa magnificence. Et enfin ie mettray cet homme digne de l'immortalité dans les combats auec la mort, & dans le tombeau auec ſes predeceſſeurs.

Sixte au commencement de ſon Pontificat excommunia le Roy de Nauarre & le Prince de Condé comme Heretiques, les declara incapables de ſucceder à la Couronne de France, & diſpenſa leurs ſuiets du ſerment de fidelité qu'ils leur auoiét iurée. Il ſuruint puis apres vn differend entre le Pape & le Roy, à l'occaſion du Nonce & de l'Ambaſſadeur. Le Pape fit commandement à l'Ambaſſadeur de France de ſortir dans peu de iours de la ville & des terres de l'Egliſe; ſur le refus que le Roy fit de receuoir l'Archeueſque de Nazareth pour Nonce de ſa

Saincteté, lequel il auoit pour ſuſpect; & ſur les lettres que ſa
Majeſté luy eſcriuit, auec ordre de s'arreſter au lieu, où elles
luy feroient renduës ſans paſſer plus auant. C'eſtoit vne eſtin-
celle capable d'allumer vn grand feu dans les deux plus nobles
parties de l'Europe, ſi le Cardinal d'Eſt auec quelques-vns de
ſes Collegues n'eût terminé ce different entre les deux Souuerains du monde Chreſtien, en telle ſorte, que le Nonce ſeroit
receu par ſa Maieſté, & l'Ambaſſadeur rapellé par ſa Sainteté.

.L'année ſuiuante 1586. Le Maiſtre du ſacré Palais eſtant
allé aux Cantons Catholiques, Nonce du Pape, ſe comporta
dans cette negociation auec tant de zele & de prudence, que
tous s'eſtans aſſemblez pour les affaires du pays, ils voulurent
receuoir de ſa main la Communion, & de ſa bouche les inſtructions neceſſaires pour la reformation de leurs mœurs, & s'o-
bliger par vn acte public, eux, leurs enfans & leurs biens pour
la defenſe & conſeruation de la Foy Catholique. Lequel ſerment ils renouuellerent encore, lors qu'il fut queſtion d'enuoyer vn ſecours de quatorze mille hommes tirez de leurs
Cantons au Roy Tres Chreſtien pendant la Ligue, proteſtans
de n'employer iamais leurs armes pour vne autre querelle, que
pour celles de la Religion, & de s'en retourner pluſtoſt ſur
leurs montagnes ſans rien faire, que de s'arreſter en France
pour mal faire.

L'an 1587. Eſtienne Batory, Prince de Tranſyluanie & Roy
de Pologne, eſtant decedé, ſa mort fut regretée de tout le
monde, & pleurée de ſes ſuiets, qui furent bien en peine de
luy trouuer vn ſucceſſeur digne de poſſeder ſa Couronne ayāt
eſté le bouclier des Chreſtiens, le fleau des heretiques de ſon
Royaume, le victorieux des Schiſmatiques de Moſcouie, &
la terreur des Turcs; vaillant en guerre, heureux au conſeil, ſage & prudent en l'adminiſtration des affaires; ſous lequel les
Moſcouites perdirent deux Duchez, qu'il reünit à ſa Couronne; les Turcs n'oſerent iamais mettre le pied ſur ſes frontieres, & l'Aigle blanche de Pologne remit ſes plumes pour ſe
parer, ſes griffes & ſon bec pour ſe defendre. Les eſprits eſtoiēt
partagez, auſſi bien que les inclinations, pour luy donner vn
ſucceſſeur. Les vns ſe perſuadant, que l'Empereur Rodolphe

deuſt

deuſt occuper cette place ſans aucune formalité, puis que
l'Empereur Maximilien ſon pere l'auoit autrefois gaignée par
les ſuffrages ſans la poſſeder. Les vns conſiderans les vertus &
le courage du Duc de Parme, l'vn des premiers Capitaines de
ſon temps, & neueu du Cardinal Farneſe Protecteur de ce
Royaume qu'il auoit obligé, ſans conſiderer qu'il eſtoit Italien, eſloigné du naturel des Polonois courageux, ſans ambition, & partiſan d'Eſpagne, ſuſpect au grand Seigneur, luy donnoient deſia leur voix. Le Vaiuode de Tranſyluanie, & le Cardinal Batory pouuoient aſpirer à cette Monarchie, s'ils n'euſſent poiſt eſté les neueux du defunt Roy, dont l'eſprit adroit
& entreprenāt auoit donné preſque autant de ialouſie aux Polonois pour la conſeruation de leur liberté ; que ſa vertu luy
auoit cauſé de veneration par ſes illuſtres & genereux exploits.
Le Duc de Parme auoit les qualitez d'vn Roy, & les ſeruices
qu'il auoit rendus à cet Eſtat luy auoient gaigné les cœurs; mais
le nom d'Italien le rendoit odieux. Si l'humeur des Polonois
euſt eſté aſſez ſoumiſe, pour receuoir la loy d'vn de leur nation, il eſt hors de doute, que pluſieurs Seigneurs du pays, &
particulierement Iean Samoſci, grand Chancellier de Pologne,
qui auoit gouuerné l'Eſtat en Roy ſous le defunt, pouuoit pretendre au gouuernement ſouuerain de ce vaſte Royaume. En-
ſin les ſuffrages ſe trouuerent partagez auec les eſprits de l'Aſſemblée, les vns ayans eſleu l'Archiduc Maximilien frere de
l'Empereur Rodolphe, & les autres Sigiſmond Prince de Suede pour des raiſons tres pertinentes. Il eſt vray que l'Archiduc
poſſedoit des qualitez dignes de commander. Son courage
eſtoit capable de vaincre ſes ennemis, & ſon affabilité de gaigner le cœur de ſes ſuiets, comme la grandeur de ſa naiſſance,
& l'autorité de ſa maiſon luy auoit deſia gaigné la voix des
premiers de la Nobleſſe & du Clergé. Neantmoins la crainte que les Polonois eurent d'eſtre commandez par la maiſon
d'Auſtriche, autant arrogante qu'elle eſt ambitieuſe, & particulierement d'eſtre ſoumis à vn Prince, qui pouuant paruenir
vn iour à l'Empire, auoit aſſez d'artifice pour rendre la Pologne hereditaire à ſes enfans, comme ſes Anceſtres auoient fait
de l'Hongrie & de la Boheme, fit pancher les volontez de la
plus grande partie du coſté de Sigiſmond : lequel n'eſtant âgé

que de vingt ans, & deſcendu de la maiſon des Iagollons, qui
ont vny la Lituanie à la Pologne, faiſoit naiſtre vne nouuelle
eſperance parmy les Polonois, de voir vn iour les Couronnes
de Suede vnies pareillement à leur Eſtat, & de ſe rendre auſſi
puiſſans ſur la mer par des flots, qu'ils l'eſtoient par terre en caualerie, pour attaquer des deux coſtez le Moſcouite, auec
lequel ils ont vne guerre continuelle. Vne meſme Couronne
ne peut couurir deux teſtes. Maximilien penſant defendre le
droit de ſon election par les armes contre ſon aduerſaire, perdit la bataille auec la liberté, laquelle luy fut renduë puis apres
par l'entremiſe du Legat du Pape, le Cardinal Aldobrandin.
La meſme année fut funeſte à l'Eſpagne, par la perte de cette
puiſſante flotte, que le Roy Philippe II. auoit fait equipper
pour la conqueſte de l'Angleterre; & ſanglante à la France
par la mort du Duc de Guyſe, & du Cardinal ſon frere, tuez
aux Eſtats de Bloys par le commandement du Roy Henry III.
qui fut excommunié pour ce ſuiet par le Pape Sixte, & puis aſſaſſiné cruellement par vn Religieux de S. Dominique au village de S. Cloud à deux lieuës de Paris. Cette mort tragique, &
ce ſang du premier des Chreſtiens alluma le feu de la guerre
preſque par tous les endroits de la France, lequel ne peut eſtre
eſteint que par le ſang des plus nobles & des plus vaillans du
Royaume, qui fut verſé dans les batailles que le Roy de Nauarre, qui ſucceda à la Couronne & aux Eſtats d Henry III.
gaigna ſur ceux de la Ligue, deuant & apres le memorable ſiege de Paris : pendant lequel le Saint Pere fit paroiſtre ſa prudence & ſon zele à la conſeruation du premier Royaume
Chreſtien, en refuſant au Roy d'Eſpagne & aux Liguez les
demandes iniuſtes & inciuiles qu'ils luy faiſoient, pour fomenter la rebellion des ſuiets contre l'autorité d'vn Prince le-
gitim .

Pour ce qui concerne ſon gouuernement Politique, & ſa
façon de viure, il eſtoit ſi amateur de la Iuſtice, qu'il puniſſoit
indifferemment les crimes, ſans faire aucun diſcernement des
perſonnes, eſcoutant volontiers les plaintes des peuples & du
Clergé contre ſes Officiers & leurs Eueſques, & prenant luy
meſme le ſoin de s'informer de leur adminiſtration. Et bien
qu'il permit aux Citoyens les ieux, les courſes, les Comedies

& les autres ſpectacles duCarnaual: il faiſoit neantmoins dreſſer en meſme temps des potences & des gibets dans les places,
pour chaſtier ceux qui prenoient vne trop grande licence
d'vn diuertiſſement public, & qui vouloient autoriſer leurs
crimes par la condeſcendance de leur Souuerain. Ce qui empeſcha tous les deſordres qu'on a couſtume de voir à Rome
dans ces iours de debauches, les plus inſolens eſtans retenus
dans les bornes d'vne modeſtie particuliere par la crainte des
chaſtimens. Il eſt vray, qu'il n'auoit pas aſſez de cœur pour
entendre les plaintes de ſes pauures ſuiets contre luy meſme,
qui gemiſſoient ſous le poids des impoſts extraordinaires, dont
il les chargea ſi cruellement pendant le temps de ſon Pontificat, qu'on tient que la leuée des deniers d'vne année ſeule en
ſurpaſſoit trente-cinq de celles de ſes predeceſſeurs, bien que
la terre fuſt moins liberale de ſes faueurs ſous ſon regne qu'auparauant. Ce qu'il faiſoit, non tant pour enrichir ſes parens,
qu'il aimoit d'ailleurs tendrement, & entr'autres ſa ſœur Camille, deux neueux, à l'vn deſquels il donnna le Chapeau de
Cardinal & le nom de Montalte, & deux nieces, dont l'vne
fut mariée au Seigneur des Vrſins, & l'autre à vn de la maiſon des Colomnes; que pour ſubuenir aux neceſſitez de ſon
Eſtat, & de l'Egliſe, les deniers d'vn Prince eſtans comme les
nerfs de la guerre & les ornemens de la paix, leſquels il amaſſoit
auec tant d'ardeur, qu'il expoſoit en vente les plus importantes charges de ſa Cour, & conſeruoit auec tant de ſoin, qu'il
ne portoit que des habits fripez & meſmos rapiecez, pour eſ-
pargner l'argent de ſes coffres. Il preſta vne groſſe ſomme de
deniers aux Colomnes pour payer leurs debtes; il retrancha
les penſions de ſes Officiers & Domeſtiques; il inſtitua les
Monts de Pieté, & augmenta les droits de ſes Dataires. Par
ces inuentions il mit dans le Chaſteau Saint-Ange dés la premiere année de ſon Pontificat vn milion d'or, vn autre trois
ans apres, & trois autres pareillement auant que de mourir ; &
fit vne conſtitution Apoſtolique, par laquelle il s'obligea luy &
ſes ſucceſſeurs de n'employer iamais aucune partie de ceThre-
ſor, que pour le recouurement de la Terre-Sainte, ou pour vne
guerre contre le Turc: encore eſtoit-ce auec cette condition,
que les deniers ne ſeroient diſtribuez, que lors que les armées

auroient passé la mer, & abordé les costes de la Turquie,
ou pour vne famine extreme, ou pour deliurer vne Prouince Chrestienne de la domination des Infidelles, & retirer necessairement vne place des Estats de l'Eglise de la
main des Tyrans. Ie puis dire, que l'espargne d'vn Prince
& le bon vsage de ses finances, est vne mine d'or inespui-
sable, puis qu'outre ces cinq millions qu'il porta dans lo
Chasteau Sainct Ange, il mit encore en reserue deux cens
mille escus pour soulager le peuple dans les necessitez pressantes, en donna tous les ans trois mille à la grande Con-
frairie du Confalon pour la Redemption des Captifs, & fit bastir & entretenir dix Galeres aux despens des villes & des prouinces de la dependance du S. Siege pour la garde des costes.

Au reste il fit de beaux reglemens pour l'honneur de l'E-
glise : il establit quinze Congregations de Cardinaux pour
diuers vsages : il ordonna que le nombre du sacré College
ne pourroit estre au dessus de soixante & dix, entre lesquels il
y auroit au moins quatre Docteurs en Theologie tirez des Ordres Religieux Mendians, & que la promotion ne se feroit
qu'aux Quatre-temps du mois de Decembre, suiuant l'vsage, & la coustume obseruée dans l'Eglise depuis Clement VI.
pendant plusieurs années, & que deux parens proches ne
pourroient estre honorez en mesme temps de cette dignité.
Il defendit qu'on luy criast en public, Viue le Pape Sixte. Il
obligea tous ceux, qui reçoiuent vne pension de quelque Benefice au dessus de soixante six escus, de porter la sotano
& les marques de sa Clericature, à l'exception des Cheualiers de Laurete. Il fit punir de mort les adulteres, & condamna l'Astrologie Iudiciaire. Il donna le rang parmy les
Docteurs de l'Eglise à S. Bonauenture, & parmy les SS. du Calendrier à Didaque d'Alcala, Solitaire, & puis Religieux de
l'Ordre de S. François, à la canonization duquel il y eut vne
contestation pour la preseance entre les Ambassadeurs de
France & d'Espagne, où celuy cy fut contraint de ceder comme vn cadet au Fils aisné de l'Eglise, la Mere commune des
Princes & des Peuples fideles. Il institua pareillement des
Festes nouuelles à l'honneur de la Presentation de la Bien-
heureuse Vierge, de S. François de Paule, de Saint Nicolas

Tolentin, de S. Anthoine de Padouë, de S. Ianuier Euefque, & de S. Placide & de fes Compagnons martyrifez par Abdala Roy des Sarrafins, dont les corps furent trouuez de fon temps dans l'Eglife de S. Iean Baptifte à Meffane. En vn mot Sixte V. fut vn des Papes les plus accomplis de l'Eglife Romaine, ennemy du vice, amateur de la vertu, defrobant les heures de la nuict au fommeil du corps pour occuper fon efprit à l'eftude, profitant mefme du temps de fes repas, & faifant de fa table, qui n'eftoit couuerte que de viandes communes, vne Efchole des Sciences par la frequentation des hommes doctes, infatigable au trauail & aux occupations de fa charge, donnant audience à tout le monde, portant l'œil & la main à toutes les affaires, chaftiant les fautes fans confiderer des perfonnes, & preferant toufiours la Iuftice commune à fes amitiez particulieres. Teſmoin Belochius fon Efchanfon & fon fauory, & Gualteruce fon Secretaire, qu'il condamna aux Galeres, celuy-là pour auoir pris de fon cabinet l'anneau du Pefcheur, & celuy-cy pour auoir fait expedier vn Bref Apoftolique fous fon authorité, en faueur dudit Belochius contre les regles de la Iuftice, par lequel il eftoit fait commandement à vn riche Bourgeois de luy vendre fa maifon, pour la perfection d'vn Palais magnifique qu'il auoit deffein de baftir.

On tient que le déplaifir qu'il receut des affaires de France, où il fembloit, felon les apparences humaines, que la Religion deuft fuccomber à l'herefie, & les fondemens de la pieté à la violence des armes, luy caufa vne fievre tierce, de laquelle il mourut le 27. d'Aouft l'an 1590. apres trois mois de maladie: pendant lefquels il n'obmit rien des deuoirs de fa charge, fe trouuant pluftoft aux affemblées que dans fa chambre, fe tenant rarement couché, & ayant fouuent à la bouche ces paroles de l'Empereur Vefpafien, qu'vn Prince doit mourir debout. Il rendit l'ame au Palais du Mont Caballo, & fon corps fut porté dans l'Eglife du Vatican, d'où le Cardinal Montalte fon neueu le fit puis apres tranfporter dans l'Eglife de fainte Marie Majour, & inhumer dans la Chapelle de Sixte, qu'il auoit luy mefme fait baftir pendant fa vie. Le Siege, qu'il auoit occupé cinq ans, quatre mois &

trois iours, fut vaquant apres son deceds dix-huict iours,
pendant lesquels quelques seditieux ayant voulu renuerser
vne statuë, qu'on luy auoit erigée au Capitole, les Romains
firent vn Decret, qu'on n'erigeroit point de statuë à aucun
Pape auant sa mort, lequel on void encore à present dans vne
sale du Capitole en ces termes: Si quelque homme particulier,
ou quelque Magistrat est si osé, que de parler d'esleuer vne
statuë à vn Pape viuant, qu'il soit infame à perpetuité, & incapable de posseder aucune charge, par l'authorité du Senat
& du peuple Romain. M. D. XC.

VRBAIN VII.
CCXXXVII.

RBAIN VII. nommé Iean Baptiste Chastaigné,
nasquit à Rome l'an 1520. d'vne alliance des
deux plus anciennes familles de la Republique
de Genes, & de la ville de Rome. Car son pere
Cosme estoit Genois, & sa mere fille de Iule
Riccius & de Marie Iacobat estoit Romaine. Il
fut esleué par ses parens suiuant la grandeur de sa naissance,
& fit ses estudes du Droit Ciuil & du Droit Canon à Perouse
& à Padouë, & receut le bonnet de Docteur à Bologne. Son
oncle Ierosme Veral Cardinal, ayant esté deputé Legat en
France par le Pape Iule III. voulut auoir son neueu auec luy
pour estre le compagnon de ses voyages, & le depositaire de ses
Secrets, auquel employ il fit paroistre son esprit, sa prudence
& son addresse dans les affaires. Apres son retour à Rome, le
Pape le fit son Referendaire, & peu de temps apres le nomma à l'Archeuesché de Rossane, par la demission qu'en fit son
oncle le Cardinal à sa faueur entre les mains de sa Sainteté,
& luy donna le gouuernemét de Fano, & puis Paul IV. celuy
de Perouse, & de la Duché de Spolete, où il fit mettre en prison
le Seigneur de Nazareth, pour quelques points qui con cer-
noient l'affaire des Carafes, suiuant l'ordre qu'il en auoit re-

ceu de Rome. Sa prudence & sa fidelité obligerent Pie IV.
de le choisir pour Arbitre des differens meus entre les habitans de Spolete & de Terracine, au suiet de leurs frontieres,
qu'il termina au contentement des deux parties. Sa doctrine
& sa pieté luy donnerent seance auec honneur au Concile de
Trente, où il demeura iusques à la fin de l'Assemblée : & son
experience auec son assiduité luy fit accompagner le Cardinal Hugues Boncompagnon, qui fut puis apres le Pape Gregoire XIII. en sa Legation d'Espagne, pour l'assister de ses
conseils : où il fut continué par Pie V. en qualité de Nonce
Apostolique, de laquelle charge il s'acquitta si dignement,
aux desirs du Pape & du Roy, qu'il resida sept ans à la Cour
auec beaucoup de reputation. Pendant cette commission il
tint sur les fonds du Baptesme Isabelle fille du Roy Philippe,
& contribua son zele & sa prudence à la ligue des Confederés
à sçauoir Pie V. Philippe & les Venitiens, qui firent la guerre
aux Turcs, & deffirent leur armée nauale par cette victoire
memorable, qu'ils gaignerent au destroit de Lepanthe. Au
lieu que les autres Ministres poursuiuent la recompense de
leurs seruices, & taschent de s'auancer dans les charges &
dignitez Ecclesiastiques par leurs negotiations, estant de retour à Rome, il s'excusa courageusement d'accepter le gouuernement de Bologne, que Gregoire XIII. luy presenta, depeur d'estre contraint d'offenser sa conscience pour plaire aux
parens du Pape, & se demit de son Archeuesché sans retenir
aucune pension. Mais comme la gloire suit ordinairement
ceux qui la fuyent, Gregoire XIII. le fit son Nonce à Venise,
où il vid Henry III. de Valois, qui venoit de Pologne pour
aller en France receuoir la Couronne, qui luy estoit escheuë
par la mort du Roy Charles son frere. La peste le fit sortir de
cette grande ville, pour prendre enfin auec beaucoup de repugnance le gouuernement de l'Estat de Boulogne. Vn an
apres il fut deputé à Cologne pour continuer le traité de paix,
qui auoit esté commencé par l'Euesque de Liege entre le Roy
d'Espagne & les Hollandois, & moyenner vne paix qui fust
autant honorable qu'auantageuse au S. Siege & à l'Eglise :
laquelle bien qu'elle n'eut pas le succés qu'on pouuoit sou-
haitter, fut cause neantmoins que l'Empereur & le Roy Ca-

tholique, loüerent hautement ſa prudence & ſon eſprit en
cette negotiation, & que le Pape luy donna la charge de Con-
ſeiller general de l'Eſtat Eccleſiaſtique, & de l'Inquiſition. Il
receut vn honneur extraordinaire dans cette Conference,
qui n'auoit iamais eſté rendu par les Allemans à aucun homme de ſa condition, lors qu'à vne proceſſion publique les deux
Archeueſques & Electeurs de Cologne & de Treue lé firent
marcher au milieu d'eux, luy deferant vn rang & vne place, delaquelle ils ſont autant ialoux que de leur dignité. Cette teſte venerable, qui eſtoit preſque tout le Conſeil de l'E-
gliſe, & où s'eſtoient minutées les plus importantes affaires
de la Chreſtienté, demeuroit trop long-temps ſans eſtre couuerte d'vn Chapeau rouge, pour deuoir vn iour porter la Tiare & la triple Couronne. C'eſt pourquoy Gregoire XIII. penſant obliger l'Egliſe, en reconnoiſſant les merites d'vn ſi ſage
Miniſtre, & honorer le College des Cardinaux, leur donnant
vn Collegue digne de ſucceder à S. Pierre, luy confera cette
dignité auec le titre de S. Marcel: Laquelle ne diminua rien
de ſes hautes qualitez, mais fit paroiſtre dauantage ſon conſeil dans les Aſſemblées de la Signature & de l'Inquiſition, &
dans la Legation de l'Eſtat de Bologne, qu'il exerça pendant le
reſte du Pontificat de Gregoire. Apres lequel Sixte V. ſon
ſucceſſeur au gouuernement de l'Egliſe Vniuerſelle, qui connoiſſoit l'eſprit & la conduite du perſonnage, voulut qu'il ſe
trouuaſt aux Chapitres des Religieux, & aux Aſſemblées des
Eueſques, & qu'il receuſt & ſatisfiſt aux plaintes de l'Eſtat
Eccleſiaſtique. Sixte deuoit faire vne Proceſſion ſolennelle,
& deliberant s'il la conduiroit iuſqu'à Noſtre Dame du peuple, Non dit-il: & ſe tournant vers le Cardinal de S. Marcel;
Monſieur, vous ferez vn iour ce chemin, deſcouurant par ces
paroles la penſée qu'il auoit que ce Cardinal ſeroit vn iour Pape. Vne autre fois, qu'on luy auoit ſeruy des poires à ſon deſ-
ſert, qui ſe trouuerent toutes vereuſes; Ie vois, dit-il, que
mes gens ſont degouſtez des poires, il faut cy apres leur ſeruir
des chaſteignes. Les poires eſtoiét Sixte luy meſme, qui eſtoit
né de la maiſon des Poirets, & qui portoit des Poires en ſes armes; comme les Chaſteignes declaroient la famille, le nom
& les armes du Cardinal Iean Baptiſte Chaſteigné; Dont les
vertus

vertus eminentes, la fageffe finguliere, & les emplois confiderables de fa vie, luy donnerent leur fuffrage, pour paruenir
au Pontificat apres le deceds de Sixte, auant mefme que les
Cardinaux l'euffent nommé: Lefquels s'eftant affemblez au
Conclaue dans le Palais du Vatican au nombre de quarante
fept, apres vne conteftation qui dura fix iours pour la perfonne de M. Anthoine Colomne, luy donnerent enfin leur voix,
& d'vn commun confentement l'efleuerent fur le Throne du
Fils de Dieu, vn Samedy 15. iour de Septembre l'an 1590.

Les Pontifes Romains eftoient efleus anciennement de leur
Clergé, c'eft à dire des Preftres ou des Diacres de la ville de
Rome, par le Clergé, le Senat & le peuple Romain: & eftoient
pareillemēt facrez & courōnez le méme iour de leur élection.
Apres que Narfes eut chaffé les Goths de l'Italie, & remis les
Prouinces fous la domination de l'Empereur Iuftinien, le Pape Vigile ou l'Empereur mefme ordonna, qu'apres le deceds d'vn Pape, on en pourroit nommer vn autre en fa place
fuiuant la couftume ancienne, mais que fon eflection feroit
confirmée par l'Empereur, auant qu'il puft eftre facré de la
main des Euefques. Celuy qui eftoit nommé, depefchoit incontinent vn homme vers l'Empereur auec vne fomme d'argent pour obtenir fa confirmation, auec la permiffion de fe
faire facrer, & d'exercer les fonctions de fon Pontificat. Cet
ordre fut eftably par le Prince, qui auoit intereft d'eftre informé des qualitez des Papes, dont l'authorité s'eftoit accreuë
merueilleufement dans l'Italie par l'abfence des Empereurs,
de crainte qu'vn factieux n'abufaft de fon pouuoir pour troubler l'Eftat d Occident & ioindre le Sceptre & la Couronne
de l Empire auec le Sacerdoce, comme on foubçonnoit Sylueftre d'auoir voulu liurer aux Barbares la ville & la Prouince.
Cette confideration portoit les efprits à nommer ceux qu'ils
iugeoiēt agreables à l'Empereur, & incapable d'exciter aucun
fouleuement contre l'authorité, particulierement lors que les
Lombards fe furent rendus Maiftres des plus belles places de
l'Italie. Cette pratique contraire aux libertez anciennes de
l Eglife, continua iufqu'à Benoift II. dont la Sainteté obligea
Conftantin petit neueu d'Heraclius de remettre les chofes en
leur premier eftat, & de permettre qu'on facraft les Papes

incontinent apres leur eslection, sans attendre les volontez de
l'Empereur Adrien I. conceda ce mesme Priuilege, & encore vn plus grand à Charlemagne & à ses successeurs qui leur
fut osté par Adrien III. & puis rendu à Othon I. par Leon
VIII. & enfin suprimé entierement par Gregoire VII. contre
les pretensions d'Henry IV. Roy d'Allemagne. Les guerres
sanglantes & plus que ciuiles, qui s'echauferent puis apres entre les Romains & les Papes, à l'occasion desquelles Innocent
II. & Celestin II. moururent de regret, Luce II. fut en danger de sa personne, Eugene III. Alexandre III. & Luce III.
furent chassez de Rome, Vrbain III. & Gregoire VIII. furent
bannis; obligerent les Papes d'excommunier le peuple Romain, & le priuer du droit de nommer & d'assister à leur eslection, qui fut deteré aux seuls Cardinaux de l'Eglise Romaine, c'est à dire à ceux là seulement qui possedent vn titre ou
vne Eglise à Rome; les autres du Clergé, mesme les plus considerables n'ayant aucune voix dans ces Assemblées. Le premier esleu de la sorte fut Celestin II. apres la mort d'Innocent,
comme Onuphre l'a remarqué. Et puis la contestation suruc-
nuë entre les Cardinaux apres le deceds de Clement IV. qui
mourut à Viterbe, laquelle dura neuf ans, neuf mois & vn
iour, l'Eglise cependant estant comme vn corps sans teste,
chacun se portant pour partie dans ce different, fut cause
qu'au Concile de Lyon l'an 1274. on institua le Conclaue,
auec les reglemens, qui doiuent s'y obseruer. Au lieu qu'auparauant les Cardinaux ne faisoient d'autres assemblées pour
l'eslection du Pape, que celles qu'ils font à present lors qu'ils
tiennent leur Congregation, se trouuant le matin tantost
dans vne Eglise, & tantost dans vne autre, pour conferer ensemble des affaires de la Religion. Sans m'arrester dauantage
aux loix & aux ceremonies qui s'obseruent dans le Conclaue
à ces occasions, il me suffit de dire, qu'entre les quatre manie-
res de creér vn Pape, à sçauoir par voye de Compromis entre
deux ou trois Cardinaux, de Buletins, d'Accez ou d'adion-
ction d auis, & d'Adoration, le Cardinal de S. Marcel fut esleu par adoration. Il prit le nom d'Vrbain, pour faire entendre
à ceux qui l'auoient esleu, qu'il estoit né pour la tranquilité
publique, & pour le bien de la ville. Comme on le reuestoit de

ſes habits Pontificaux, en prenant ſon Rochet, qui eſtoit d'vne toile fine: Qui pourroit ſe perſuader, dit-il, qu'vne choſe ſi legere fuſt capable de charger vn hôme ſi lourdement ſous ſon poids? Les plus cruels orages ſuiuent ordinairement les plus beaux iours d'Eſté ; de meſme les ſentimens de ioye que le peuple témoigna extraordinairement à cette creation, furent bientoſt ſuiuis d'vne conſternation generale de toute l'Egliſe, qui perdit vn ſi bon Pere auant que de l'auoir poſſedé. Tellement que les ieux & les magnificences, qu'on auoit preparées pour ſon Couronnement, furent changés en prieres publiques & en larmes de dueil, qu'on verſa pour la ſanté de ſon corps, & puis pour le repos de ſon ame. Car d'abord que le Peuple le vit malade de la maladie dont il mourut, il témoigna vn ſi grand reſſentiment d'amour & de pieté pour ſon Paſteur & ſon Prince, qu'il ſembloit que tout le monde fuſt touché de ſon mal, & que la Republique Chreſtienne fuſt en danger de mourir auec luy. Cependant Vrbain ne voulut iamais permettre, qu'on luy parlaſt d'autre affaire que de ſon eternité, & ne fit point d'autres expeditions que pour ſon ſalut, ſans ſe ſoucier des intereſts de ſa maiſon, ny de l'agrandiſſement de ſes proches; ce qu'il pouuoit faire, bien qu'il ne fuſt pas couronné, la ceremonie du couronnement ne donnant aucun droit ny aucune iuriſdiction à la perſonne eſleuë legitimement par la pluralité des voix, & à la liberté des ſuffrages. Au contraire ſe voyant à l'extremité de ſa vie, il fit reuoquer le Bref qu'il enuoyoit à ſon neueu Pierre Melin, qui eſtoit lors Collecteur pour le S. Siege en Eſpagne, lequel il aymoit particulierement pour ſa rare pieté, doctrine & experience aux affaires ; depeur qu'il ne fût obligé de rendre compte à Dieu ſon ſouuerain Iuge, d'vne action qui eſtoit d'ailleurs loüable. Dequoy il ne faut pas s'eſtonner, ſi l'on conſidere les mœurs & les vertus d'vn ſi ſaint perſonnage, qui eſtant paruenu à la premiere dignité de la terre, ne changea rien de cette moderation & de cette humilité qu'il auoit touſiours conſeruée dans la pourpre & dans la condition d'homme priué. Iuſques-là, qu'ayant donné le gouuernement du Chaſteau de S. Ange & du Vatican à Marius Melin pere de Pierre, il ne voulut iamais permettre qu'on le traitaſt d'Excellence, qui eſt le titre ordinaire qu'on

donne aux parens des Papes. Il auoit vn autre neueu nommé
Fabrice Veralle, qu'il ne fit ny Cardinal ny Euefque, & ne luy
donna ny charge ny benefice ; au contraire il l'exhorta par vn
difcours graue, de fe contenter de fa premiere fortune, & de
s'acquiter dignement des deuoirs d'vn bon Ecclefiaftique,
eftant defia Chanoine de S. Pierre. Il eut vne telle auerfion
pour le luxe & fuperfluité des habits, qu'il defendit l'vfage de
la foye & des eftofes pretieufes à fes Officiers & Domeftiques.
Enfin furmonté de la violence du mal il deceda la 12. iour de
fon eflection, auant que d'eftre couronné, ayant receu tous les
Sacremens de l Eglife, & remercié Dieu de ce qu'il le retiroit
des miferes du monde en vn temps, qu'il n'eftoit pas encore
chargé de la difpenfation de trefors de I.C.& de l'adminiftration de fon Eglife. Il mourut comme il auoit vefcu, & fit paroiftre à fa mort qu'il auoit efté faint pendant fa vie, puis que
l'vne feruit de modele de vertu à tous les gens de bien, & l'autre caufa vn regret & vn eftonnement vniuerfel Vn peu deuant qu'il rendift l'ame, on vit fur fa chambre & à l entour de
fes feneftres vn nombre prodigieux d'arondelles, qui faifoient
vn fi grand bruit & chantoient fi melodieufement, qu'on le
prit pour vn prodige dans vne faifon de l'année fi reculée. Il
confirma fon premier Teftament, qu'il auoit fait auant fa
creation, & donna fon Patrimonie, qui eftoit de trente mille
efcus, à la Congregation de l Annóciade, pour marier les pauures filles. Au refte il eftoit tres-chafte en l'ame & au corps,
tres fobre & temperant au boire & au manger, d'vne fanté ro-
bufte, d'vn naturel doux & facile, prudent, iufte, religieux,
dont il donna des preuues admirable, pendant tout le cours de
fa vie. Si la mort n'euft point efté fi prompte, il eftoit dans les
deffeins d'acheuer les ouurages publics que Sixte V.auoit fait
commencer, de retrancher les abus qui fe commettent dans la
diftribution de benefices, de reformer les loix & les couftumes de la Chancelerie de Rome, de pouruoir au tranfport
des bleds pour le foulagement du peuple, d'ofter les impofts
de l'Eftat Ecclefiaftique, & de fournir vn fecours d hommes
& d'argent aux Catholiques de France contre les Huguenots.
Son corps, fuiuant la couftume de fes predeceffeurs, fut expo-
fé durant trois iours à la veuë du peuple, & enterré dans l E-

glife de faint Pierre, quoy qu’il euft choifi pour le lieu de fa fepulture la Chapelle qu’il auoit fait baftir dans l’Eglife de faint
Auguftin auant fon aduenement au Pontificat. Le Saint Siege
fut vacquant apres fa mort deux mois & huit ou neuf iours.

GREGOIRE XIV.
CCXXXVIII.

REGOIRE XIV. qui fe nommoit auparauant
Nicolas Sfondrat, eftoit Italien de nation, Milanois de naiffance, & Cremonois d’origine, d’vne
des plus nobles, des plus riches & des plus anciennes familles du Pays. Il nafquit l’onziefme de
Feurier 1535. La nature qui s’efforçoit de donner vn Pere au
peuple, & vn Chef à l’Eglife, le fit naiftre auant le terme, au
feptiefme mois de fa conception. Ce qui fut caufe qu’il fallut
fuppleer le trauail & le temps de la nature par beaucoup d’artifice, & vfer d’vne grande methode pour l’efleuer & conduire à fa perfection. On le mit dans vn petit berceau fermé comme vne boëtte, on l’enuelopa de laine & de cotton, on le con-
ferua foigneufement des iniures de l’air, afin que cette chaleur
empruntée donnaft à ce beau fruit la maturité, qu’il n’auoit
peu receuoir de la chaleur naturelle, pour s’eftre detaché trop
toft de l’arbre qui luy donnoit fa nourriture. Son pere François
illuftre pour fon extraction, & beaucoup dauantage pour fa
doctrine finguliere, & pour fon experience aux affaires du
monde, s’eftant acquis vne grande reputation dans l Office de
Senateur de Milan, & dans la charge de Gouuerneur de Siene,
où l’Empereur Charles-Quint, qui le confideroit pour fes merites l’auoit eftably; apres auoir perdu fa femme Vifontine,
fut fait Cardinal par le Pape Paul III. le Pere des belles lettres, & le Protecteur des hommes fçauans: & puis Euefque
de Cremone par Iule III ce qui fut deflors vn prefage qu’vn
fi grand homme, qui eftoit Pere, Euefque & Cardinal auoit
vn fils qui pouuoit vn iour eftre Pape. Veu mefmement que

ſa prudence, ſa ſageſſe & ſes hautes qualitez, qui luy auoient
gaigné l'eſprit & le cœur des Citoyens de Rome, luy gaignerent preſque la voix & le conſentement des Cardinaux, pour
l eſleuer luy meſme ſur le Throſne de S. Pierre, au lieu de Iule. Et le bruit de ſa promotion fut ſi conſtant & ſi vniuerſel,
que les Courriers marcherent de tous les endroits de l'Europe, pour en porter les nouuelles, & vn entr'autres vint à Perouſe, où ſes deux enfans Nicolas & Baron eſtudioient dans
l Vniuerſité, qui donna ſuiet aux principaux de la ville de les
aller complimenter, & à la populace inſolente de piller leur
maiſon. Gregoire donc, apres auoir receu de l'art des Medecins
la perfection du corps, que la nature luy auoit refuſée, & la
premiere inſtruction de ſes parens, digne de la nobleſſe & de la
vertu de ſes Anceſtres, fut enuoyé par ſon pere aux Vniuerſi-
tez de Perouſe & de Padouë, pour apprendre les Loix ; où il
prit le bonnet de Docteur. Il fit bien-toſt paroiſtre ſa doctrine & ſa probité dans la meſme charge de Senateur de Milan,
que ſon pere auoit autrefois exercée : mais Dieu qui le deſtinoit à des employs plus illuſtres, le retira de cet exercice
pour le mettre comme vn flambeau ſur le chandelier de ſon
Egliſe, qui communiqueroit vn iour la lumiere du Ciel aux
peuples de la terre. Il fut premierement Abbé, & puis Eueſque de Cremone. La conduite d'vne Egliſe particuliere luy
ſeruit d'apprentiſſage pour gouuerner vn iour l'Egliſe, Sa parole preſchoit la vertu qu'il pratiquoit. Sa maiſon & ſa bourſe
eſtoient ouuertes aux Pelerins, qui alloient à Rome gaigner le
Iubilé. Le ſoin merueilleux qu'il prenoit de reformer les
mœurs de ſon troupeau, eſtoit comme vn eſſay du zele, qu'il
deuoit apporter au gouuernement de l'Egliſe vniuerſelle ; &
la pieté qu'il teſmoignoit, viſitant les lieux Saints, les pieds
nuds, eſtoit vn ſigne, que les peuples & les Princes viendroient
vn iour viſiter la ville des Saints, pour luy rendre obeïſſance,
& luy baiſer les pieds. Pie IV. qui luy mit la croſſe à la main,
le choiſit pour vn de ſes Deputez, qui aſſiſterent au Concile
de Trente, où il entra le premier de tous les Eueſques, vn Me-
credy de la ſemaine Sainte de l'an 1561. Sa conuerſation le
rendit aymable à toute l'Aſſemblée ; & ſes grandes connoiſſances iointes à ſes hautes vertus luy acquirent la reputation

d’vn tres-fage, tres-fçauant & tres-Religieux Prelat. Il fut vn
de ceux qui pretendoient, que la refidence des Euefques dans
leurs Eglifes eftoit de droit diuin. Gregoire XIII. qui fçauoit
donner le prix à fon merite, le fit Cardinal à cette promotion
du mois de Decembre de l’an 1563. de laquelle trois Papes font
fortis. Innocent 9. Vrbain 7 & Gregoire 14. & luy confera le
tiltre de Sainte Cecile, que luy mefme donna puis apres à fon
neueu Paul Sfondrat Cardinal, lors qu’il fut paruenu au Souuerain Pontificat. Nonobftant cette eminente dignité, l’opinion qu’il auoit defenduë au Concile de Trente, l’obligeoit
d’eftre plus fouuent à Cremone qu’à Rome, & fon indifpofi-
tion le difpenfoit du Confiftoire, & prefque de toutes les
actions publiques. Sixte V. le nomma comme fon Procureur,
pour aller à Turin en fa place, tenir fur les fonts du Baptefme
Charles Emmanuel, fils aifné du Duc de Sauoye; & apres fon
retour le mit dans la Congregation des Rits, c’eft à dire, des
vfages de l’Eglife. Enfin Vrbain VII. par fon deceds luy ceda
le Throfne de S. Pierre, fur lequel il monta la veille de fon Patron, pluftoft par les degrez de fa modeftie, de fa capacité &
de fon innocence reconnuë de tout le monde, que par les fuffrages des autres Cardinaux, qui eurent bien de la peine à s’accorder dans le Conclaue. Cette affemblée fut vne des plus illuftres & des plus confiderables, que l’Eglife Romaine euft
iamais veu dans vne pareille occafion, où les mefmes qui
auoient nommé Vrbain VII. s’affemblerēt pour la deuxiefme
fois, auec Henry Caietan, qui eftoit de retour de fa Legation
de France, & le Cardinal d’Auftriche, qui arriua d’Allemagne le quatriefme iour apres la clofture du Conclaue, lefquels
efleurent enfin d’vne commune voix, apres plufieurs conteftations, Nicolas Sfondrat, qui voulut eftre nommé Gregoire
XIV. pour honorer la memoire de Gregoire XIII. fon bien-
facteur, & imiter les vertus de celuy dont il empruntoit le nõ.
Le choix qu’on fit de fa perfonne, luy fut d’autant plus glorieux, qu’apres vne deliberation de deux mois, qu’on ne
croyoit pas deuoir durer deux iours. & dans vne brigue de fix
des plus puiffantes teftes de la Cour Romaine, qui partageoiēt
l’Affemblée en autant de partis, il fut preferé à feize autres dignes du gouuernement de l’Eglife, & du Souuerain Pontificat,

lefquels furent propofez diuerfement, & l'efleƈtion de quelques vns tenuë pour certaine par leurs creatures, qui efleuerĕt
leurs armes auec les clefs de S. Pierre, en plufieurs endroits
de la ville. Mais ie puis dire, que la modeftie & l'humilité
qu'il tefmoigna dans cette conionƈture, luy acquit plus do
gloire, que fa nouuelle dignité, & que l'opinion particuliere
qu'il eut de fa perfonne, luy fut plus honorable, que le iugement public que le Conclaue auoit rendu de fes merites. Car
comme il auoit eu beaucoup de repugnance pour la dignité
de Cardinal, reprefentant au S. Pere, qu'il y en auoit plufieurs
beaucoup plus dignes de cet honneur que luy, il en eut dauantage pour celle de Pontife: *Dieu vous le pardonne, qu'auez-vous
fait?* dit il à l'Affemblée. Et comme on le portoit fur vne
chaire dorée par les ruës dans les acclamations publiques, on
le vid fouuent changer de couleur & verfer des larmes, ayant
les yeux leuez au Ciel. Le lendemain de fa creation il fe trouua indifpofé de fes maladies ordinaires, qui luy firent garder la
chambre, fans receuoir les vifites des Cardinaux, ny donner
audience aux Ambaffadeurs, iufques au iour de la Conception de Noftre Dame, qu'il fut couronné de la main du Cardinal d'Auftriche fur les degrez de l'Eglife du Vatican, & le
iour de Sainte Luce il alla à cheual prendre poffeffion de l'E-
glife de Saint Iean de Latran, accompagné du *Senat*, qui luy
erigea vn Arc de triomphe au Capitole, & celuy de la Nobleffe & du Peuple, qui le beniffoient parmy les ruës, & s'eftimoient heureux fous le gouuernement d'vn fi bon Prince. Lequel dés fon auenement au Pontificat exerça fes liberalitez
enuers les lieux de pieté, & enuers les Cardinaux, à chacun
defquels il fit toucher mille efcus pour les frais du Conclaue;
enuers les Citoyens, aufquels il remit les Offices du Capitole
que Sixte cinquiefme auoit fupprimez, & enuers tout le peuple, ayant pourueu à la cherté des bleds, & aux autres neceffitez publiques. Puis il remercia par vn excellent difcours les
Cardinaux de la bonne volonté qu'ils luy auoient témoignée
en cette occafion, fit fon neueu Paul Camille Cardinal de
Sainte Cecile, & fon autre neueu le Comte Sfondrat General des troupes de l'Eglife, donna le Chapeau à celuy-là, &
l'efpée à celuy cy pour aller en France combattre les Hereti-
										ques.

ques. Mais auant que de commencer cette guerre, où l'on tient
qu'il employa plus de 500000. efcus de fes finances, il conclud
le mariage, qui auoit efté propofé deuant fon Pontificat, entre
ce ieune Comte & la Princeffe de Maffe, & luy donna en mariage la Duché du Mont-Marcian, vacquante par la mort
d'Alphonfe Picolomini, ieune Prince, courageux, vaillant,
adroit, lequel ayant abufé de fon âge & de fes belles qualités,
pour fe faire Chef des Bandits d'Italie, fut pris & decapité
par le commandement du Grand Duc de Florence fon ennemy, & fon bien confifqué, dont le Pape crut qu'il en pouuoit difpofer en faueur de fon neueu, pour les extorfions,
violences & cruautez qu'il auoit exercées fur l'Eftat de l'E-
glife. Le iour de la fainte Trinité, il tint Chappelle dans l'E-
glife des douze Apoftres, où il honora les Cardinaux Religieux du Bonnet rouge, au lieu du noir, ou de la couleur de
leur habit qu'ils portoient auparauant; & le mit de fa propre
main fur la tefte de Michel Bonnel & de Ierofme Bernier Dominicains, de Conftance Sarnan Cordelier conuentuel, & de
Gregoire Petrochin de l'Ordre des Hermites de faint Auguftin. Il eft vray que Pie cinquiefme, Gregoire treiziefme
& Sixte cinquiefme l'auoient defia concedé à quelques particuliers: neantmoins les autres, qui auoient de l'affection pour
l'habit de leur Ordre, en portoient mefme la couleur fur leur
tefte. Il regala magnifiquement vn peu apres pendant quarante iours, le Duc de Ferrare auec toute faCour dans le Palais de
S. Marc qui eftoit venu expreffement à Rome, pour obtenir
l'inueftiture de laDuché. & luy donna feance parmy lesCardi-
naux deuãt le dernier Diacre. Toutefois il ne voulut point accorder la demande que luy faifoit ce Prince, pour eftre contraire à la Bulle du Pape Pie cinquiefme, qui defend l'alienation des biens Ecclefiaftiques. La caufe fut agitée deuant treze Cardinaux, en prefence des Aduocats du Duc, & iugée
par les Auditeurs de la Rote: qui, nonobftant les raifons qu'on
alleguoit en faueur de la Principauté de Ferrare, qui n'eftoit
pas encore deuoluë fous l'autorité de l'Eglife, prononcerent
que tous les fiefs de l'Eglife, de quelque nature qu'ils peuffent eftre, eftoient inalienables. Mais comme les lieux les
plus efleuez font les plus expofez aux tempeftes, de mefme les

maladies & les difgraces attaquent le plus fouuent les teftes
couronnées. Gregoire n'auoit pas encore poffedé fa dignité
neuf mois entiers, qu'apres plufieurs incommoditez, qu'il ref-
fentit depuis fon aduenement au Saint Siege, il fut fi cruellement trauaillé d'vne fieure continuë, d'vn flux de ventre, &
d'vn difficulté d vriner, qui luy eftoit caufée par la grauelle,
qu'on le tenoit pour mort, & qu'on fit venir au Palais le Cardinal Caietain, pour rompre l'Anneau des Pécheurs, felon la couftume qui fe pratique à la mort des Papes. Les Conferuateurs
mefme & Caporaux anciens, dont la puiffance & les emolu-
ments font tres-grands pendant les interregnes, faifoient difficulté de fe demettre de leurs charges en faueur des nouueaux, qu'on crée le premier iour d'Octobre. Cependant
le Pape, qui s'eftoit dechargé du fardeau des affaires de l'E-
glife fur les efpaules de fon neueu le Cardinal Sfondrat, dont
l'efprit & la doctrine conteftoit auec l'experience & la fageffe des vieux, ayant vn peu repris fa fanté, contre l'aduis des Medecins, fit venir les Cardinaux en fa chambre, les remercia du
choix qu'ils auoient fait de fa perfonne; s'excufa modefte-
ment fur l'eftat de fa fanté, fi quelque chofe s'eftoit paffée contre l'ordre pendant fon Pontificat; leur recommanda fes neueux, & les pria, qu'au cas que Dieu difpofaft de luy, ils pre-
feraffent le bien public à leurs interefts particuliers, & fans
perdre le temps, dont les moments font pretieux en des affaires
d vne fi grande confequéce, ils nommaffent celuy qu'ils iugeroient le plus digne d'occuper fon Siege, & le plus vtile à la Republique Chreftienne. Deux iours apres fon mal fe rengregea,
qui luy fut vn fuiet d'vne patience heroïque pendant neuf
iours, qu'il endura des douleurs infupportables, qui luy firent
perdre la vie auec fa dignité le 15. Octobre 1591. Sa mort fut
vn tableau de fa vie, & la vertu qu'il auoit fait paroiftre en dix
mois & dix iours, qu'il gouverna le S. Siege, éclata merueilleufement dans fa derniere maladie. Son corps fut ouuert, où l'on
luy trouua vne pierre dans la veffie, qui pefoit deux onces &
vn quart, & puis porté deuant le point du iour dans l'Eglife de
Saint Pierre, pour eftre veu du peuple fur fon lit de parade,
& enterré prés celuy de Gregoire XIII. qui l'auoit fait Cardinal.

Deſon temps l'Italie fut affligée de deux horribles calamitez. Car apres vne grande diſette, & des debordemens d'eau
extraordinaires, vne fieure contagieuſe, dont la ſource eſtoit
dans la teſte, accompagnée d'vne colique & d'vn flux de vêtre,
s'eſchauffa tellemét dans la Romagnole, la Toſcane, l'Ombrie,
& au deça du Pô, qu'en la ſeule ville de Rome il en mourut en
peu de iours plus de 60000. perſonnes. La cauſe de ce mal-
heur commun prouenoit, de ce qu'apres le deceds de Sixte V.
& d'Vrbain VII. par le mauuais ordre de la Police preſque
ineuitable pendant ces interregnes, on tranſporta de la ville
vne ſi grande quantité de bleds, que le peuple en fut notablement incommodé: & en ſuite ſous Gregoire XIV. l'année fut
ſi ſterile, & la famine fut ſi cruelle à Rome, & en pluſieurs endroits de l'Italie, qu'on trouuoit les hommes morts de faim par
les champs, la bouche encore pleine d'herbes, qu'ils man-
geoient comme des beſtes, la neceſſité leur ayant appris l'vſage des viandes, & leur faiſant trouuer du gouſt aux choſes, qui
cauſoient de l'horreur à la veuë. Le Pape fit deliurer 10000. eſcus de ſes coffres, pour ſoulager ſon peuple dans cette calamité, qui leur eſtoit ſi faſcheuſe, leſquels furét employez à acheter du bled; outre les aumoſnes ſecrettes & publiques, qu'il
faiſoit aux pauures, auſquels il rendit tous les deuoirs d'vn bon
Pere. Il cómanda pareillement ſous de griefues peines, qu'ó eût
à ouurir les greniers, & faire vne exacte recherche des grains
qui pourroient eſtre dás les maiſons des particuliers. Il permit
à ceux qui n'auoient point de pain, de manger de la chair en
Careſme : car la diſette eſtoit venuë à cette extremité, qu'on
faiſoit vn riche preſent à vn pauure neceſſiteux, de luy preſenter vn morceau de pain d'orge, de mil, ou de feues, le bled eſtát
ſi rare, qu'vne petite meſure valoit trente florins , & vn pain
d'vne liure ſe vendoit trois eſcus. Le Cardinal Sfondrat, qui
auoit l'entiere adminiſtration de l'Egliſe & de l'Eſtat de Rome,
n'eſpargna rien de ce que pouuoit faire vn ſage & vigilant Miniſtre dans cette triſte & funeſte rencontre. Les autres Cardinaux en firent de meſme, & les maiſons Religieuſes, & particulierement les Peres de la Compagnie de Ieſus, qui dreſſerét
vn hoſpital, où les pauures eſtoient ſoulagés des viandes corporelles par leurs liberalitez, & nourris des viandes ſpirituelles

par leur zele & pieté. Mais côme le mal s'estoit formé du trâs-port des bleds, pendant que le Siege vaquoit, deuant la crea-tion du Pape Gregoire, il estoit impoſſible de le guerir tout d'vn coup, la cauſe en eſtant trop eſloignée; ce ſage & vigilant Car-dinal ne pouuoit que luy donner quelques remedes, & en ar-reſter peu à peu les effets. Tant il importe pour la felicité des ſiecles & pour l'ornement de l'Egliſe, d'auoir des prelats ſem-blables à Sfondrat, qui employoit tous les reuenus de ſes grâds Benefices à la nourriture des pauures, & à la decoration des E-gliſes, qui n'auoit point d'autres tapiſſeries dâs ſon Palais, que des tableaux des SS. qui preſchoient les vertus Chreſtiennes par leur ſilence, & l'imprimoient de leurs couleurs & de leurs traits dans les cœurs de ſes domeſtiques: Qui auoit inceſſam-ment deuant les veux ce Canon du Concile IV. de Carthage; Que l'emmeublement d vn Eueſque ſoit ſimple, ſa table & ſon manger pauure, & qu'il autoriſe & releue ſa dignité par la foy & par ſes merites, pluſtoſt que par des ornemens exterieurs. Dieu voulut ſe ſeruir de ſon miniſtere, pour trouuer le corps de ſainte Cecile, qui auoit demeuré caché pendant 800. ans, depuis le Pape Paſchal I de ce nom aux pieds de laquelle il voulut eſtre mis apres ſa mort dans vn tombeau, qu'il s'eſtoit fait dreſſer pendant ſa vie, auec vn Epitaphe de ſa compoſition, qui teſmoigne ſa profonde humilité: Paul Sfondrat, Cardinal Preſtre du titre de ſainte Cecile, pecheur miſerable, & ſerui-teur tres humble de cette ſainte Vierge, repoſe humblement à ſes pieds.

Mais pour reprendre l'Hiſtoire de Gregoire XIV. ie puis dire auec verité, que ſi le Iugement du Conclaue l'auoit por-té ſur la teſte des hommes, ſes ſublimes vertus l'eſleuerent au deſſus de la terre, particulierement ſa liberalité enuers les pau-ures, auſquels il faiſoit diſtribuer tous les Vendredis de l'année à Cremone, n'eſtant encore qu'Eueſque, vne charge & demie de ſes greniers; & tous les mois mil cent cinquante cinq eſcus à ceux de Rome, lors qu'il fut Pape; La virginité qu'il conſer-ua inuiolablement iuſques à la mort, laquelle eſtant propre & particuliere aux Anges diſpoſe l'eſprit de l'homme à la conté-plation des choſes diuines. Sa deuotion, qui luy faiſoit reciter tous les matins en s'habillant les ſept Pſeau. de la penitence de

Dauid, qui luy feruoient de preparation à fa Meditation d'vne
heure entiere, où il receuoit les lumieres de l'efprit auec la
lumiere du iour. Il fe plaifoit merueilleufement à la lecture
de S. Bernard, & remarquoit dans vn cahier les penfées qui
luy plaifoient dauantage. Il recitoit tous les iours à genoux les
Heures canoniales, & celles de Noftre Dame. Depuis qu'il
fut Preftre, il ne laiffa aucun iour fans celebrer la fainte Meffe, & fans fe confeffer, fi ce n'eft que fes maladies l'en empef-
chaffent pendant lefquelles il communioit tous les iours,
pour fe fortifier interieuremét par l'vfage de cette Viande des
forts, à mefure que fon corps s'affoibliffoit. On tient qu'il receut quatre fois en fa vie le Sacrement de l'Extreme-On-
ction. Que diray-ie de fa Temperance merueilleufe? En fa
ieuneffe il ne but iamais de vin, ce qui luy caufa la pierre,
au iugement de quelques Medecins, pource que l'eau n'eft
iamais fi pure qu'elle n'ait quelque meflange des impuretez
de la terre; & fur fa vieilleffe il le beuuoit fi trempé, que les
Medecins le preffoient de le boire plus pur, & en plus grande
quantité, pour ayder la chaleur naturelle, que l'âge & le temperament luy auoient prefque efteinte. Il auoit cette loüable
couftume de ieufner tous les Vendredis, & de s'abftenir de
manger de la chair les Vendredis, fi fes grandes infirmitez ne
l'obligeoient de faire le contraire. Sa deuife portoit ces mots:
La main droite du Seigneur m'a exalté.

INNOCENT IX.

CCXXXIX.

 I iamais l'eflection d'aucun Pape a efté precedée
des defirs des gens de bien, & fuiuie de l'appro-
bation des plus fages, c'eft fans mentir celle
d'Antoine Fachinet Cardinal des Quatre Cou-
ronnez dont la fcience vniuerfelle eftoit fi connuë, la bonté & l'innocence fi publique, l'experience dans
les affaires de la Cour de Rome fi approuuée, & l'efprit fi ca-

pable, qu'vn chacun pouuoit esperer , & mesme se promettre, que la Republique Chrestienne, qui auoit besoin d'vn
Conducteur si sage & si experimé dans vn siecle si calamiteux,
seroit heureuse sous son Gouuernement. Mais la Prouidence
diuine, ayma mieux nous le prester que de nous le donner;
& le faire voir seulement à nos yeux , pour auoir plus de tristesse de l'auoir si tost perdu , que de consolation pour l'auoir
si peu possedé. Il ne faut pas s'estonner, s'il fut promptement
substitué en la place de Gregoire XIV. puis que Dieu l'auoit
desia, ce semble, esleu par des presages, & que les hommes luy
auoient donné leur voix auant que de s'assembler. Vn iour,
qu'il rendoit l'obeissance à Gregoire XIII. la Tiare du Pape
luy tomba sur la teste, ce qui fit iuger qu'il la porteroit vn
iour par election , puis qu'il la receuoit desia comme par sort.
Et les Cardinaux, qui s'estoient trouuez presque partagez en
sa faueur à la creation de son predecesseur, lors qu'il fallut
s'assembler , pour faire vn nouueau Pape, marquerent pour
nostre Cardinal la chambre du Conclaue , où le Pape auoit
son Siege quand il tenoit la Consistoire. Boulogne la Grasse
l'auoit veu naistre l'an 1519. d'vne des plus nobles familles du
Pays : L'Vniuersité fameuse de cette ville auoit admiré sa
science, & l'auoit receu au nombre de ses Docteurs és Droits.
Rome, où il se rendit apres le cours de ses Estudes, luy donna l'entrée dans ses Conseils, & la connoissance de ses affaires,
en qualité de Secretaire du Cardinal Ardingel, & Vicaire du
Cardinal Alexandre Farnese Archeuesque d'Auignon , &
d'Intendant de sa Maison. Parme ressentit les effets de sa prudence & de sa iustice, lors qu'il en fut Gouuerneur. La Cour
Romaine ne trouua point d'esprit plus capable que luy, pour
presider dans les Conseils, dans l'Inquisition , & dans la Signature. L'Eglise de Neuf-Chastel profita beaucoup de ses
instructions & de ses exemples; de laquelle il receut l'administration du Pape Pie IV. qui le fit le premier Euesque de sa
main. Le Concile de Trente, où il fut appellé l'an 1561. en-
tendit de sa bouche les paroles du S. Esprit, & considera dans
ses mœurs vn modele de la Religion. Venise, où il resida en
qualité de Nonce Apostolique, se ligua par ses persuasions
auec le Pape Pie V. & le Roy d'Espagne Philippe II. pour

faire la guerre au Turc. Gregoire XIII. le rappella de Neuf-
Chaftel, pour le faire Patriarche de Ierufalem, & luy donner
la conduite des plus importantes affaires de l'Eftat Ecclefiaftique; où il fe comporta fi vertueufement, que le Chapeau
de Cardinal ne fut pas toute fa recompenfe. Sixte V. fucceffeur de Gregoire le nomma auec quatre autres Cardinaux,
pour connoiftre du meurtre des Cardinaux de Guife & de
Bourbon, que le Roy Henry III. auoit fait tuer, les iugeant
contraires au repos de fon Eftat, & à la conferuation de fa perfonne; & pour deliberer fur vne matiere fi efpineufe & refou-
dre ce qu'on pouuoit faire, fans intereffer l'honneur de l'Eglife, & fans aigrir l'efprit de ce Prince. Sous Gregoire XIV. il
fut chargé de toutes les affaires de la Signature de Rome. Enfin apres le deceds du mefme Pape Gregoire, cinquante fept
Cardinaux, pleinement informez de fes grands merites, & de
fes hautes qualitez, luy donnerent leurs voix au troifiefme
iour du Conclaue, le S. Siege n'ayant vacqué que quatorze
iours, duquel il prit poffeffion à l'âge de foixante treize ans,
le 29. d'Octobre 1591. Les Cardinaux, qui l'auoient efleu, luy
ayant demandé quelque grace, felon la couftume de la Cour
Romaine, il leur refpondit en Pape, qu'il ne vouloit rien faire qu'auec vne meure deliberation; & qu'il auroit entr'autres chofes vn foin particulier de pouruoir à la neceffité du
peuple. Et de vray dés le lendemain il fit vne Affemblée, que
les Nobles & les Principaux de la ville feroient promptement
amener les bleds qu'ils auoient à la Campagne, & que
Vitellius Intendant de la Police y tiendroit la main, & executeroit fidelement les Ordres qui luy feroient donnez de la
part du Pape. Il fut couronné de la main du Cardinal d'Auftriche, Grand Archidiacre de l'Eglife Romaine, deuant la
porte de l'Eglife du Prince des Apoftres, & prit le nom d'Innocent, en memoire d'Innocent III. qui fut vn celebre Iurif-
confulte. Bien qu'à dire le vray, ce fut pluftoft par vn confeil particulier de Dieu, qui voulut faire entendre par ce nom,
qu'il portoit fur le Throfne de faint Pierre l'innocence de fa
vie, laquelle il auoit conferuée, comme vne belle fleur parmy
les ardeurs de fa ieuneffe, & dans la caducité de fon âge. Le
iour fuiuant il affembla fon Confiftoire, où il remercia les

Cardinaux de fa promotion, leur expofa la forme qu'il vouloit obferuer en fon gouuernement ; confera le Chapeau à
Eduoüard Farnefe, que fon predeceffeur auoit defia nommé
Cardinal Diacre en fon abfence, & peu de iours apres il partit
de l'Eglife de faint Pierre, accompagné de fa Cour, de fon
Clergé & de fon peuple, pour aller prendre poffeffion de fon
Siege Epifcopal dans l'Eglife de faint Iean de Latran. On tient
qu'à fon entrée au Pontificat il emprunta quarante mille efcus pour la neceffité de fes affaires, & pour la fubfiftence de
fa maifon, pluftoft que de toucher au trefor qui eftoit dans
le Chafteau S. Ange, iugeant tres à propos qu'il eftoit expe-
dient au bien de fon Eftat, qu'il y euft toufiours quelque fomme confiderable dans les coffres de l'Eglife, pour s'en feruir
aux grandes occafions. Et de vray les Royaumes & les Eftats
bien policez ont eu toufiours quelque épargne pour les neceffitez publiques. Cette fameufe Republique Romaine, l'idée
& l'original d'vne parfaite Democratie, auoit vn Trefor caché, & des coffres particuliers, où l'on portoit la vingtiefme
partie des reuenus de l'Empire, qui n'eftoient deftinés que
pour les vrgentes & extremes neceffitez de l'Eftat, fans qu'il
fuft permis d'en diftraire vn feul denier à d'autres emplois.
Innocent donc, qui auoit cette confideration des interefts
publics, & qui d'ailleurs vouloit retenir la couftume loüable
dans fon Pontificat, qu'il auoit obferuée eftant Euefque &
Cardinal, de ne rien acheter pour l'entretien de fa famille,
qu'en payant comptant, fut contraint d'emprunter cette fomme de deniers affez confiderable, pour vn homme qui n'a-
uoit pas beaucoup d'affection pour les richeffes. Par le confeil de quelques Cardinaux, il renouuella la couftume ancienne de fes predeceffeurs, d'efcrire aux Patriarches & aux
Primats, & en particulier il efcriuit au Patriarche de Ierufalem & à fes Suffragans, pour implorer le fecours de leurs prieres, & obtenir de Dieu la prudence & la force neceffaire au
gouuernement de l'Eglife Romaine. Au mefme temps il receut des auis de Pologne, que le Grand Chancelier du Royaume auoit pris les armes, & leué vne armée de trente mille
hommes contre le Roy, qui luy demandoit fecours : mais
comme c'eftoit vne querelle particuliere, qui ne touchoit
                                                    aucune-

aucunement les interests de la Religion, il ne s'en mit pas
beaucoup en peine. Le Duc de Mantoüe vint luy rendre
l'obeissance , que les Princes Chrestiens doiuent au Chef
de l'Eglise, & prit sa place dans la Chapelle du Pape deuant le dernier Cardinal Diacre. Le peuple ressentit bien-
tost les effets de son gouuernement par la diminution des
imposts, & par le reglement des taxes sur les bleds & sur
les vins. Mais comme les biens de la terre sont des oyseaux fuyards, l'Eglise & la ville de Rome à peine auoient
gousté ces fruits, lors qu'vn si bon Pape, apres auoir visité les
sept Eglises, tomba malade de la maladie dont il mourut, le
30. de Decembre, n'ayant tenu le Siege que deux mois entiers.
A la mesme heure que l'Eglise fut priuée des belles esperan-
ces qu'elle auoit conceuës d'vne heureuse tranquillité, par la
mort de son Chef, la Lune fut priuée de sa lumiere par vne
Eclipse. Son corps fut porté dans l'Eglise de saint Pierre par
les Chanoines. Il estoit d'vne haute taille, mince & délié, d'vn
visage graue & venerable, sobre & abstinent, qui ne man-
geoit qu'vne fois le iour sur le soir ; ce qui le rendoit d'autant
plus moderé dans ses passions, mieux disposé pour l'estude
des lettres, & plus propre aux affaires ; où il s'occupoit luy
mesme en personne, & mesme donnoit audience en son lict,
lors que la vieillesse luy eut tellement affoibly la chaleur naturelle , que la moitié de son corps ne pouuoit souffrir les
moindres incommoditez du froid. Si ses indispositions le pri-
uoient quelquesfois des contentemens de l'estude, il reparoit
cette perte par la conuersation des hommes doctes, auec lesquels il s'entretenoit familierement des plus grandes difficultez qui se rencontrent dans les sciences, & particulierement
des maximes de la Morale & de la Politique, comme il estoit
bien versé dans la lecture de Platon, d'Aristote & des autres
Autheurs, qui en ont parlé plus doctement , & se seruoit fort
à propos de ses connoissances, les appliquant auec beaucoup
d'esprit aux affaires & aux occasions presentes. Il auoit mesme
composé quelques liures, qu'il vouloit donner au public, si
Dieu l'eust conserué plus long temps sur la terre. Son dessein estoit aussi de purger & agrandir le port d'Ancone, d'arrester les debordemens du Tibre, & de fournir aux Catholi-

ques de France cinquante mille eſcus tous les ans pour faire
la guerre aux heretiques. Il preuoyoit ſagement les choſes à
venir, & peſoit meurement les preſentes; ce qui le rendoit
à la verité vn peu lent & tardif en ſes reſolutions, pource qu'il
aymoit mieux paſſer pour prudent & auiſé, que pour vn eſprit leger & precipité dans ſes deſſeins. Sa parole & ſes diſcours eſtoient touſiours autant graues, que ſon viſage & ſes
mœurs eſtoient accompagnées d'vne douceur agreable ſans
affectation. Il ſe plaiſoit au grand air, & à côſiderer les campagnes, & pour cette raiſon il ſe pourmenoit ſouuent dans les
iardins du Vatican, & dans les autres lieux de plaiſance. S'il
euſt veſcu plus long temps, les grandes recompenſes n'euſſent
eſté que pour les grandes vertus, & les benefices Eccleſiaſtiques n'euſſent eſté conferez qu'aux merites des hommes doctes & vertueux, & non point à la Fortune des Grands, ou à
l'ambition des importuns.

CLEMENT VIII.

CCXL.

C LEMENT VIII. nommé Hippolyte Aldobrandin, auant qu'il fuſt aſſis ſur le Throſne de
ſaint Pierre, eſtoit d'vne des plus nobles maiſons
de la Republique de Florence. La liberalité de
Sixte V. le fit d'Auditeur de la Rote ſon Referendaire; & ſa prudence, & ſa iuſtice, qu'il fit paroiſtre dans
l'exercice de cette charge, luy acquirent vn Chapeau de Cardinal. Auec cette marque d'honneur il fut enuoyé Legat en
Pologne, pour terminer les differends eſmeus entre les Seigneurs & les Eſtats du Pays pour l'eſlection d'vn Roy. Car
apres la mort de Batory, vne partie des Eſlecteurs donna ſa
voix à Sigiſmond Prince de Suede, & l'autre à Maximilian
Archiduc d'Auſtriche. De ce partage des voix il fallut venir
aux mains; & ces deux Princes prirent lesarmes pour defendre leurs pretenſions. La fortune & la victoire furent pour

Sigifmond, qui defit l'armée de Maximilian, & le fit luy mefme prifonnier. Sixte V. comme Pere-commun enuoya promptement Hippolyte Aldobrandin en Pologne & en Allemagne, n'ayant iugé perfonne plus capable que luy de mettre
ces deux Royaumes en paix, & l'Archiduc en liberté. Le zele que ce Legat auoit pour les volontez du Pape, & pour les
interefts de l'Eglife engagée dans la querelle de fes enfans, luy
firent furmonter les dangers d'vn fi long & fafcheux voyage
pendant les ardeurs de l'Efté ; & l'obeiffance, qui le portoit à
cette negotiation de paix, le fit marcher plus vifte fur la terre,
que les vents n'euffent fait fur la mer. Eftant entré dans la Pologne, il s'arrefta dans vne Abbaye à deux licuës de Craco-
uie, où les deux premiers Senateurs du Royaume le vinrent
receuoir de la part du Roy, qui vint auffi au deuant de luy à
deux milles de la ville, accōpagné du Senat & de la Nobleffe.
Le Legat fçachant que le Roy s'approchoit, prit fes ornemens
Pontificaux, & monta fur vn cheual de parade. Le Roy luy
ceda par honneur la main droite, & l'accompagna iufques à
la porte de la ville, où ils fe feparerent ; le Roy fe retira dans
fon Palais, & le Legat fut conduit à l'Eglife Cathedrale par
le Clergé, le Senat & la Nobleffe : lequel le lendemain fit vn
beau difcours au Roy, aux Senateurs & aux Grands du
Royaume, pour moyenner la liberté de l'Archiduc, & la paix
auec l'Empereur & les Princes d'Auftriche. Cependant la
Diete continuoit à Prague, où l'opinion commune eftoit, que
le differēd fe vuideroit par les armes, & que cette Maifon am-
bitieufe defereroit dauantage à fon efpée qu'à la Croix du
Legat. Le Cardinal ne laiffa pas nonobftant ces bruits d'aller en Boheme, & s'arrefta pendant quelques iours dans vne
maifon de plaifance appartenant à l'Empereur, aupres de Prague, pour attendre les ordres de fa Maiefté : d'où il fut conduit puis apres par les Prelats & Gentils-hommes du Royaume iufques aux portes de la ville, où l'Empereur le receut
auec tous les témoignages de l'amitié & de la veneration,
qu'vn fi grand Prince doit auoir pour le S. Siege. Eux deux mirent pied à terre, & s'eftant rendus les deuoirs reciproques
de la ciuilité, ils remonterent à cheual, & marcherent de
compagnie iufques au Palais Epifcopal, d'où ils prirent con-

gé l'vn de l'autre ; & l'Empereur s'en retourna dans le Chasteau, & le Legat, apresauoir visité l'Eglise, se retira dans son
logis. Les heretiques furent autant confus de l'honneur qu'on
rendit à sa personne, que les Catholiques furent ioyeux du
succés de sa Legation. Car estant retourné en Pologne, il
remit le Prince Maximilian en liberté, & moyenna la paix
entre l'Allemagne & la Pologne, rendant par tout des preu-
ures de sa pieté, prudence, moderation & liberalité, n'ayant
iamais voulu permettre que ses gens receussent aucun argent
pour leurs salaires. A son retour le Pape le fit son grand Penitencier, & apres le trepas d'Innocent IX. le Conclaue le
choisit pour gouuerner l'Eglise Vniuerselle, suiuant la pro-
phetie du Bien-heureux Philippe Nerio, son grand amy, qui
luy auoit predit son eslection, & le nom qu'il prendroit, nonobstant la brigue contraire de xxxv. Cardinaux, qui auoient
desia conduit le Cardinal de saint-Seuerin, personnage d'v-
ne grande suffisance, dans la Chapelle de saint Paul, pour le
mettre à suffrages ouuerts, comme ils parlent, sur le Siege
de l'Eglise ; si Dieu, qui tient les cœurs des Princes en sa
main, & qui auoit predestiné Hippolyte Aldobrandin à cette dignité supreme, n'en eust autrement disposé par son admirable Prouidence.

Il n'estoit pas encore Euesque, lors qu'il fut esleu Pape. Celuy d'Ostie Doyen du sacré College, assisté des Euesques de
Frescaty & de Sabine, d'vn Cardinal Prestre, & de trois autres Cardinaux Diacres, luy imposa les mains & le sacra Euefque: Puis suiuant la coustume de ses predecesseurs, il receut la
Couronne de la main du premier Cardinal Diacre, & se mit
en possession de son Eglise de S. Iean de Latran, & en deuoir de s'acquitter dignement de la commission que Dieu
luy auoit donnée pour le gouuernement de l'Estat de son fils.
A ce dessein il pria son Confesseur de demander instamment à
Dieu pour luy, qu'il le retirast au plustost du monde, s'il preuoyoit que l'Eglise ne deust pas receuoir de ses trauaux & de
son industrie le fruit qu'elle en pouuoit pretendre. Et comme il auoit vne affection particuliere pour l'Eglise de France,
à cause de son antiquité, doctrine, sainteté, & obeissance au saint Siege, il employa ses plus ardentes prieres pour la

conferuation de ce Royaume Tres-Chreftien, que ie puis nommer auec autant de raifon le fils des larmes & des facrifices de ce bon Pape, que le Roy fe peut glorifier d'eftre le frere aifné des Princes Chreftiens. Il confirma les Bulles de Pie V. & de Sixte V. pour ce qui concerne l'alienation des terres de l'Eglife & la difpenfation des Threfors du Chafteau S. Ange. Il ratifia pareillement les loix que Paul IV. & Pie V. auoient donné aux Iuifs, & les chaffa de toutes les places de l'Eftat Ecclefiaftique, à l'exception de Rome, d'Ancone & d'Auignon. Comme auffi il fit publier vn Edit rigoureux contre les mefmes & contre les libertins, qui gardent ou lifent les liures du Talmud, & femblables ouurages iniurieux à Dieu, & à la memoire des Saints. Sa bonté luy fit prendre des foins particuliers pour les ieunes hommes, qui eftudiét aux Seminaires inftituez par les liberalitez ou fous la protection du S. Siege. Sa pieté luy fit regler les oraifons des Quarante heures dans toutes les Eglifes de Rome auec vne fi grande iufteffe, qu'à toutes les heures du iour & de la nuit pendant toute l'année, Dieu reçoit au pied de fes Autels vn facrifice des levres & du cœur de fes fideles Adorateurs. Sa iuftice luy fit declarer la guerre aux Gladiateurs, qui fe battent en duel. Sa prudence l'obligea de donner le premier rang dans les Affemblées publiques aux Religieux de S. Dominique, qui conteftent de la preféance auec tous les autres d'inftitution nouuelle, & ne cedent qu'aux Chanoines, aux Clercs feculiers, & aux anciens Ordres des Moynes. Et le zele de la Religion luy fit canonifer entre les autres les Bienheureux Raymond & Hiacynthe de l'Ordre des Prefcheurs. Mais pour garder la fuite des temps en la narration de fon hiftoire, qui s'eft rencontrée en l'execution de fes affaires, l'an 1594. il receut des lettres du grand Duc de Mofcouie auec cette infcription, A Clement VIII. Souuerain Pontife, le Pafteur & le Maiftre de l'Eglife Romaine, par lefquelles ce Prince faifoit fes plaintes contre Sigifmond Roy de Pologne, qui luy faifoit la guerre ; & declaroit le defir qu'il auoit de s'vnir auec tous les Princes Chreftiens, pour porter enfemble leurs armes contre le Turc. La mefme année il receut les Ambaffadeurs de l'Eglife d'Alexandrie, & de toute l'Egypte, à fçauoir deux Moynes de S. Macaire auec l'Archidiacre de l'Egli-

fe, Patriarcale de S. Marc, qui firent profession de Foy entre
les mains du S. Pere, & en la presence des Cardinaux, & luy
presenterent leurs lettres grauées sur des plaques au nom des
Chrestiens de l'Orient, qui demandoient d'estre instruits en la
Foy Catholique, & receus à la Communion du Siege Apostolique. Le Patriarche Gabriel & son Coadiuteur ayant fait
pareillement dans Alexandrie la profession de Foy, conforme à celle de leur Legat, qui leur auoit esté enuoyé de Rome,
& l'ayant fait publier par toutes les villes de leur obeïssance,
il n'y eut que les Cophtes, qui ne voulans pas du premier coup
confesser nettement & sans ambages la distinction des deux
natures, la diuine & l'humaine, en la personne de Iesus-Christ
apres son vnion, ny receuoir le Concile de Chalcedoine & la
lettre de S. Leon le Grand, furent reiettez de la societé des fideles, iusques à ce qu'ils eurent pris les sentimens de l'Eglise
Catholique, & appris à parler comme elle. Car les personnes
veritablement Catholiques doiuent bien iuger & bien parler,
puis que la Foy est dans le cœur pour la iustice, & la confession
dans la bouche pour le salut. Le Secretaire du Pape leur fit cette response au nom de son Maistre: Messieurs les Ambassadeurs d'Egypte, l'Ange de Paix vous a remis dans le droit chemin, & vous a conduit pour la deuxiesme fois dans cette ville,
que le Tres-haut qui l'a fondée, a choisie par dessus les autres
pour y faire sa demeure. Car vous auez suiuy le droit chemin
qui conduit à la verité & à la vie, la sainte Eglise Catholique
Apostolique & Romaine, le Chef, la Mere & la Maistresse de
toutes les Eglises; estant enuoyez comme fils d'obeïssance &
Messagers de Paix par le Venerable Gabriel Patriarche d'E-
gypte, qui ayant receu les lumieres du S. Esprit auec humilité,
s'est retiré auec autant de pieté que de prudence à la pierre &
au rocher de la Foy, & a monté sur la montagne du Seigneur,
pour receuoir la loy en Sion, & entendre la parole du Seigneur
en Ierusalem. Nostre S. Pere, auec tous ces illustres Cardinaux
& tous les Ordres de la Cour Romaine se resiouït de vostre arriuée, & vous reçoit auec toute la ioye de son cœur & de son
visage, comme les Ambassadeurs de son frere bien-aymé en
Iesus-Christ, & embrasse le mesme Patriarche auec vn esprit
de charité, le benit & le loue, de ce qu apres vn si grand nom-

bre d'années l'Eglife d'Alexandrie retourne à l'Eglife de Rome, le fucceffeur de S. Marc au fucceffeur de S. Pierre le Prince des Apoftres, & que la fille fe range au fein de fa mere, le
difciple à la doctrine de fon Maiftre, & le fils à l'obeïffance de
fon pere, & que ce membre noble de l'Eglife Catholique, qui
auoit efté auparauant feparé du Corps, fe reüniffe à fon Chef,
par la bonté finguliere de Dieu, &c. La reformation du Pontifical Romain, du Meffel, & du Ceremonial des Euefques. La
regle des Freres de Iean de Dieu ou de la Charité, les Seminaires de S. Bafile dans l'Italie, & la maifon qui fert de retraite
à la pudicité des chaftes filles & des honneftes vefues de Rome, font des fruits de cette année & des effets de fa vertu.

L'an 1596. Le Pape eut le contentement de voir à fes pieds
les Legats du premier des Roys Chreftiens, & les deputez de
la Ruffie; ceux-cy pour renoncer au fchifme des Grecs & renoüer l'eftroite vnion qui eftoit autrefois entre les Eglifes
d'Occident & d'Orient, à l'exemple de ces deux grands perfonnages Ifidore & Beffarion, qui parurent auec tant de pieté
& de doctrine au Concile de Florence, comme fur le theatre
de la Religion; & ceux là, pour abiurer l'herefie d Henry IV.
Roy de France leur Maiftre, qui ayant conquis vn Royaume par la valeur de fon courage: Qui luy eftoit deu par le
bon-heur de fa naiffance, apres auoir fait vne abiuration publique de fes erreurs entre les mains d'vn Archeuefque François, eft facré dans la ville de Chartres, & fait fon entrée dans
la ville Capitale de fon Eftat, & dans le cœur de la meilleure
& plus grande partie de fes fuiets, voulut tefmoigner par fa
foumiffion, penitence & pieté, qu'il eftoit le vray & legitime
fucceffeur des fils aifnez de l Eglife. Iacques du Perron & Arnaud d'Offat, qui furent depuis Cardinaux, furent deputez à
Rome de fa part, pour obtenir la grace de fon abfolution du Pape Clement qu'il auoit defia refufée au Cardinal de Gondy, &
au Marquis de Pifani, & differée au Duc de Neuers, laquelle
enfin il accorda à ces deux braues hommes, receuant le Roy
en leurs perfonnes au fein de l'Eglife, apres auoir fait luy méme vne partie de la penitence publique pour ce grand Prince,
comme vn bon pere pour fon fils, auec des larmes, des prieres,
des ieufnes, & des proceffions folennelles, où il affiftoit les

pieds nuds, sans que la goutte, qui le trauailloit cruellement, puft affoiblir ses pas. Ce zele qu'il auoit pour l'augmentation de la Foy, luy fit rechercher les autres Princes heretiques, & particulierement celuy de Transsyluanie par ses Legats, & consoler & confirmer dans la Religion de leurs ancestres les Catholiques du Mont-Liban, qui sont les Maronites, vers lesquels il enuoya deux Peres Iesuites, auec des Calices d'argent & des ornemens pour leurs Eglises, des aumosnes pour les fideles, & des habits Pontificaux pour leur Patriarche.

L'an 1597. Alphonse d'Est Duc de Ferrare estant mort sans enfans, Clement auoit desia preparé les foudres du Vatican contre le frere bastard du defunt, qui s'en estoit emparé, leué des troupes, & deputé le Cardinal Aldobrandin son neueu en qualité de Legat Apostolique, pour le recouurement de cette place, qui estant vn fief de l'Eglise, appartenoit au S. Siege. Henry le Grand Roy de France estoit mesme sur le point de passer en Italie auec son armée pour assister le Pape, suiuant la pieté de ses ancestres, à cette nouuelle conqueste; lors que le Duc de Modene, non moins sage que vaillant, se laissant plustost vaincre aux deuoirs de la Iustice & de la Religion qu'à la crainte des armes, & aymant mieux perdre vne Duché que la vie de ses suiets, remit Ferrare auec ses dependances entre les mains du S. Pere. Ce fut vn miracle, dit alors Baronius, que Ferrare, qui estoit ville toute de fer, fut gaignée sans fer & sans armes, par la seule conduite de celuy qui a dit : Ie marcheray deuant toy. Le Pape voulant luy mesme aller en personne prendre possession de ce nouuel Estat, & se faire voir à ses nouueaux suiets, laissa à Rome vn Legat & Vicaire general, auec plein pouuoir pour le gouuernement des affaires temporelles de l'Eglise & de la ville; & puis suiuant la coustume ancienne des Papes dans leurs longs & importans voyages, ayant fait marcher deuant luy la Sainte Eucharistie, accompagnée des Prelats & du Maistre de sa Chapelle, & entonné apres la Messe, qu'il celebra sur l'Autel des Apostres, cette Antienne de l'Itineraire, *Au chemin de la Paix*, il suiuit accompagné de sa Cour, passa par Lorrete, où il fit ses deuotions & ses presens, & par Ancone où il fut receu auec magnificence, & enfin entra dans la ville de Ferrare le huictiesme iour de

May

May de l'an mil cinq cens nonante huit, reueftu de fes plus
precieux habits Pontificaux, couronné de fa triple couronne,
couuert de pierres pretieufes, porté dans vne chaire fur les efpaules de huit hommes, vingt-fept Cardinaux marchans deuant luy fur des mules couuertes de houffes d'efcarlate, & à la
tefte de tous le Fils de Dieu caché fous les efpeces du pain, faifant le premier fon entrée monté fur vne haquenée de prix.
Ce nouueau Conquerant, qui faifoit plus d'eftat des ames que
des corps, feiourna quelque temps dans cette ville, où il gaigna les Citoyens à Dieu & à la pieté par fes aumofnes, prieres,
difcours & bonnes œuures, apres s'eftre acquis la ville par les
droits de fon Siege. Pendant fon feiour à Ferrare il fit deux illuftres mariages, l'vn de Marguerite d'Auftriche prefente auec
Philippe III. Roy d'Efpagne abfent, & l'autre de l'Archiduc
Albert, auffi prefent, auec Ifabelle Claire Eugenie Infante
d'Efpagne abfente. Il eftouffa pareillement le feu des grandes & fanglantes guerres allumé entre la France & l'Efpagne, par la prudence de fon Legat le Cardinal de Florence, qui
moyenna la paix de Veruins fi long temps fouhaitée, & en
vain fi fouuent recherchée. Ainfi l'alliance des Roys fut la felicité des peuples, & l'vne & l'autre la gloire du Pape, & le
fruit de fes negociations & de fes larmes, qu'il auoit verfées
plufieurs fois fur les Autels en celebrant le facrifice de la Meffe, & l'offrant à Dieu l'auteur & amateur de paix pour la reconciliation des Princes, & pour le repos de leurs fuiets. Le
iour heureux qui vit naiftre cette paix, fut le troifiefme May
mil cinq cens nonante huit. Apres laquelle le Pape fortit bien-
toft de Ferrare pour s'en retourner à Rome, & vifita fur fon
chemin Bologne, qui le receut comme vn Ange du Ciel; la
fainte Maifon de Lorrete, qu'il combla de benedictions &
d'Indulgences, & arriua à Rome fur la fin de Decembre. La
veille de Noël, cinq iours auant fon arriuée, le Tibre fortit de
fon canal pour venir au deuant de luy, s'il m'eft permis de parler le langage des Poëtes, & enfla tellement fes eaux, que les
grands batteaux voguoient à la rame, où vn peu auparauant
les Seigneurs alloient au Cours dans leurs carroffes, n'y ayant
que les fept montagnes & les lieux les plus efleuez garantis
de ce mal. La perte des maifons, des marchandifes, des ani-

b b

maux & des meubles caufée par ce debordement, fut eftimée
vn million. En moins de quatre heures le Pont de fainte Marie
fut renuerfé, la Tour de None ruinée par la violence des eaux,
& quarante prifonniers accablez fous fes ruines. Les Eglifes
demeurerent fans Preftres, fans Meffes & fans peuple le iour
de Noël. Le Pape & fon neueu Aldobrandin firent paroiftre leur charité & leur prudence en cette calamité publique,
l'vn eftabliffant des Magiftrats & des Commiffaires par tous
les cartiers de la ville, & ordonnant des ieufnes & des prieres
pour preuenir ou arrefter les malheurs de fon peuple; & l'autre
vifitant en perfonne les pauures affiegez des eaux & de la faim,
& leur fourniffant des viures auec les remedes de leurs autres
neceffitez. Le iour qui donna le cómencement au 16. Siecle,
donna pareillement aux Chreftiens vne nouuelle vie par le
Grand Iubilé, qui fut ouuert auec l'année. Iamais Rome ne
fe crut plus glorieufe qu'en ces douze mois, qu'elle vit dans
l'enceinte de fes murailles prefque toute l'Europe foufmife
aux pieds de fon Pafteur, le Souuerain de l'Eglife, pour receuoir de fa bouche les inftructions du falut, & de fes mains
quoy que gouteufes, les threfors de la terre & du Ciel.
Pendant ces iours de falut, on le voyoit tantoft comme
vn bon Pere au milieu des pauures Euefques eftrangers, qu'il
receuoit magnifiquement dans vn de fes Palais, & nourriffoit
liberalement des deniers de fa bourfe; tantoft comme vn Me-
decin charitable lauant les pieds des Pelerins, & les effuyant
d'vne feule main, que la goutte luy faifoit libre, & quelquefois comme vn fucceffeur veritable du Prince des Apoftres, auec les Clefs du Royaume des Cieux à la main, affis
dans le Confeffional de fon grand Penitencier, receuoir les
Penitens qui fe prefentoient à fes pieds indifferemment, &
leur donner l'abfolution de leurs pechez.

Plufieurs grands Seigneurs fe rendirent à Rome pour affifter à vne fi augufte ceremonie, & gaigner le Iubilé. Le Prince
de Parme entre les autres fe trouua prefent à l'ouuerture, eù il
gaigna les pardons, & vne femme, la niece du Pape, qui le traita dans fon Palais à fes dépens. La folemnité de cette Année fainte a efté vne des quatre grandes actions, qui ont rendu le Pontificat de Clement VIII. heureux & memorable,

& pour lefquelles vnAuteur du temps a dit fort à propos,que l'Eftat Chreftien auoit befoin d'vn fi grand Pape, l'Eglife d'vn fi bon Pafteur, & Rome d'vn fi iufte Prince. La premiere eft la conuerfion & reconciliation du Roy de France, Prince fi neceffaire à la Chreftienté. La deuxiefme, la paix entre les deux plus grands Monarques Chreftiens, qu'il accorda par fon Legat, & depuis fon fucceffeur, le Cardinal Alexandre de Medicis,& par le General des Cordeliers F.Bonauenture Calatagirone: La troifiefme la reduction,de la Duché de Ferrare fous l'obeïffance du S. Siege; Et la quatriefme,la celebration du Iubilé, où l'on vid plus de Pelerins François, que du refte des Prouinces qui font hors de l'Italie ; & qui apporta vne extreme confolation au Pape Clement, vn grand eftonnement aux Italiens, & vne confufion honteufe à ceux qui auoient creu & publié malicieufement, que la France eftoit Schifmatique, & tous les François Lutheriens. On y vid vn grand nombre de Huguenots, qui firent le voyage par curiofité & non par deuotion, fans apprehender les rigueurs de l'Inquifition qui ceffent l'an du Iubilé. Lors qu'ils virent ce Vieillard venerable, qui vifitoit tous les iours les Eglifes,y celebroit laMeffe,arroufoit les faints lieux de fes larmes, fe profternoit au pied des Apoftres & des Martyrs, receuoit les pelerins, feruoit les paures à fa table,leur lauoit les pieds,entendoit leur Confeffion, ils ne creurent plus que le Pape fût l'Antechrift. Auffi ClementVIII. ne fit point ce que quelques auteurs raportent de Boniface VIII. qui trois ans auparauant fe fit voir au peuple le premier iour du Iubilé en fes habits Pontificaux, & le lendemain parut auec la pompe d'vn Empereur, faifant porter en triomphe deuant luy deux efpées,pour declarer fa double puiffance & fon Empire fur les corps & fur les ames. Ils admireret fon zele, qui luy tiroit les larmes des yeux toutes les fois qu'il eftoit àl'Autel,& ieûnoit deux fois la femaine au pain,&à l'eau & furét fi viuement touchez des exéples de fa Sainteté, qu'il y en eut iufques à trente fix, qui abiureret leurs ereurs deuant le Pape, & firent profeffion de la foy Catholique dans l'Eglife de S. Louys,auec Arnaud Miniftre de Geneue,qui les auoit conduits. Le Duc de Bar s'y trouua en perfonne, mais *Incognit*, comme ils parlét,pour receuoir fon abfolution, de ce qu'il s'e-

ftoit marié contre les formes de l'Eglife, & fans difpenfe auec
fa coufine, Madame la Princeffe Catherine fœur vnique du
Roy de France, qui faifoit profeffion de l'herefie que le Roy
fon frere auoit abiurée.

Outre ces grandes actions, le S. Pere auoit encore vn deffein
plus important à la Chreftienté, qui eftoit de faire la guerre au
Turc, pour laquelle il fe ligua auec l'Empereur, le Tranfyluain,
& les Princes d'Allemagne, & dés le commencement de l'année 1597 enuoya dix mille hommes en Hongrie fous la conduite du Seigneur Iean François Aldobrandin, l'Empereur en
donna 6000. au Tranfyluain, & les Cercles de l'Empire contri-
buerẽt gens & argent. Mais le Turc faifant fon profit de la diuifion funefte qui eftoit entre les Rois de France, rendit en peu
de temps ce grand effort inutile, lors qu'il contraignit l'Empereur de leuer le fiege de Raab, emporta d'affaut la fortereffe de
Totes fur le Danube, repouffa honteufement le Tranfyluain
de Temefuar, & fe promit de faire voir à toute l'Allemagne
iufques où fa puiffance pourroit monter. Le Pape Clement
auerty de ces difgraces, porta toutes fes penfées à difpofer ces
deux Roys à vne bonne paix, qui puft puis apres faire tourner
leurs armes contre cet ennemy commun de leur Religion. La
paix fut arreftée heureufement comme i'ay defia dit, mais le
Pere qui l'auoit procurée dans le deffein d'employer leurs forces à la guerre contre les Turcs, ne trouuant pas les volontez
de ces deux Princes affez difpofées à cette entreprife, fe conté-
ta de continuer le fecours des armes de l'Eglife fous la conduite du Duc de Mantouë fon Lieutenant General. Cependant
Henry IV. ayant efté aduerty par M. de Sillery fon Ambaffadeur à Rome, que fa Sainteté luy auoit accordé ce qu'il defiroit
touchant la nullité de fon premier mariage auec la Reine Marguerite, apres la fentence portée par le Cardinal de Ioyeufe, l'E-
uefque de Modene en France, & l'Archeuefque d'Arles Iuges
nommés du Pape en cette caufe dépecha le fieur d'Aincourt
pour l'en remercier, & demãder fon confeil fur l'alliance qu'il
vouloit prendre dans la maifon de Medicis, où la Princeffe Marie niece du Grand Duc de Tofcane auoit gaigné le cœur & les
affections de ce grand Prince, qui fe laiffoit vaincre plus facilement aux charmes de la beauté, qu'à la force des armes. Les
Seigneurs de Sillery & d'Alincourt par le cõfeil du Pape allerẽt

bien-toſt apres à Florence, pour traiter du mariage entre le
Roy leur Maiſtre, & la Princeſſe Marie niece du Duc, lequel eut
cette recherche agreable pour la grandeur de la Maiſon où ſa
niece deuoit entrer; & le Pape à cette conſideration adiouſta
de ſa part cent mille eſcus auec pluſieurs ioyaux à la conſtitution du dot, qui fut de 600000. eſcus contant. Les articles
ayans eſté ſignez, le Grand Duc fit publier auec vne grãde ſo-
lennité l'accord du mariage, & le Roy ſe propoſa d'accomplir
ſes promeſſes, incontinent apres que le Duc de Sauoye auroit
executé les ſiennes ſur la reſtitution ou eſchange du Marquiſat
de Saluces, pour lequel le Pape auoit eſté nommé l'arbitre
de leur different au Traité de Veruins, & que depuis il auoit
eu en depoſt pour deux mois iuſques à vn dernier iugement.
Mais le Duc, qui eſtoit venu en France pour traiter en perſonne de ſes affaires, apres qu'il fut de retour dans ſon pays,
refuſant de garder ſes paroles, ſa Maieſté luy declara la guerre, & le pourſuiuit auec l'eſpée de la Iuſtice, puis qu'il ne vouloit pas vſer de la Balance, & gaigna pluſieurs places ſur luy
tant en Sauoye qu'en Breſſe. Le Pape aduerty par l'Ambaſſadeur du Roy d'Eſpagne des malheurs qui pourroient proce-
der de la cõtinuation de cette guerre, le feu qui eſtoit allumé
deçà les Monts pouuãt faire paſſage aux flammes à trauers les
neiges, & gaigner l'Italie, depeſcha ſon neueu le Cardinal Aldobrandin, en qualité de Legat vers le Roy. Ce Prelat ieune
d'âge, mais doüé d'vne prudence de vieillard ayant tiré parole du Duc de Seſſa & du Comte de Fuente que le Roy d'Eſpagne agréeroit, & le Duc de Sauoye obſerueroit les articles de
ſon traité, vint à Thurin, ſous pretexte de faire vn pelerinage à
N D. de Montdevis, & voir le Duc en paſſant, auec lequel il
confera de la paix, & de là ſe rendit à Chambery, où le Roy luy
donna audience, & conſentit aux propoſitions de paix, non
pour la neceſſité de ſes pays, mais pour la reuerence qu'il portoit au S. Siege, & pour l'inclination qu'il auoit au repos & à
la tranquilité publique. Toutesfois le Roy voulant donner
vne Reyne à ſes ſuiets auant que de donner la paix à ſes ennemis, enuoya Bellegard ſon grande Eſcuyer à Florence auec
procuration au grand Duc, pour eſpouſer en ſon nom la Princeſſe Marie. Le Pape euſt deſiré la voir à Rome, à l'occaſion

du Iubilé pour luy rendre les mefmes honneurs auec la benediction nuptiale, qu'il auoit fait à la Reyne d'Efpagne, pendant fon feiour à Ferrare. Le Cardinal Aldobrandin prit fa
place, lequel fe rendit à Florence auant que de paffer en Piedmont, où il efpoufa la nouuelle Reine, qui s'embarqua incontinent apres au port de Liuorne fur dix-fept Galeres, &
arriùa heureufement à Marfeille, & de là à Lyon, fur la fin
de l'année 1600. où le Legat Aldobrandin, qui s'y trouua
bien-toft apres, donna pour la feconde fois la benediction nu-
ptiable aux Mariez. Ces flambeaux d'amour allumez dans ces
deux cœurs feruirent pour eftoufer les feux de la guerre, &
faire luire la paix en France & en Sauoye, où elle fut refoluë &
publiée au commencement de l'an 1601. moyenánt l'efchan-
ge de la Breffe pour le Marquifat de Saluces. Et fur la fin de la
mefme année, la Reyne ayant accouché heureufement d'vn
fils le Ieudy 27. de Septembre, le Pape enuoya les Langes be-
nits au petit Prince, lequel fut baptifé incontinent apres fa
naiffance, mais les ceremonies de fon Baptefme furent differées iufqu'au Pontificat de Paul V.

Enuiron ce mefme temps vn fçauant homme remua vne
queftion bien hardie dans l'Eglife Catholique, & dangereufe
à Rome, Que ce n'eftoit point vn Article de Foy de croire,
que Clement VIII. tenant le Siege fuft vray & legitime fucceffeur de faint Pierre. Il fut mis en prifon, & fi l'Ambaffadeur d'Efpagne ne fe fuft employé pour luy, il eftoit en danger de fouffrir vne peine plus grande de fa temerité. Vne autre opinion prefque autant pernicieufe pour fes confequéces,
qu'eftrange en fa nouueauté, commençoit à faire de grands
progrez dans les efprits, à fçauoir, Que la Confeffion Sacra-
mentale fe pouuoit faire par lettres & par Courriers, laquelle
fut defenduë & condamnée par l'auhorité du faint Pere. Il y
en eut vne troifiefme, pour accorder la Grace auec le Franc-
Arbitre, le fuiet des grandes querelles qui font prefques nées
dans les Efcholes des Dominicains & des Iefuites; & qui s'aug-
mentent tous les iours en ce dernier fiecle, par le zele indif-
cret de quelques Docteurs, qui s'echaufent dauantage à fouftenir dans leurs Chaires leurs opinions touchant la Grace
par des difputes ambitieufes; qu'à conferuer ou eftablir les

ames des fideles dans la poffeffion de cette Grace par vne con-
defcendáceChreftienne.Cette queftion fut agitée auec beaucoup de chaleur en la prefence du Pape, mais non decidée,
eftant bien plus à propos de triompher denous mefmes & de
nos paffions par la Grace, que de fe battre pour les queftions
de la Grace, fans autre fruit de la victoire, que le defauanta-
ge des deux partis, l'vn bandé en apparence contre Pelagius,
& l'autre contre Caluin, & peut-eftre tous deux armez contre l'Efprit de Iefus-Chrift & de l'Eglife, qui eft vn efprit d'v-
nion & d'vnité. Ces dernieres actions virét finir fa vie auec fon
Pontificat, qui fut de XIII. ans, vn mois, & trois iours, contre le iugemenr d'vn Aftrologue, qui luy auoit predit eftant
encore ieune, qu'il feroit Cardinal, puis Pape, & qu'il occu-
peroit le Siege 12. ans. Il fut vray, qu'il fut honoré du Chapeau de Cardinal par Sixte V. & honora pareillement l'Eglife
& le faint Siege de fes vertus & actions heroïques ; mais il vefcut & regna plus long temps que ne portoit fon Horofcope.
Il rendit l'ame à Dieu le 3. iour de Mars l'an 1605.

Il crea cinquante trois Cardinaux à diuerfes promotions,
entrelefquels furent Tolet & Bellarmin de la Compagnie de
Iefus, deux hommes incomparables en fcience & en vertu,
qui apprehendoient plus l'efclat de la Pourpre, dont ils furent veftus contre leur volonté, que les autres ne la recher-
chent ; Baronius, l'Hiftorien de l'Eglife ; Arnauld d'Offa ce
grand Miniftre d'Eftat, à qui la France & l'Eglife doiuent
beaucoup ; Iacques Dauy du Perron, qui n'auoit point befoin
d'autre recommandation, que fes grands feruices rendus au
Roy Henry IV. pour la reconciliation de fa Maiefté auec le
Pape & la Religion, fes doctes efcrits, l'efprit des faints Peres,
qui fembloit l'animer pour entrer dans leurs penfées, & defcouurir leurs fentimens, fa dexterité finguliere à manier les
matieres de la Theologie, & particulierement ce combat remarquable contre le fieur du Pleffis, qui fut donné dans vne
des fales de Fontaine-bleau pour la defenfe des veritez Catholiques. Pendant que les autres Cardinaux font au Conclaue pour remplir fon Siege d'vn fucceffeur, lequel vacqua iufqu'au troifiefme iour du mois d'Auril, ie veux rapporter vne
chofe memorable, qui arriua la huictiefme année de fon Pon-

tificat , dont le Cardinal Baronius fut tefmoin , & qu'il a
inferée dans vn Tome de fes Annales en ces termes: Le Pape
Pafchal I. auoit transferé le corps de Sainte Cecile dans vne
Eglife de fon nom , & renfermé dans vne voute fous l'Autel , auec les corps des faints Martyrs Lucius & Vrbain Pape , Valerien , Tiburce & Maxime. Paul Sfondrat neueu
de Gregoire X I V. & Cardinal Preftre du titre de cette Sainte , faifant reparer fon Eglife , & agrandir l'efpace qui
eftoit entre l'Autel & le lieu où eftoit caché le tombeau de
la Vierge & Martyre , pour y mettre plufieurs riches chaffes
d'argent , qu'il auoit fait faire aux meilleurs Ouuriers, de-
couurit vne ouuerture , pratiquée dans les pierres du vieux
baftiment , qui refpondoit au corps de fainte Cecile , par où la
pieté des Fideles auoit couftume anciennement de faire paffer des linges , pour les faire toucher à fon fepulchre , & les
appliquer puis apres fur les malades. L'infcription luy donna
à connoiftre que c'eftoit le tombeau venerable où repofoit le
le corps facré de fainte Cecile Vierge & Martyre. Que fit il
lors ? A l'exemple de faint Iean , qui ayant precedé S Pierre
au monument du Fils de Dieu , ne voulut pas entrer dans le
Sepulchre , il defera l'honneur de cette recherche au fucceffeur du Prince des Apoftres ; & ayant feellé la voute s'en alla
de ce pas à Frefcaty pour en donner auis au Pape, lequel eftoit
affligé de fes goutes extraordinairemét, & ne donnoit audience à perfonne. Neantmoins ayant fceu le fujet de fa venuë , il
le fit entrer dans fa chambre , pour apprendre de fa bouche vne
chofe , qui luy fut autant agreable que fon mal luy fut fenfible , qui l'empefchoit de fatisfaire à fes defirs & d'aller en perfonne vifiter & rendre les honneurs à cette illuftre Martyre.
Cette difgrace me fut auantageufe , dit Baronius. Car bien
que ie fuffe indigne d'vne telle faueur , il me donna la commiffion de m'y tranfporter , & de faire la recherche du corps
de fainte Cecile. De forte que le Cardinal Sfondrat & moy,
fans nous arrefter dauantage , allâmes d'vn mefme pas qu'il
eftoit venu , & arriuâmes bien tard & bien ioyeux à fon Eglife.
Ie vis dans vn tombeau de marbre vne chaffe de bois de cyprez , auec vn couuercle qui fe leuoit & s'abbaiffoit , fans que
l'humidité du lieu fous terre & fans air , & la froideur du marbre ,

bre, pendant fept cens foixante dix-huict ans, deuffent aucunement intereffé la folidité du bois, ny roüillé tant foit peu les
gonds & les ferrures du coffre, qu'on ouurit affez fouuent
pour fatisfaire à la deuotion du peuple, qui defira voir ce facré
depoft, auant qu'il fuft renfermé pour la deuxiefme fois dans
la Confeffion, c'eft à dire, au lieu de fa fepulture. Apres auoir
confideré la chaffe auec beaucoup d'eftonnement, nous vou-
lûmes voir le corps, qui eftoit dedans, & felon les paroles de
Dauid, conformément à ce que nous en auions entendu,
nous les vifmes dans la Cité du Seigneur des vertus, dans la
Cité de Noftre Dieu, & trouuâmes ce faint corps dans la mefme pofture, que nous fçauons que le Pape Pafchal l'auoit
mis, auec des voiles à fes pieds encore teints de fang, & des
filets d'or, les reftes de fa robe vfée de vieilleffe, de laquelle
le mefme Pafchal fait mention. Les autres voiles de foye,
bien que fins & deliés, qui eftoient deffus, s'eftant affaiffez,
nous defcouuroient affez la fituation & la pofture du corps,
qui n'eftoit pas eftendu fur le dos, comme les autres morts
dans leurs fepulchres; mais couché fur le cofté droit, comme
vne honnefte fille dans fon lict, les genoux vn peu pliés par
modeftie, femblant pluftoft dormir qu'eftre defunte, & im-
primant dans les efprits de fi fortes penfées d'honneur & de
pureté, que les plus curieux n'oferent iamais la defcouurir,
comme fi l'Efpoux celefte euft efté prefent, pour garder fon
efpoufe quand elle dormoit, vfant de ces menaces, Prenez
garde d'efueiller ma bien-aymée, iufqu'à ce qu'elle le defire.
Le Cardinal offrit le Sacrifice de la Meffe à l'honneur de cette Vierge, & puis fit fon raport au Pape de tout ce qu'il auoit
veu. Ce qui le contenta de telle forte, qu'il penfa dés lors à
mettre ce precieux depoft dans vn lieu plus honorable, & fit
faire vne chaffe d'argent, femée d'eftoiles d'or, qui luy couf-
ta quatre mille trois cens quatre-vingt douze efcus, & le
propre iour de la fefte de cette Sainte, qui eft le xxii. de Nouembre, apres auoir celebré la Meffe Pontificalement, affifté de tout le College des Cardinaux, il mit auec beaucoup
de reuerence & de folennité la vieille chaffe de bois dans la
chaffe d'argent, fans y rien changer, & puis par le miniftere
de fes Diacres, renferma l'vne & l'autre à la veuë du peuple

au lieu, d'où elle auoit esté tirée, auec cette inscription au dehors: *Corpus sanctæ Cæciliæ Virginis & Martyris à Clemente VIII. Pont. Max. inclusum Anno M. D. CI. Pontific. VIII.* Le Cardinal Sfondrat fit aussi grauer toute l'histoire dans vne lame d'argent, qui fut aussi renfermée dans la chasse, & luy mesme ne voulut point estre enterré ailleurs, qu'aux pieds de cette Vierge, dans le tombeau qu'il se fit faire encore viuant, & son Epitaphe, qui est vn tesmoignage public de sa profonde humilité: *Paul Sfondrat du Tiltre de sainte Cecile, Cardinal Prestre de la Sainte Eglise Romaine, miserable pecheur, & humble seruiteur de cette mesme Vierge, repose humblement à ses pieds. Priez Dieu pour luy.* On tient que le Pape fut soulagé de ses goutes aussitost qu'il eut rendu ses deuoirs de pieté aux Reliques de S^te. Cecile.

LEON XI.

CCXL.

NOVS pouuons dire de la Maison de Medicis, ce qu'vn ancien disoit d'vne des illustres Maisons de Rome, qu'elle est la veine des Pourpres, puis qu'en moins d'vn siecle elle a donné des Imperatrices à l'Allemagne, deux Reines à la France, des femmes à tous les plus grands de la terre, & quatre Pontifes Souuerains à l'Eglise Romaine. Apres le deceds de Clement VIII. les Cardinaux assemblez au Conclaue au nombre de soixante vn, se trouuerent en peine de luy nommer vn successeur, qui l'esgalast en vertus, & qui remplit le Siege de ses merites proportionnés à la grandeur de sa charge. Le Cardinal Baronius eut au premier sort trente vne voix, & depuis trente sept, & ie ne doute point que les eminentes perfections d'vn si grand Personnage ne luy eussent gaigné la voix aussi bien que le cœur, non seu-

lement des deux tiers, qui est le nombre necessaire à cette
eslection, mais encore de tout le sacré College, si le Protecteur & les Entremetteurs des affaires d'Espagne ne luy
eussent esté contraires, à cause de ce qu'il auoit escrit dans
ses Annales contre les pretensions des Rois d'Espagne sur
le Royaume de Sicile, pour lequel ils presentent au Pape vne haquenée blanche en reconnoissance de leur Inuestiture. Mais lors qu'on proposa Alexandre de Medicis Cardinal de Florence, les volontez de toute l'assemblée se trouuerent si fort vnies pour sa promotion, qu'on
ne peut aucunement douter, que le saint Esprit presidoit
au Conclaue, pour le nommer par la bouche des hommes Chef de l'Eglise vniuerselle, & Vicaire de Iesus-Christ
en terre. Il fut esleu le troisiesme iour d'Auril, qui est la
Feste des Rameaux ou de Pasques Fleuries, & couronné le
propre iour de Pasques, & prit le nom de Leon vnziesme.
Le iour de son eslection luy presenta des Palmes, qui furent bientost changées en Cyprez ; & sa deuise, qui estoit
vn bouquet de Rose auec cette inscription, I'ay fleury de
la sorte, fut vn presage que l'honneur qu'il receuoit estoit
semblable aux roses, qui se flaistrissent aussitost qu'elles sont
espanoüies, meurent dés le iour de leur naissance, & tom
bent par terre lors que le Soleil leur a donné plus d'es-
clat & de pompe. Le Roy de France, qui n'esperoit pas
moins d'amitié de luy que de son predecesseur, fit faire des
feux de ioye à Paris. Les cloches sonnerent, les Eglises re-
tentirent des Cantiques de ioye, & les Canons de l'Ar-
cenal tirerent, publiant par ces bouches de feu la part
que ce grand Prince prenoit à la dignité de ce grand Pape.
Le Peuple Romain le consideroit comme vn bon Pere, qui
deuoit le soulager des imposts & subsides, dont il auoit
esté chargé par ses Predecesseurs. La Noblesse attendoit de
luy les faueurs, que son sang & sa generosité leur faisoit
esperer. Les hommes doctes le pleurerent auec autant de
larmes à sa mort, qu'ils auoient composé de Vers à sa loüange pendant sa vie. Il estoit fils d'Octauian de Medicis, & cousin de Cosme Grand Duc de Toscane. Sa vertu,
sa doctrine & son experience aux affaires, l'auoit conduit

par les grandes charges à la premiere dignité de la terre.
Les Florentins l'eurent premierement pour Archeuefque;
François de Medicis l'enuoya pour fon Ambaffadeur à Rome , Gregoire X I I I. luy donna le Chapeau de Cardinal,
Clement VIII. le deputa deux fois pour fon Legat en France , pour fe conioüir auec le Roy de fon heureufe conuerfion
à la Foy Catholique , & puis pour procurer la paix entre
luy & le Roy Catholique , qu'il negotia heureufement au
contentement des deux Princes. Et enfin les Cardinaux le porterent fur le Throfne de faint Pierre , qu'il ne poffeda pas
vn mois entier. Toute la ville de Rome fit des magnificences extraordinaires le iour de fon couronnement , les Florentins luy drefferét vn arc triomphal orné de quatre excellentes
ftatuës, qui reprefentoient la magnanimité, la religion, la
iuftice & la liberalité. Le Senat luy en erigea vn autre pareillement auec quatre autres figures, la Force, l'Abondance, la
Liberalité & la Magnanimité. Et toutes les ruës furent tapiffées de draps de foye depuis fon Palais iufques à S. Iean de
Latran. La longueur des ceremonies , & l'intemperie de l'air
le lafferent fi fort, qu'au retour de la proceffion il fut faifi d'v-
ne fiévre maligne, de laquelle il deceda le 27. iour du mefme mois d'Auril , fans auoir voulu donner fon Chapeau de
Cardinal à fon neueu, comme il en fut prié des Cardinaux &
des Ambaffadeurs. Quelques-vns ont creu qu'il fut empoifonné. Sa mort fit naiftre autant de douleur dans l'ame des gens
de bien , que fa promotion leur auoit apporté de ioye : fes funerailles fe firent auec toutes les ceremonies, & fon corps
fut mis prez de celuy de fon Predeceffeur. Voicy ce qu'én a
efcrit Baronius au douziefme tome de fes Annales. Leon XI.
de fainte memoire ne paffa pas vn mois entier dans fon Pontificat. O l'inconftance des chofes humaines! Il fut creé le premier iour d'Auril , & deceda le 27 du mefme mois ; mais par
vn exemple illuftre d'vne vertu genereufe, il acheua en peu
de iours le cours de plufieurs années. Eftant au lict malade
on ne put gaigner fur luy, qu'il fit fon neueu Cardinal,
vn ieune homme modefte , qu'il auoit efleué & formé
de fa main, & qu'il aymoit vniquement. Eftant affoibly de fon corps, il furmonta par la force de fon efpri

la puissance de quelques Cardinaux & des Ambassadeurs des
Princes, qui luy demandoient cette grace auec instance, l'exi-
geoient auec importunité, & vouloient l'extorquer auec violence. Il repoussa son Confesseur, qui luy faisoit la mesme proposition, le chassa, & luy defendit de se presenter iamais à luy,
connoissant qu'il auoit plus de soin des interests de ses parens,
que du salut de son ame; choisit pour ce Ministere, celuy que
Clement VIII. auoit desia choisi pour Predicateur du sacré
Palais vn Espagnol grand homme de Dieu, Pierre de la Mere
de Dieu Religieux de l'estroite Obseruance des Carmes, entre les mains duquel il rendit heureusement son ame à Dieu,
ayant remporté trois victoires, du monde qu'il trompa, du Diable qu'il rendit confus, & de soy mesme sur lequel il acquit vn
empire, & chargé de ces palmes alla triompher dans le Ciel.

PAVL V.
CCXLI.

L E o n XI. estant decedé, les Cardinaux s'assemblerent pour auiser au gouuernement
de la ville de Rome, où ils establirent Alexandre de Medicis son neueu General des
armées. Le Dimanche VIII. de May ils entrerent au Conclaue, & le Lundy vinrent
au premier scrutin, comme ils parlent, qui
continua les iours suiuans; iusques à ce qu'enfin, apres quelques diuisions & partialitez chacun donna sa voix à Camille
Borghese Cardinal de S. Chrysogone, qui prit le nom de Paul
V. & le lendemain 17. du mois fut porté auec les solennitez accoustumées dans l'Eglise de S. Pierre, où l'on rendit action de
graces à Dieu pour son election. Rome le vit naistre dans son
sein l'an 1552 le 17. de Septembre sous le Signe de la Vierge,
laquelle presidant à sa naissance fut vn presage de l'innocence
& pureté qu'il conserua toute sa vie, de cette modestie vir-

ginale qui paroiſſoit ſur ſon viſage auec tant de maieſté, de
cette affection ſinguliere qu'il eut au ſeruice de la Reyne des
Vierges, & de ces beaux lys de la Virginité, qu'il porta dans
ſon tombeau auſſi blancs, qu'ils eſtoient dans le berceau de
ſon enfance. Son pere M. Antoine Bourgheſe eſtoit Patrice
de Siene, & Doyen des Aduocats Conſiſtoriaux, perſonnage
d'vne grande probité, conſeil & ſcience, qui merita le titre
d'Aduocat General des pauures ; & ſa mere ſe nommoit Flaminie Aſtelle, Dame Romaine, autant recommandable pour
ſes vertus, qu'illuſtre pour ſa nobleſſe. Leur fils Camille, qui
ſuça la pieté auec le lait de ſa nourrice, & qui teſmoigna dés
ſa premiere ieuneſſe l'horreur qu'il auoit du peché, ayant fait
ſes eſtudes à Perouſe, merita premierement le degré de Docteur és Droits pour ſa grande doctrine en cette profeſſion; &
puis ayant leu les Bulles du Iubilé de l'an 1575. deuant la grande porte de l'Egliſe de S. Pierre ſous Gregoire XIII. en qualité d'Abbreuiateur Eccleſiaſtique, il fut Referendaire de l'vne
& de l'autre Signature, & Vicaire de Sainte Marie Maiour. Sixte V. qui connoiſſoit particulierement la vertu & la magnanimité du perſonnage, auec ſes autres grandes qualitez, le nomma Vice-Legat de Bologne, laquelle il gouuerna pendant le
faſcheux interregne de ce grand Pape & de ſon ſucceſſeur Vrbain VIII. auec vne prudence & dexterité merueilleuſe, qui
luy acquit plus d'honneur que de biens. Gregoire XIV. le fit
depuis Auditeur de la Chambre, Office qui requiert vne intelligence particuliere aux affaires: dans lequel employ, il fut deputé vers le Roy Catholique Philippe II. pour traiter auec ſa
Maieſté des affaires importantes à l'Egliſe, & receut dans cette negociation le tiltre & la puiſſance de Legat *à Latere* par
l'autorité de Clement VIII. comme il receut pareillement à
ſon retour de la main du meſme Pape le Chapeau de Cardinal,
ſans autre recommandation, que de ſes propres merites, &
des grands ſeruices qu'il auoit rendus au S. Siege, pour leſquels il fut bien-toſt apres inſtitué Vicaire de l'Egliſe, pour le
gouuernement de la ville, qui eſt l'vne des quatre principales
dignitez de Rome, puis Eueſque de Ieſi, & enfin Eueſque des
Eueſques, & Seruiteur des Scruiteurs de Dieu. Baronius, à
qui le Cardinal du Peron donne le tiltre de Grand, euſt eſté

esleué à la mesme dignité, si le corps de l'Eglise pouuòit porter deux testes, nonobstant l'incroyable resistance qu'il apporta de son costé au desir & à la voix des autres Cardinaux, qui luy deferoient cette place. *Que ces choses,* dit-il, vsant des termes de l'Escriture, *soient escrites dans vne autre generation.* Alors le Cardinal Montalte: Mettons ce saint homme sur la Chaire de S. Pierre, dit-il, au Cardinal Aldobrandin. Iustinien cria hautement, Que Baronius soit Pape. Dans cette contestation, glorieuse à la memoire du fameux Historien de Iesus-Christ & de l'Eglise, qui estoit cependant aux pieds des Conclauistes les larmes aux yeux, les suppliant d'auoir compassion de sa foiblesse, & de ne le charger point d'vn si pesant fardeau, le saint Esprit qui presidoit à l'Assemblée, porta les cœurs, & la bouche de tous les Cardinaux à l'Adoration, & puis à la nomination de la personne du Cardinal Borghese defenseur inuincible des libertez de l'Eglise, & de l'autorité du S. Siege, homme reconnu de tous pour sa pureté & innocence, loüable pour sa doctrine, addresse & experience aux affaires, aymable pour sa douceur & affabilité enuers tout le monde, & pour sa misericorde enuers les pauures ; venerable pour sa bonne mine, son port & sa maiesté digne de l'Empire, souhaité de tous, en particulier recherché d'Henry IV. Roy de France. Il receut le manteau Pontifical & la triple Couronne de la main du Cardinal Sforce le iour de la Pentecoste, & incontinent apres les solemnitez de son couronnement, il conuia les Fideles par ses benedictions Apostoliques de prier Dieu pour l'exaltation de la sainte Eglise, pour le repos & tranquillité de l'Estat Chrestien, & pour l'extirpation des heresies. Il diminua les subsides, modera le prix des viures soulagea les laboureurs, & leur accòrda des immunitez & priuileges particuliers, comme aux Peres nourrissiers de la terre ; fit bastir des greniers publics, pourueut à l'abondance des bleds, & à la seureté des Citoyens par la recherche & iustice seuere qu'il fit des assassins & voleurs publics, qui conceurent vne telle crainte, qu'ils trembloient & prenoient la fuite au seul nom de Paul, comme les oyseaux de nuit se cachent à la lumiere du Soleil. Que diray-ie de l'obeïssance & de l'affection particuliere, que luy tesmoignerent les Ambassadeurs des Princes & Republiques de la Chreſtienté? Ceux de Luques luy rendirent les premiers leurs deuoirs, qui furent ſuiuis des Cantons Catholiques, & ceux-cy de la Republique de Veniſe. Puis apres les Cheualiers de Malthe luy offrirent leur eſpée, Genes ſes vaiſſeaux, le Roy Catholique ſes Eſtats, le Roy Tres-Chreſtien, qui regnoit lors, & apres luy ſon fils Louys XIII. les meſmes inclinations pour le S. Siege, que ſes Anceſtres auoient euës ꞇ ꞇ ꞇ ꞇ & qu'ils luy auoient laiſſées par ſucceſſion auec ſon ſceptre & ſa Couronne, & l'Empereur, tout ce qui eſt de ſa dependance. Il receut l obeïſſance du Roy de Congo ſur les coſtes d'Afrique par ſon Ambaſſadeur Antoine Emmanuel, qu'il viſita pendant ſa maladie, contractée des fatigues & incommoditez du voyage, aſſiſta de ſes faueurs ſpirituelles & corporelles auant que de mourir, & fit enterrer auec vne pôpe Royale apres ſon deceds dans ſa Chapelle. lors qu'il ſe preparoit à receuoir en public les preſens qui luy furent faits en particulier par ce noble Africain, le iour & feſte des Roys, au nom de ſon Roy, lequel pour reconnoiſtre Ieſus-Chriſt en la perſonne de ſon Vicaire, luy preſentoit l'obeïſſance, les prieres & les larmes de ſon Royaume, qu'il rendoit tributaire au S. Siege. Les Legats du Roy de Perſe & ceux du Roy Voxj aux Iſles du Iapon vinrent le reconnoiſtre de la part de leur Maiſtre; & luy pareillement, qui veilloit comme vn bon Paſteur à la conſeruation de ſon troupeau, crea des Eueſques aux Indes, fonda des Colleges en Allemagne, & enuoya des Predicateurs de l'Euangile au Iapon, à la Chine, & en Perſe, des Breuiaires & des liures d'Egliſe, auec des Calices d'argent, ornemens pour l'vſage des Autels aux Maronites, & des Legats preſqu'à tous les Princes Chreſtiens. Le Cardinal Macieioſchi fut en Pologne, l'an 1605. pour la diſpenſe du degré de conſanguinité, qui eſtoit entre luy & ſa defunte femme.

L'an 1606. Le Cardinal Ioyeuſe fut nommé de ſa part pour tenir ſur les fonds du Bapteſme, & impoſer le nom au Dauphin de France, & ſatisfaire au deſir du Roy qui deſiroit auoir le Pape pour ſon Compere. L'an 1608. le Cardinal Millin alla trouuer Rodolphe l'Empereur, pour eſteindre le feu de la guerre, qui s'allumoit entre luy & l'Archiduc Matthias ſon frere.

frere. Le Cardinal Dieftrichtain fut en Hongrie pour le mariage du Roy Matthias auec la Princeffe Anne. Le Cardinal
Maduce affifta à la Diete de Ratifbône, où l'Empereur fut auffi prefent, pour les interefts de la Religion, & Alexandre Ludouifio fon Nonce, qui fut depuis Cardinal & Pontife Souuerain,
appaifa les differens entre les Princes d'Italie, qui menaçoient
la Prouince d'vne ruine generale. Il eut l'honneur de confirmer l'eflection de deux Empereurs, & de leur mettre la Couronne fur la tefte, à fçauoir Matthias & Ferdinand. Mais il receut auffi le deplaifir de voir mourir fous fon Pontificat Rodolphe & Matthias, & l'incomparable Roy de France Henry IV.
lequel eftant inuincible dans les combats, ne pouuoit mourir
que de la main d'vn Parricide, qui l'affaffina au milieu de fa ville Capitale, de fes Princes, & de fes pompes Royales, le 14.
iour du mois de May, l'an 1610. Cette mort fut auffi fenfible
au Pape, qu'elle eftoit funefte au premier Royaume des Chreftiens; la nouuelle, qui luy en fut portée luy fit perdre fon repos de la nuit, & prier pour l'ame de ce grand Prince, qu'il nô-
ma luy mefme le Protecteur de la Tranquilité publique, l'ornement de l'Eglife Romaine, l'Arbitre des Rois & des Princes
Chreftiens, les delices de l'Vniuers, apres l'Oraifon funebre
qui fut prononcée à fa loüange par Iacques Seguier. Ce bon
Prince auoit rendu des tefmoignages de fon obeïffance & de
fon zele au S. Siege, dés la premiere année du Pontificat de
Paul, dans vne affaire qui enueloppa prefque toute la Chreftienté, & par la plus pompeufe & magnifique Ambaffade, que
la ville de Rome euft veuë depuis fes anciens triomphes. Le
Senat de Venife auoit eftably quelques loix contraires aux
Conftitutions Apoftoliques & aux decrets des Conciles, &
par confequent aux immunitez de l'Eglife, touchant l'alienation des terres & des biens immeubles, qui eftoit defenduë aux fuiets de la Republique en faueur des fondations
pieufes & des perfonnes Ecclefiaftiques, fans le congé du
Senat. Le Pape Paul en conceut vne telle indignation,
qu'apres auoir follicité fouuent les Venitiens de les reuoquer ; enfin comme il connut leur defobeïffance, il les fepara
de la Communion des Fideles, & publia contr'eux la fentence d'excommunication le propre iour de Noël. Ce qui efton-
d d

na tellement la Seigneurie de Venife, qu'elle depefcha promptement vn Ambaffadeur vers fa Sainteté, pour luy remon-
ftrer qu'elle n'auoit rien merité de femblable. Mais les difcours, les traitez, les liures & les Apologies efcrites de part &
d'autre, ne feruirent que de matiere pour allumer le feu dauantage, pluftoft que de l'efteindre. De forte que l'an 1608.
on en vint aux armes ; & defia les preparatifs de la guerre
eftoient fi grands, qu'il y auoit à craindre que cet embrafement ne mift toute l'Italie en cendres. Le Roy Tres-Chreftien
fe prefentant pour l'entremetteur de la paix, ènuoya le Cardinal de Ioyeufe à Rome & de là à Venife, qui par fa prudence &
dexterité termina ce different. Car il trouua l'efprit du Pape fi
porté à la douceur, qu'il leua les Cenfures, remit les Venitiens
dans la Communion de l'Eglife, aux conditions portées par
leur traité, & confacra mefme de fes mains bientoft apres leur
Patriarche.

Au méme temps Iacques Roy d'Angleterre propofa vne forme de ferment à tous les Catholiques de fes Royaumes, lequel
ayant efté examiné dans le facré College des Cardinaux, il fut
iugé qu'il ne pouuoit eftre prefté, sãs vn notable preiudice à la
gloire de Dieu, & aux interefts de la Religion Ce que le Pape
leur declara, & les exorta pareillement à fe maintenir dans la
Foy de leurs anceftres, & perfeuerer dans l'efprit d'vnion & de
charité Il receut auffi auec toute forte d'amitié le Comte de
Tyron Irlandois, qui auoit efté contraint d'abandonner fon
pays & fes biens pour la Religion Catholique, & de fe retirer à
Rome auec fa femme & fes enfans. Il fut prefque en mefme
temps Parrain du fils aifné d'Henry IV. lequel auoit receu le
Sacrement du Baptefme peu de iours apres fa naiffance, mais
les ceremonies en auoient efté differées à caufe des empefche-
mens. La mort du Pape Clement VIII. les retarda, & Leon XI.
qui vit auffi-toft le dernier des iours de fa vie, que le premier
de fon Pontificat, ne put les accomplir. Paul V. fon fucceffeur
fuplié par le Roy de tenir ce ieune Prince fur les Fonts, crea le
Cardinal de Ioyeufe fon Legat, pour exercer ce miniftere à la
gloire de l'Eglife & du S. Siege, dont il euft voulu luy mefme
s'acquitter en perfonne, fi fes occupations euffent peu luy permettre de fortir de l'Italie pour venir en France. Ce fut vn té-

moignage de fa pieté, d'auoir mis au nombre des Saintes, Françoife noble Dame Romaine, illuftre en vertus & en miracles,
qui eftoit decedée deuant l'année 1410. D'auoir donné le tiltre
& la veneration de Bien-heureux à Ignace de Loiola Gentilhomme Efpagnol, Fondateur de l'Ordre des Iefuites, & à François Xauier fon compagnon, le Predicateur des Nations, dont
la vie eft vn fupplemét des Actes des Apoftres; D'auoir canoni-
fé S. Charles Archeuefque de Milan, & Cardinal de l'Eglife
Romaine, à la follicitation de fon peuple, & à la requefte des
Roys d'Efpagne, de Pologne, & de Suede, des Cardinaux, &
des Euefques de la Prouince de Milan; & approuué l'inftitution de l'Oratoire en France. Ce fut vn effet de fa iuftice d'a-
uoir reformé les abus de la Chancelerie Romaine, moderé les
falaires deus aux Officiers, prefcrit des loix aux Magiftrats &
aux Iuges, & temperé la feuerité d'vne douceur efficace, qui
arrefta ou empefcha les defordres frequens dans l'Italie, rendit
la ville de Rome le Siege commun de la Iuftice & de la Religion, & fit pofer les armes aux Dues de Mantouë & de Sauoye,
qu'ils auoient prifes pour les pretenfions du Montferrat. Ce
fut vn illuftre argument de fon zele, d'auoir inftitué le Semi-
naire de Saint Paul à Rome, fous la direction des Carmes Defchauffez pour la conuerfion des Infideles & Heretiques, fondé
les Cheualiers du Mont-Carmel pour la defenfe de l'Eglife &
de la Foy, contre les iniuftes inuafions de fes ennemis; & commandé qu'on enfeignaft dans les maifons Religieufes les langues Latine, Greque, Hebraique & Arabique, qui font les armes vtiles & neceffaires pour vaincre l'impieté, qui triomphe
des Infideles, dont la plus grande partie parle Arabe, entend
le Grec & le Latin, & abufe malicieufement de la langue Hebraïque, qui eft la langue de Dieu. Sa deuotion, qui luy faifoit tous les iours offrir à Dieu le facrifice du Corps de fon Fils
fur l'Autel, affifter aux proceffions à pied, confeffer tous les
iours fes pechez à vn Preftre, paroift encore apres fa mort
fur fa figure, qui eft à genoux fur le tombeau qu'il fe fit baftir
luy mefme pendant fa vie, dans cette fuperbe & magnifique
Chapelle, qu'il edifia, confacra & fonda richement à l'honneur de la Mere de Dieu, l'efpée & le bouclier de fa nouuelle
Rome. Sa magnificence eft efleuée comme fur autant d'Arcs

de triomphe fur les baftimens qu'il fit faire au dedans & au dehors de la ville. Il fit retirer des ruines du temple, que l'Empereur Vefpafian auoit fait baftir à l'honneur de la Paix apres la
guerre des Iuifs, la Colonne prodigieufe qui eft erigée deuant
l'Eglife de Noftre Dame la Grande, comme vn prefent digne
de fa fecondité, qui a donné au monde le Prince de la Paix. Il
augmenta le Palais du Mont-Quirinal ou Monte-Caballo pour
la demeure des Papes; accreut la place & le nombre des Liures
de la Bibliotheque du Vatican pour l'vfage des gens de lettres;
dreffa les iardins & les fontaines du Palais du mefme Vatican
pour le diuertiffement de fes Succeffeurs, fit conduire au cartier delà le Tibre des fontaines publiques, & monter iufqu'au
fommet du Ianicule ou Montorio pour le foulagement du peuple; fortifia la Citadelle de Ferrare, pour la conferuation de
ce nouuel Eftat acquis à l'Eglife; refit le port de la ville & la
forterelfe de Cincelle pour la commodité du commerce, efleua vn Fare fur le riuage pour la direction des Nautonniers, &
laiffa à la pofterité plufieurs autres ouurages, les marques im-
mortelles de fa magnificence Royale, & les fruits de fon heureux gouuernement. Les vertus qu'il auoit exercées durant fa
vie, furent reprefentées à la pompe funebre, que fon neueu le
Cardinal Bourghefe luy fit faire, lors qu'il tranfporta fon corps
dans la Chapelle où il repofe, apres auoir efté quelque temps
dans l'Eglife du Prince des Apoftres. Il deceda le 28. iour de
Ianuier l'an 1621. dans les fentimens d'vne pieté vrayement
Apoftolique, apres auoir fait la profeffion de fa Foy, & prononcé ces paroles de S Paul: Ie fouhaite d'eftre deftaché, &
de viure auec Iefus-Chrift. Il crea foixante Cardinaux à dix
promotions, pendant quinze ans, huit mois & treze iours, qu'il
occupa le Siege de S. Pierre.

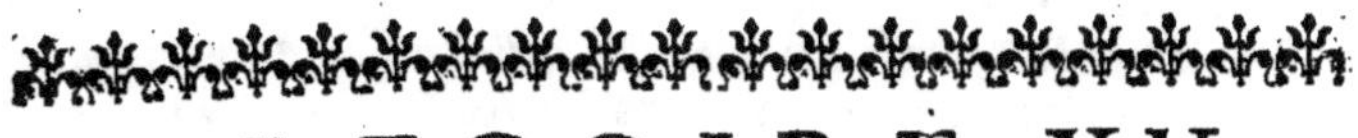

GREGOIRE XV.
CCXXLII.

REGOIRE XV. nafquit à Bologne le 3. de Ianuier l'an 1554. de la noble & ancienne maisõ des Ludouifio, laquelle a efté florif-fante nõ feulemẽt à Bologne la Graffe de-puis 500. ans, où Ligne Ludouifio fut creé Camerier de Bologne par Gille Cardinal Albornos Legat, & Vicaire du Pape en Ita-lie; mais encore à Naples fous le regne de Ieanne II. du nom, & à Rome depuis 200. ans; où Iean Ludo-uifio Comte de Montaigre fut creé Senateur de la ville; digni-té qui n'eftoit lors conferée qu'aux Princes & Grands Sci-gneurs. Son pere fe nommoit le Comte Pompée Ludouifio, & fa mere Camille Blanchine, qui luy firent donner le nom d'Alexandre au Sacrement de Baptefme. Son excellent na-turel digne de la grandeur du nom qu'il porta, fut fecõdé d'v-ne heureufe education, qu'il prit à Rome fous la conduite des Peres Iefuites, dans le Collège des Allemans, où il fut pen-fionnaire, & dans le Romain, où il apprit les lettres humaines & la Philofophie. Et en l'vn & en l'autre il laiffa des preuues de fon efprit & de fa modeftie. Eftant de retour à Boulogne, il s'addonna à l'eftude du Droit & acquit le degré de Docteur. Ayant receu le Bonnet, il quitta le lieu de fa naiffance, pour venir à Rome eftablir fa maifon & fa fortune, & fceut fi bien vfer de fes belles & hautes qualitez, qu'il merita l'amitié de trois Papes. Gregoire XIII. le fit premier Iuge du Capitole, qui fut vn prefage qu'il monteroit vn iour à vne plus grande dignité, & qu'il feroit efleué à la premiere place de l'Eglife dans cette ville capitale de l'Vniuers, comme le Pape luy predit, qui auoit mis les pieds luy mefme fur ce premier de-gré des honneurs pour monter au fommet de la gloire. Cle-ment VIII. le crea Referendaire de l'vne & l'autre Signature,

dd iij

& luy donna la charge de Lieutenant Ciuil pour le Cardinal
Rufticutio Vicaire de fa Sainctete, & auffi l'office de Vicegerent, & puis il fut aggregé au Corps des Auditeurs de la Rote,
laquelle charge Louis Ludouifio auoit exercée cent cinquante ans auparauant auec vne grande prudence & integrité. Le
mefme Pape l'enuoya à Beneuent, où il appaifa auec vne addreffe merueilleufe les differens furuenus entre les Officiers
de fa Sainteté & du Roy Catholique. Il eut pour adioint dans
cet employ honorable Maffée Barberin Clerc de la Chambre Apoftolique, qui luy a fuccedé depuis au Pontificat.
Paul V. le pourueut de l'Archeuefché de Bologne, dont il
commença d'exercer les fonctions par vne lettre pleine de
tefmoignages de charité, qu'il efcriuit à fes Diocefains. Charles Emmanuel Duc de Sauoye, apres le deceds de François
Duc de Mantouë, eftant entré en conteftation auec Ferdinand
fon fucceffeur pour quelques places du Mont-ferrat : & le
Montouan eftant fouftenu du Roy d'Efpagne, ils en vinrent
aux armes, qui allumerent la guerre dans le Piedmont &
dans la Lombardie. Le S. Pere, comme Pere commun, voulant chaffer la guerre de l'Italie, & mettre ces Princes d'accord, enuoya l'Archeuefque de Bologne fon Nonce en ces
Prouinces, pour conferer auec les Ambaffadeurs des Rois
Tres-Chreftien & Catholique, dont il acquit la bien-veillan-
ce, & des premiers Seigneurs des deux armées, entr'autres
du Marefchal d'Efdiguieres, qui depuis a efté Duc, Pair, &
Conneftable de France, apres auoir abiuré l'herefie dans laquelle il auoit efté nourry. Paul V. pour reconnoiftre les merites de fon Nonce & fatisfaire aux defirs des gens de bien, le
mit au nôbre des Cardinaux le 19. de Septembre 1616. & à fon
retour, lors que les troubles de l'Italie furent appaifez par la
prudence & l'addreffe de ce nouueau Cardinal, luy donna le
Chapeau Rouge dans la Salle du Palais de Mont-Caballe,
& luy ferma & ouurit la bouche auec les ceremonies ordinaires. Ayant receu cette eminente dignité, il fe retira à Boulogne, pour refider dans fon Diocefe, & apprendre à gouuerner l'Eglife vniuerfelle, par l'adminiftration d'vne Eglife
particuliere, où il demeura conftamment iufqu'au deceds du
Pape Paul, exerçant auec beaucoup de zele les fonctions de

fa charge, & veillant fur fon troupeau auec vne grande follicitude. La nouuelle qu'il receut de la mort du Paul V. luy
fit quitter Boulogne pour venir à Rome, & fe trouuer au
Conclaue auec les autres Peres à l'eflection d'vn nouueau Pape. Les Cardinaux d'Aquin & Bellarmin ayans eu quelques
fuffrages, & Campora beaucoup dauantage, pour eftre fouftenu du Cardinal Bourghefe; Ludouifio ne fut pas pluftoft
propofé, qu'il fut efleu d'vne commune voix, le deuxiefme
iour de l'affemblée le 19. du mois de Feurier 1621. Il prit le
nom de Gregoire, pour honorer la memoire de Gregoire
XIII. fon premier Bien-facteur & Maiftre, & imiter fes vertus, & receut les deux Clefs du Royaume, l'vn d'or, l'autre
d'argent, auec la triple Couronne dans l'Eglife de S. Pierre
quelques iours apres, & de là s'en alla prédre poffeffion de fon
Pontificat dans celle de faint Iean de Latran au grand contentement du peuple, qui tefmoignoient par leurs acclamations
l'efperance qu'ils conceuoient, de voir reuiure en fa perfonne
les hautes & glorieufes qualitez de celuy dont il portoit le
nom, & fon Compatriote. Et puis ayant concedé des Indulgences & ordonné des prieres publiques pour la profperité
de fa promotion, il appliqua tous fes foins aux chofes de l'E-
glife, qu'il adminiftra auec vn tel fuccez que s'il faut iuger
des années de fon Pontificat par le nombre des grandes &
importantes affaires, on pourra dire qu'il a regné long temps,
puis qu'il a fait en deux ans & quatre mois, ce que plufieurs
n'ont peu faire en des fiecles, faifant paroiftre autant de courage & de promptitude à les entreprende, que de fermeté &
de conftance à les pourfuiure, & autant de bon-heur dans le
fuccez, que de fageffe dans leur conduite. Il appaifa premierement les differens de l'Italie, pour l'Eftat de la Valteline,
qui commençoient de s'exhauffer au milieu de ces hautes
montagnes couuertes de neige, & qui fembloient menaçer
la France & l'Efpagne d'vn funefte embrafement, s'il n'euft
retiré prudemment de ce danger les deux Rois Tres-Chreftien & Catholique, leur perfuadant fans perdre de fi fauorables occafions en traités inutils & en trefues fufpects, à
l'vn de porter fes armes dans la Hollande, pour foumettre ces
peuples à l'obeiffance de leur Prince & aux loix de l'Eglife;

& à l'autre d'exterminer l'heresie de son Royaume, & d'arracher ces espines, qui offensoient la beauté des Lys de sa Couronne. Aussi-eut il le contentement de voir prosperer les armes des Catholiques contre les Huguenots en France, &
contre les Hollandois aux Pays bas. Le Roy Tres-Chrestien
Louys XIII. osta plusieurs villes à ses suiets rebelles, qui faisoient profession de la Religion Pretenduë Reformée dans
les Prouinces de Poictou, de Sainctonge, Gascogne, Languedoc, & Dauphiné, & entr'autres Montpellier, où il fit son
entrée le xx. d'Octobre mil six cens vingt-deux ; & apres qu'il
eut reduit cette ville à son obeissance, il passa par Auignon,
où les habitans par le commandement du Pape luy rendirent
les honneurs deus au Fils aisné de l'Eglise, victorieux des ennemis de sa Mere, & le receurent comme leur Souuerain. Philippe IV. d'Espagne, & l'Infante Elizabeth Claire Eugene sa
tante & Gouuernante des Pays bas pour sa Maiesté Catholique, attaquerent aussi les Hollandois, sur lesquels ils gaignerent plusieurs victoires. Mais comme les esprits des Valtelins
n'estoient pas encore bien appaisez, ny les causes de leurs
differens bien terminées, Gregoire, du consentement des
Rois, prit le Pays sous sa protection iusques à vn autre accommodement, vtile & honorable aux deux partis, & ayant fait
de grands frais pour la conseruation de la Paix & de la Religion, il fit fortifier les places du Pays, & y mit des garnisons
sous la conduite de son frere Horace Ludouisio Duc de Fian.
Cependant Ferdinand II. Empereur fit la guerre aux Protestans d'Allemagne, ausquels le Marquis de Spinola & le Duc
de Bauiere, qui commandoient les armées des Princes Catholiques, liguez ensemble pour vn si loüable dessein, à la sollicitation du Pape qui les assista d'argent & d'hommes, oste-
rent le Palatinat du Rhin auec l'Electorat. Maximilian Duc
de Bauiere apres la victoire, comme vn autre Abraham fit
present au Grand Prestre de la fameuse Bibliotheque des
Comtes Palatins, qui estoit à Hildeberg, laquelle sa Saincteté fit mettre auec celle du Vatican, au grand ornement de la
ville de Rome, & à l'vtilité de l'Eglise Vniuerselle. Gregoire
en eschange fit transferer la dignité d'Electeur, dont le Prince
Palatin estoit décheu, à Maximilien, qu'il honora du titre de

Triom-

Triomphateur religieux, dont les combats auoiént produit la feureté à la Religion, des Prouinces à l'Empire, de la gloire à la nation des Bauarois, & de la ioye à tout l'Vniuers. Maximilien fit porter à Rome cette riche Bibliotheque, compofée d'vn fi grand nombre de manufcripts, Hebreux, Chaldaïques, Arabes, Grecs, Latins, Allemans, Italiens & François, comme autant d'armes auantageufes aux Catholiques pour combatre l'erreur, que les Heretiques auoient vfurpées pour combattre la verité ; & les fit mettre dans la ville capitale du monde Chreſtien, comme dans la forterefle de la Religion, & l'Efchole de la Sagefle. Pareillement Gregoire fit vn prefent au Duc de la dignité d'Electeur, digne de fes merites, puis qu'il auoit en quatre iours conquis vne Prouince, & mis au fil de l'efpée en moins d'vne heure toutes les forces du Royaume de Boëme, qui auoient l'auantage des lieux, des armes, des hommes & des viures, aux portes de Prague ; mais qui n'auoient pas Dieu pour le Conducteur de leur armée, ny la Croix pour eftandart, ny la Religion & le repos des peuples pour motif de la guerre. Gregoire, qui auoit le cœur & l'efprit proportionné à la grandeur & aux deuoirs de fa charge, porta fes penfées iufqu'aux extremitez de la Pologne, pour affifter de fes deniers le Roy Sigifmond III. qui faifoit la guerre à Ofman Empereur des Turcs, fur lequel il remporta vñe fignalée victoire, qui donna la paix à ce Tyran, & arrefta les deffeins des Princes Chreftiens, qui eftoient à demy perfuadez par le Pape, & prefque preparez à fe liguer contre leur ennemy commun. Il exhorta auffi fouuent par lettres Charles Emmanuel Duc de Sauoye, d'vfer du temps & de l'occafion, que tous les Princes Chreftiens employoient leurs armes pour les interefts de la Religiõ, de faire la guerre aux habitans de Geneue, & de fe rendre le maiftre de cette ville, qui auoit efté autrefois fi floriffante, & qui gemit à prefent depuis plufieurs années fous la domination de l'herefie, où elle a fait fa retraite, & éleué fon trône fur les portes des trois plus nobles peuples de l'Europe. Il confola pareillement par fes lettres les Catholiques d'Angleterre & d'Efcoffe, & tenta toute forte de moyens pour ramener la Grande Bretagne à la reconnoiffance du S. Siege, aux vfages & à la pieté de leurs Anceſtres. Ce fut

e e

de cette Ifle qu'Antoine de Dominis Archeuefque de Spalate Apoftat fortit, pour venir à Rome fe jetter aux pieds de fa Sainteté, & abjurer les erreurs qu'il auoit efcrites & prefchées contre l'honneur du S. Siege, la tradition des Peres, les tefmoignages de l'Efcriture, & particulierement contre les bonnes inftructions de pieté & de doctrine, qu'il auoit receuës dans les Colleges, & dans les Chaires des Peres de la Compagnie de Iefus, auec lefquels il auoit vefcu affez long temps. Gregoire à fon auenement au Pontificat, n'oublia pas les entretiens & conferences qu'il auoit euës en Piedmont auec le Marefchal de Lefdiguiere, & luy fit fçauoir fon couronnemét par vne lettre expreffe de fon neueu le Cardinal Ludouifio, qui le fommoit de la parole qu'il luy auoit donnée de fe rendre Catholique, lors qu'il feroit Pape, & luy témoigna que fa conuerfion mettroit le comble à fes contentemens. Le Marefchal ne manqua pas de faire refponfe à fa Sainteté, & donna fa lettre au Cardinal Bentiuole, par laquelle il luy témoigna la ioye qu'il auoit de fa promotion, & luy donna des efperances d'adioufter bien-toft à ces victoires la conquefte des verités de la Foy, qu'il embraffa par vne profeffion publique le 25. Iuillet 1622. Ce bon Pape voulant profiter également à tout le monde, inftitua la Congregation des Cardinaux pour la propagâtion de la Foy, & canoniza les Bien-heureux Ifidore Laboureur d'Efpagne, Ignace de Loiola Fondateur de la Compagnie de Iefus, François Xauier fon compagnon & l'Apoftre des Indes, S^e Therefe Fondatrice des Carmelines, & des Carmès Defchauffez, & Philippe Nery Fondateur de la Congregation de l'Oratoire à Rome. Il a mis auffi au nombre des Bienheureux inuoquez publiquement Pierre d'Alcantara Religieux de l'Ordre de S. François, & Louys de Gonzague de la Compagnie de Iefus; & donné vn rang d'honneur dans le Calendrier à S. Ioachim pere de la Bien-heureufe Vierge, à faint Bruno Fondateur des Chartreux, & à St Brigide vefue, Fondatrice de l'Ordre du Sauueur, & Patrone du Royaume de Suede. Vne medaille, où il eft reprefenté auec le Cardinal Ludouifio fon neueu, porte ces mots Latins, *Alter Ignatium aris admouit, alter aras Ignatio.* L'vn a mis Ignace fur les Autels, & l'autre a confacré des Autels à Ignace; à caufe que l'oncle

a canonisé ce Saint, & le neueu luy a fait baftir vne Eglife magnifique au College de la Sapience à Rome, où l'vn & l'autre
auoient fait leurs eftudes. Vne feule action de Gregoire XV.
que tout le monde fouhaitoit, que plufieurs auoient effayé, &
qu'aucun n'auoit peu faire, eftoit capable de rendre fa memoire immortelle dans la vie des Papes, à fçauoir la Bulle qu'il
publia touchant l'eflection des Souuerains Pontifes par fuffrages fecrets, laquelle a efté obferuée depuis à la creation d'Vrbain VIII. fon fucceffeur, & confirmée de fon authorité. Vn
grand & fage Cardinal dit fort à propos fur ce fuiet, que Gregoire a puiffamment appuyé les deux Poles de la Religion
Chreftienne, l vn en Allemagne, pour l'eflection de l'Empereur, par les nouueaux fuffrages d'vn Prince Catholique Maximilien Duc de Bauiere ; & l'autre à Rome pour la creation
du Pape, par la liberté des voix donnée aux Cardinaux. Que
diray-ie des autres actions de pieté, de Iuftice & de Charité
d'vn fi bon & fi grand Pape ? Il a fondé vn College de Benedi-
ctins, dits Gregoriens, dans l'Eglife de fainte Cecile ; mis au
rang des Reguliers les Clercs de Noftre Dame & de la Mere
de Dieu, qui s'occupent à enfeigner la doctrine Chreftienne
aux enfans & aux pauures; promeu onze grands hommes à la
dignité de Cardinal ; creé Odoard de Farnefe Prince de Parme, Gonfalonier de l'Eglife Romaine en la place de fon defunt pere; reuoqué tous les priuileges des Religieux, qui leur
auoient efté accordés de viue voix par fes predeceffeurs, & enfin obligé la ville de Paris d'vn premier Archeuefque, Iean
François de Gondy, frere & neueu de deux grads Cardinaux,
en erigeant l'Euefché en titre d'Archeuefché, qui a fous foy
les Euefques de Meaux, d'Orleans & de Chartres, autrefois
fuffragans de l'Archeuefque de Sens. Gregoire XV. ayant vn
efprit fort & courageux dans vn corps affoibly de maladies,
defquelles il fut attaqué dés l'entrée de fon Pontificat, fans
iamais s'eftre difpenfé des deuoirs de fa charge, mourut le 8.
de Iuillet 1623. au Palais du Mont Caballe, & laiffa le Siege,
qu'il auoit tenu deux ans & cinq mois, à Vrbain fon fucceffeur.

ee ij

VRBAIN VIII.

CCXLIII.

L A ville de Florence a donné cinq Papes à l'Eglise Romaine, trois de la maison de Medicis, Clement VIII. Aldobrandin, & Vrbain VIII. qui a occupé le Siege le dernier, & duquel ie veux escrire la vie. Il est constant, que la maison des Barberins, dont ce Pape est sorty, a esté florissante depuis cent ans dans la Republique de Fontaine ou Simifont, voisine du village & Chasteau de Barberins entre Florence & Siene, lequel fut pris par trahison des Florentins apres deux ans de siege, & ruïné. Cette disgrace obligea les habitans de chercher vne autre demeure, & entre autres les Barberins, qui se retirérent à Florence, où depuis ils ont paru entre les principaux de cette Republique, receu des emplois honorables, & donné plusieurs personnages illustres, doctes & vaillans. Entre lesquels Antoine Barberin, fut le premier de sa maison, qui abandonna Florence pour venir à Rome, où il establit son domicile, & acquit la reputation d'vn homme de bien, pour l'inclination qu'il eut à obliger son païs, & seruir Dieu. Il eut pour frere Charles Barberin, qui fut pere de deux enfans, François & Antoine, celuy-cy le pere, & celuy-là l'oncle & le bienfacteur du Pape Vrbain. François Barberin estoit vn Prelat incorruptible, qui se rendit recommendable par son integrité & par sa prudence, qu'il fit paroistre au maniement des affaires dans les charges de Referendaire de l'vne & l autre Signature, & depuis en la dignité de l'vn des sept Protonotaires, desorte qu'il fût paruenu à de plus grands honneurs, sans son indisposition corporelle, qui ne l'empescha pas de viure iusqu à l'âge de 72. ans ayant par son abstinence & sobrieté fait voir, que ceux qui ont vn corps delicat & foible, peuuét paruenir à vne heureuse vieillesse. Antoine illustre pour ses vertus, espousa Camille Barbadoca Dame de Florence, recommendable pour ſa Nobleſſe, & beaucoup dauantage pour les excellentes qualitez de ſon ame, laquelle accoucha de Maffée dans cette ville capitale de Toſcane le 5. d'Auril 1568. & en ſuite de cinq autres garçons, trois deſquels moururent encore ieunes, & les deux autres eurent l'honneur & le contentement de voir leur frere eſleué ſur le Throſne de S. Pierre, à ſçauoir, Antoine, qu'il retira de l'Ordre des Capucins, où il auoit veſcu long temps dans l'exercice des vertus Religieuſes, pour luy donner vn rang honorable parmy les Cardinaux auec le tiltre de S Onufre; & Charles, qui fut pere de Dom Thadée Prefet de la ville de Rome, & des deux Cardinaux François & Antoine Barberins. Maffée n'auoit que trois ans, lors qu'il perdit ſon pere, de ſorte qu'il paſſa ſes premieres années entre les bras de ſa mere, qui l eſleua ſoigneuſement, iuſqu'à ce que ſon oncle François Protonotaire le prit ſous ſa charge, pour apprendre dans ſa maiſon, comme dans vne eſcole de pieté, les vertus Chreſtiennes. Il ſe fit admirer eſtudiant aux lettres humaines & à la Philoſophie dans le College Romain ſous la diſcipline des Peres Ieſuites; & aux Droits dans l'Vniuerſité de Piſe, où il receut le bonnet de Docteur auec l'applaudiſſement des Profeſſeurs de cette floriſſante Academie de la Toſcane. Apres auoir receu ce degré encore fort ieune, il ne meſpriſa pas l'eſtude des ſciences, au contraire il cultiua auec beaucoup de zele & de ferueur l'Eloquence Latine, & les belles lettres, obligeant les Muſes par ſes carreſſes de ſe faire Chreſtiennes, recherchant les richeſſes de la vraye eloquence & de la pieté chez les Peres Grecs & Latins, & compoſant d'excellentes Poëſies, par leſquelles il a retiré ces nobles filles de la Memoire de la proſtitution, pour les former aux mœurs & aux vertus des Chreſtiens.

Le Pape Sixte admirant ſon ſçauoir, & ſes grandes connoiſſances aux affaires, le crea Abbreuiateur du Parc Majeur, & Referendaire de l'vne & l'autre Signature à l'âge de 21. an. Gregoire XIV. qui eut des preuues plus particulieres de ſa capacité, luy conceda encore la Signature de Grace. Clement VIII l'enuoya à Fano, pour gouuerner les habitans de cette ville de la Marche d Ancone, où il acquit leur amitié par la douceur de ſon gouuernement, & par la modeſtie de ſa con-

uerſation. En ce temps-là le S. Pere donna ſa benediction
Apoſtolique au Roy de France Henry IV. qui ayant abiuré
les erreurs de Caluin, & embraſſé les veritez de l'Egliſe Catholique preſta l'obeïſſance à Clement, au grand contentement de tous les gens de bien, qui auoient deſiré de v... et
incomparable Monarque dans vne bonne intelligence &
parfaite amitié auec le Vicaire de Dieu en terre. Les particularitez de cette action furent eſcrites fidelement par ce
docte Protonotaire Maffée Barberin, lequel peu apres ſuiuit
ce Pape au voyage de Ferrare, où il décriuit les actes & les
ceremonies de ces deux illuſtres mariages, qui apporterent le
bon-heur aux Rois & aux peuples, l'vn de Marguerite Archi-
ducheſſe d'Auſtriche preſente auec Philippe III. Roy d'Eſpagne abſent, repreſenté par le Duc de Seſſe ſon Procureur,
& d'Elizabeth Claire Eugenie Infante d'Eſpagne, pareillement abſente auec l'Archiduc Albert preſent. De là il fut
enuoyé auec Ieroſme Aguchia Referendaire, & qui depuis
a eſté Cardinal, pour remedier aux calamitez, que le Pô faiſoit ſouffrir aux Ferrarois par ſes debordemens ; & pour trouuer les moyens d'arreſter ce fleuue dans ſon lit, dont il s'aquit-
ta dignement au bien de la Prouince, & au contentement du
Pape. François Barberin ſon oncle, qui receut autant de conſo-
lation, de voir comme ſon neueu ſe rendoit recommendable
par ſes vertus, & par ſon bel eſprit, qu'il auoit de paſſion de le
voir eſleué par ſes merites dans les charges eminentes de la
Cour Romaine, obtint du Pape Clement VIII. qu'il eut vn
Office de Clerc de la Chambre Apoſtolique. Au mêſme temps
il ſuruint de grandes conteſtations entre les Officiers du Pape
& ceux du Roy d'Eſpagne touchant les limites & confins des
terres de l'Egliſe & du Royaume de Naples, qui furent termi-
nez par l'entremiſe de ce Clerc de la Chambre Apoſtolique, &
d'Alexandre Ludouiſio Auditeur de la Rote, qui depuis a eſté
Pape. Sans m'arreſter dauantage aux particularitez de cet accord, ie diray ſeulement qu'au traité de Beneuent on ſuiuit les
auis de Maffée, comme les plus equitables. Ce qui donna vne
ſi grande ſatisfaction au S. Pere, qu'ayant receu les nouuelles,
que Dieu auoit fauoriſé la France d'vn Dauphin, qui a porté le
nom & le tiltre de Louys XIII. le Iuſte, il depeſcha vers leurs

Maieſtez Tres-Chreſtiennes le Seigneur Barberin ſonNonce, extraordinaire, pour ſe conioüir de la proſperité de leur mariage, & preſenter de la part de ſaSainteté au nouueau Prince, les langes, les linges & les draps en broderie, que les Papes ont couſtume d'enuoyer aux aiſnez deFrance, pour vn teſmoignage de l'affection qu'ils portent aux fils aiſnez de l'Egliſe. Le Roy receut honorablement ce Nonce auec les preſens du Pape, & defera tant à ſes prieres, qu'il rappella & reſtablit les Peres Ieſuites en France, d'ou ils auoient eſté chaſſez dés l'an mil cinq cens quatre-vingt quatorze. Barberin eſtant de retour de ſa Nonciature, le Pape ne le laiſſa point en repos, mais luy donna la commiſſion de pouruoir aux moyens d'empeſcher les degaſts que cauſoit le lac de Perouſe, par toute la campagne voiſine, lors qu'il eſtoit enflé par les pluyes de l'Hyuer. Il s'en acquitta dignement, & ſe rendit aymable aux peuples ſuiets du Pape, qui euſſent bien deſiré que Clement euſt reconnu ſes ſeruices d'vn Chapeau, & meſme pluſieurs murmurerent à Rome, lors qu'ils virent qu'vn Pape, qui faiſoit profeſſion de l'aimer & de l'eſtimer, ne luy auoit pas rendu cet honneur à la derniere promotion des Cardinaux, en laquelle il receut dix-huit Prelats dans ſon ſacré College. Innocent de Bubalo Eueſque de Camerin & Nonce ordinaire en France, où il fut creé Cardinal, ayant eſté rappellé à Rome par ſaSainteté, Maffée Barberin fut enuoyé en ſa place; & bien que pluſieurs de ſes amis taſcherent de le diſſuader de prendre cette charge ſur la fin du Pontificat d'vn Pape, qui eſtoit deſia vieux & caduc, il leur reſpondit, qu'vn Prelat eſtoit obligé de ſe dedier entierement au ſeruice de ſaint Pierre, ſans rechercher d'autre recompenſe dans ſes employs, que l'honneur de ſçauoir obeïr.

Il vint donc Nonce ordinaire en France, apres auoir eſté conſacré Archeueſque de Nazareth au Royaume de Naples. Le Roy Henry IV. fut tres content du choix, que Clement 8. auoit fait de la perſonne du Seigneur Barberin, & continua touſiours de l'honorer comme il auoit commencé, & d'accorder à ſes inſtätes pourſuites, que la Pyramide dreſſée à Paris prés la porte du Palais fût abatuë, n'eſtant pas raiſonnable, que les Religieux d'vne Societé, que ce Prince incomparable auoit

reſtablis comme innocens dans leurs maiſons , & dans leurs
biens, furent traitez comme des criminels dans leur reputation, à la veuë d'vne ſi grande ville, & d'vn ſi auguſte Senat.
Clement VIII. & ſon ſucceſſeur Leon XI. eſtant deſedez,
pendant que Maffée eſtoit Nonce en France, la penſée de
tout le monde eſtoit , que Paul V. le rapelleroit ; mais ce ſage
Pontife eſtant bien informé des vertus & des merites de l'Archeueſque de Nazareth, le continua en ſa Nonciature, durant
laquelle il aſſiſta à Fontaine-bleau aux ceremonies du Baptefme du Dauphin de France, qui fut nommé Louys par le Cardinal de Ioyeuſe Legat *à Latere* le 14. Septembre, mil ſix cens
ſix. Trois iours auant çe Bapteſme le Pape Paul crea huit Cardinaux, le ſecond deſquels fut le Nonce Barberin, qui prit
congé de ſa Majeſté Tres-Chreſtienne, & s'en reuint à Rome,
où il trouua que le differend du Pape & des Venitiens eſtoit
appaiſé par l'entremiſe de ce grand Roy, l'Arbitre des Princes
Chreſtiens. Le Pape le receut auec honneur, & luy donna le
Chapeau auec le tiltre de S. Pierre de Mont-aureo, qu'il quitta depuis, pour prendre celuy de S. Onuphre, lequel il a touſiours retenu iuſques à ſon eſlection au Pontificat. Cette dignité ne diminua rien du zele qu'il auoit au ſeruice de l'Egliſe
& du S. Siege, comme il fit paroiſtre aux emplois honorables
& penibles que luy donna Paul V. eſtant Legat de Bologne
trois ans, Protecteur du Royaume d'Eſcoſſe, Prefet de la Signature, de Iuſtice & Eueſque de Spolete apres le deceds d'Alphonſe Vicomte, où il acquit vne grande reputation , pour le
ſoin qu'il eut de faire obſeruer exactemēt les Decrets du Concile de Trente, & de conſeruer la diſcipline Monaſtique, & la dignité Clericale. Il dedia la Chapelle de ſa maiſon, qui eſt dans
l'Egliſe de S. André ou des Theatins de Rome, à l'honneur de
la Mere de Dieu, augmenta les reuenus & les legs pieux de ſon
oncle François, & honora tendrement la memoire de ſon
bienfacteur. Pareillement il a touſiours recherché auec vne
innocēte ambition l'amitié des ſages & des Doctes, & l'a cultiuée & honorée par ſes liberalitez. D'où vient que ſon Palais a
ſeruy de demeure aux vertus, & aux hommes ſçauans , qui
eſtoient touſiours les bien-venus aupres de luy, & les mieux
traitez à ſa table, & qui ne manquoient pas auſſi de publier ſes

merites

merites dans les Prouinces estrangeres & esloignées de l'Italie. Pour cette consideration Gregoire 15. le declara Patron &
Protecteur du College des Grecs & des Orientaux, lesquels
venans à Rome auoient cette consolation de pouuoir presenter leurs requestes, & representer librement leurs plaintes &
leurs afflictions à ce sçauant Cardinal, sans auoir besoin d'vn in-
terprete. Le mesme Pape voulut aussi que ce Cardinal eût l'œil
& la main sur la Congregation de la Propagation de la Foy, au
grand contentement de ceux, qui dans les emplois d'vn si haut
ministere exposent leur vie à mille dangers, voyageant en diuerses contrées de la terre pour porter le flambeau de la Foy
aussi loing que celuy du iour, & chasser les tenebres de l'erreur
& de l'ignorance des esprits des heretiques & Infideles.

Gregoire 15 estant decedé, & les neuf iours destinez aux solennitez de ses funerailles estans expirez, les Peres s'assemblerent au Conclaue le 17. Iuillet 1623. ayans esté priez par Iean
Ciampol Secretaire du Pape, de ne tenir pas l'assemblée en
longueur, & de nommer bien-tost vn Chef à l'Eglise, & vn
successeur au defunt. La Bulle nouuelle de Gregoire 15. touchant l'eslection du Pape par la voye des suffrages secrets & ca-
chetez, pour fermer l'entrée de la maison de Dieu à la faueur
& à l'ambition, fit que plusieurs eurent cette creance, qu'on
esliroit vn Cardinal fort âgé. Outre que de 54. Cardinaux qui
demeurerent dans le Conclaue, car vn qui fut Perret en sortit
par maladie sans y rentrer, presque tous de differens partis &
de diuerses nations, il y auoit quatre Princes, à sçauoir Farnese, d'Est. de Sauoye & de Medicis; quatre neueux de Papes, Borghese, Ludouisio, Boncompagne & Aldobrandin, &
vingt autres Venerables pour leur vertu & pour leur vieillesse,
qui au iugement des hommes estoient dignes du souuerain
Pontificat. Mais le Dimanche 6. iour d'Aoust, feste de la
Transfiguration de Nostre Seigneur, les Peres d'vn mesme
consentement firent eslection de Maffée Cardinal Barberin âgé
seulement de 55 ans, & prit le nom d'Vrbain VIII. en memoire d Vrbain II. qui par ses Croisades & guerres saintes consola
& fortifia les Chrestiens du Leuant affligés des Infideles. La
ioye que le peuple Romain témoigna receuoir de son élection,
fut aussi grande, que la tristesse qu'il ressentit de son indispo-

fition, eftant tombé malade le troifiefme iour de fon Pontificat pour les grandes incommoditez qu il auoit fouffertes au
Conclaue, par l'intemperie de l'air, & les chaleurs extremes de
la Canicule. Mais apres quelques iours de danger pour le malade, & de crainte pour fon peuple, il commença à fe mieux
porter, & donna des efperances à fes amis, qu il poffederoit
plufieurs années la Chaire de SaintPierre, & prit pour fa deuifo
ces paroles du Roy Dauid, *In Domino fperans non infirmabor:*
Efperant au Seigneur ie ne feray point infirme. On crût pareillement que fon Pontificat feroit heureux pour l'auancement
de la Religion Catholique par la nouuelle que l'on receut, que
le faux Euefque d'Alberftat auoit efté defait le mefme iour de
fon election. Vrbain VIII. voulut eftre couronné le 29. iour
de Septembre, le iour de la fefte de S. Michel Archange, le
Conducteur des armées de Dieu, & l'Ange Gardien des Souuerains Pontifes Vicaires de fon fils. Alexandre Cardinal d'Eft
Prince des Cardinaux Diacres, eut l'honneur ce iour là de luy
mettre la Tiare fur la tefte, parmy les Cantiques des Preftres,
les vœux & les foufmiffions des Princes & des Seigneurs, & les
acclamations des peuples. Et le 19. iour de Nouembre de la
mefme année, il alla fuiuant la couftume ancienne, du Vatican
à l'Eglife de S. Iean de Latran prendre poffeffion de fon Siege
auec vne pompe Royale. Dés fon entrée au Pontificat il confirma la conftitution de Pie 5. qui defend d'aliener les villes
& les places du domaine de l'Eglife, & pour implorer l'affiftance
diuine il ordóna des Prieres de Quarante heures aux Eglifes de
S. Iean de Latran, de S. Pierre, de fainte Marie Maior, & à
deux Eglifes de chaque cartier de la ville de Rome. Defirant
augmenter la gloire de Dieu, il inftitua l'Ordre de la Milice
Chreftienne fous le tiltre de la Conception de la Vierge, qu'il
mit fous la regle de S. François, & fous la protection de S. Michel & de S. Bafile: Et voulant rendre venerable l'Eftat Ecclefiaftique par toute la Chreftienté, commença par la ville de
Rome, comme la premiere & donna charge à des perfonnes
de fcience & de probité de la Compagnie de la vifite Apoftolique, de vifiter toutes les Eglifes, les Monafteres tant d'hommes
que femmes les Hofpitaux, les Colleges & les autres lieux publics Il vifita luy mefme les Eglifes Patriarchales, & euft efté

voir toutes les autres, si les grandes occupations de sa charge
luy eussent pû permettre: mais il commanda qu'on luy appor-
tast fidelement chaque semaine tout ce qui s'estoit passé à la
visite des Eglises & des Conuents, où il ne pourroit pas se trouuer en personne.

Le soin qu'il auoit pour le salut des ames luy fit faire vn
graue & excellent discours aux Cardinaux, pour les obliger à la
residence dans leurs Dioceses, & ne se contenta pas d'en auoir
parlé dans le Consistoire, il commanda mesme à plusieurs du
sacré College de monstrer l'exemple aux autres Euesques ; &
en suite il fit vne Bulle contre les Prelats, qui conferoient les
saints Ordres aux ignorans & mal viuans, & contre ceux qui
les receuoient auec incapacité & indignité. Il eut la gloire &
le contentement de publier le Iubilé au commencement de
son Pontificat, apres auoir exhorté les Cardinaux d'exercer
leurs grandes liberalitez enuers les Pelerins, qui deuoient estre
logez à l'hospital de la Tres-sainte Trinité, & le 24. iour du
mois de Decembre 1624. il fit la ceremonie de l'ouuerture de
la Porte sainte auec les solennitez accoustumées, où assisterent
les Ambassadeurs, & le Prince de Pologne, qui depuis a obtenu le Sceptre & la Couronne de son pere Sigismond 3. renom-
mé pour les victoires qu'il auoit remportées sur les ennemis de
l'Estat & du nom Chrestien. Leopold Archiduc d'Austriche
& frere de l'Empereur Ferdinand, assista pareillement à la ceremonie de la closture de la Porte Sainte, & fut receu magnifiquement du Pape, & logé dans le Palais du Vatican. Vrbain
desirant appaiser les troubles de la Valteline, & establir vne
bonne paix entre les Roys & Princes Chrestiens, declara le 19.
iour de Feurier mil six cens vingt-cinq François Barberin Cardinal Diacre son Legat *à Latere*, & du Siege Apostolique vers
les Roys le Tres-Chrestien & le Catholique, & luy donna la
croix & la benediction en partant de la ville de Rome. Bernardin Nary Patrice Romain fut deputé en France vn peu auparauant, pour prier le Roy Louys XIII. de receuoir ce Cardinal son neueu en qualité de Legat dans son Royaume. Ce
Prince de l'Eglise fut receu auec toute sorte d'honeurs à Lyon,
& aux autres villes de France, & fit son entrée à Paris le 21. iour
iour de May de la mesme année, accompagné de son Altesse

Royale, le Duc d'Orleans Frere vnique du Roy. Le Pape pour tefmoigner fa bienueillance enuers le Roy & le Royaume, voulut expreffement, que ce Legat y offrift à Dieu fon premier facrifice pour la profperité de leurs Maieftez & de leur Couronne, qui fut le iour de la fefte de l'Affomption de Noftre Dame dans l'Eglife de la Trinité du Chafteau Royal de Fontainebleau, où ce pieux Monarque, les Reynes, & plufieurs Princes & Princeffes voulurent eftre communiez de fa main. L'année fuiuante Philippe IV. Roy d'Efpagne fupplia fa Sainteté par lettres efcrites de fa main, d'enuoyer auffi le mefme Cardinal fon neueu Legat en Efpagne, pour tenir fur les fonts du Baptefme l'Infante fa fille, ce qu'il fit, & nomma cette Princeffe Marie Eugenie au nom du Pape fon oncle. Ce grand Pontife voulant rendre la dignité des Cardinaux plus augufte, ordonna que de là en auant ils feroient appellez Eminentiffimes & Reuerendiffimes.

L'Italie eftant menacée de troubles & d'vne guerre funefte par les differends de Charles Emmanuel Duc de Sauoye, & de Charles nouueau Duc de Mantouë & de Montferrat, celuy-cy appuyé du Roy Tres-Chreftien, duquel il eftoit fuiet; & celuy là du Roy Catholique, auquel l'Empereur s'eftoit ioint, qui fauorifoit la pretenfion mal fondée fur Mantouë de Cefar Duc de Guaftale Prince de la maifon de Gonzague, Vrbain VIII. enuoya Iean Iacques Pancirole vers ces Princes pour les porter à la paix, & crea fon autre neueu le Cardinal Antoine Barberin fon Legat par toute l'Italie. Le Sauoyard voyant le Roy de France occupé au fiege de la Rochelle, & à la guerre contre fes fujets rebelles de la Religion pretenduë en Guyenne, Languedoc & Viuarets, crût qu'il pouuoit ayfement enuahir tout le Montferrat, & mefme fe rendre maiftre de la forte place de Cafal, affiegée par le Marquis de Spinola Lieutenant General pour l'Efpagnol en Italie, & fur cette efperance vaine ne voulut point entendre à la paix, fçachant d'ailleurs qu'Aldringhen & Galas Chefs de l'armée Imperiale, auoient mis le fiege deuant Mantouë, laquelle par vne trahifon deteftable fut furprife par les Imperiaux, où ils exercerent des cruautez & des impietez inconnuës aux Barbares. Ces pechez attirerent la colere du Ciel fur eux & fur leur nation, Guftaue Adol-

phe Roy de Suede 'eſtant entré peu apres en Allemagne,
ſous pretexte de reſtablir les Princes de Mekelbourg ſes parens dans leur Eſtat, duquel le Valſtein Duc de Fridland,
& Lieutenant General de l'Empereur, s'eſtoit emparé contre les Loix de l'Empire. Ce Conquerant trauerſa comme vn
foudre ces grandes & vaſtes Prouinces du Septentrion en
moins d'vne année, & oſta le courage & les forces aux Allemans par la victoire qu'il emporta ſur les Imperiaux à la iournée de Leipſic, de pouuoir defendre leurs places, qu'il enleua
preſque toutes ſans beaucoup de reſiſtance. Les Eſpagnols,
qui eſtoient deuant Caſal, ayant receu la nouuelle de la priſe
& du ſac de Mantouë, en firent des feux de ioye, ſur l'eſperance qu'ils eurent de ſe voir bien-toſt les Maiſtres de cette autre
place, beaucoup plus importante, l'vn des bouleuars de l'I-
talie. Mais leur ioye ne fut pas de longue durée, le Roy Tres-
Chreſtien ayant enuoyé promptement au ſecours des troupes
commandées par le Mareſchal de Schomberg, pour ſecourir
le Duc de Mantouë ; & le Seigneur de Thoiras, depuis tres-
digne Mareſchal de France, qui commandoit dans la Citadelle, les ayant ſouuent battus, & vſé les ruſes & les forces de
ce fameux Italien, qui les tenoit aſſiegez. De ſorte que ce ſiege memorable fut leué, la place conſeruée à ſon Prince legitime, & l'Italie deliurée de la crainte qu'elle auoit de perdre
ſa liberté. Le Pape Vrbain deſirant eſtoufer les differens nés
entre les François & les Eſpagnols, armez les vns contre les
autres pour le ſujet de Cazal, enuoya Iule Mazarin ſon Nonce & depuis Cardinal, lequel fut déſlors ſi adroit & habile,
qu'en remuant ſon chapeau il diſſipa l'orage, & arreſta les
foudres d'vn combat qui s'alloit donner, les armées eſtans
deſia rangées dans vne plaine, & apres pluſieurs allées & venuës flechit les deux partis à la Paix, & concilia ces deux Nations les plus vaillantes du monde. Vrbain, pendant les grandes guerres qui affligerent l'Italie & preſque toute l'Europe
ſous ſon Pontificat, ne laiſſa pas de s'employer aux actions
de pieté. Il canoniſa ſainte Elizabeth d'Arragon Reyne de
Portugal, & André de Corſin Eueſque de Fieſole Religieux
de l'Ordre des Carmes ; & declara Bien-heureux Caietan
Thienée fondateur des Theatins, auec André Auellino Pre-

ftre du mefme Ordre, Magdelaine de Pazzi Religieufe du Mont Carmel, & Felix de Cantalice Capucin. Les Eglifes ornées & enrichies de fes liberalitez, le grand Autel de faint Pierre fi fomptueux, cette Eglife magnifique, l'employ de plufieurs Papes, confacrée de fa main, tant de Rois & Princes Saints, qu'il a rendus venerables dans les feftes du Calendrier Romain à tous les Royaumes de la Chreftienté, comme vn faint Louys à la France, vn faint Hermenigilde à l'Efpagne, vn faint Henry à l'Allemagne, vn faint Cafimir à la Pologne vn faint Eftienne à l'Hongrie, font des occupations dignes d'vn Tres-faint Pere. La reformation des hymnes de l'Eglife, & tant de pieufes, doctes & illuftres poëfies font les fruits agreables de fes eftudes, qui luy ont fait cultiuer l'amour des belles lettres pendant fon Pontificat auec autant d'affiduité, qu'auant qu'il euft monté fur le Throfne de l'Eglife. Tous les Princes Chreftiens luy rendirent obeïffance par leurs Ambaffadeurs, mais celuy qui le fit auec plus de pompe, & mefme auec plus de fincerité, fut le Roy Tres-Chreftien, qui luy fit offre de fes armes, de fes threfors & de fa perfonne. L'Italie a efté grandement troublée durant les dernieres années de fon Pontificat, pour les guerres qu'il eut contre & auec les Ducs de Parme, de Florence, de Modene & la Republique de Venife : mais il a eu cette confolation de voir ces troubles pacifiez par l'entremife de la Reyne de France Anne d'Auftriche, Mere du ieune Roy, & Regente de fon Royaume. Il a eu pareillement l'honneur de reünir au faint Siege la Principauté d'Vrbin, apres la mort de François Marie de la Roüere, cinquiefme Duc d'Vrbin, & le dernier mafle de cette maifon, en faueur de laquelle le Pape Sixte IV. & Iule II. auoient aliené cette Duché du Domaine de l'Eglife. L'Italie eftant en repos, & l'Eglife en fa fplendeur par les foins de ce Pontife, Dieu le voulant faire ioüir d'vn repos eternel, le retira de la terre fur les huict heures du matin du 29. Iuillet 1644. ayant tenu le Siege vingt-vn an au moins huict iours.

INNOCENT X.
CCXLIV.

IEAN Baptifte Pamphile à prefent Innocent, X. eft
Gentil homme Romain, des nobles maifons de
Pamphile & de Bubalo, dont l'vne a produit Hierofme Pamphilio Cardinal du Pape Clement VIII.
Vicaire de Paul V. & Gouuerneur de Rome. L'autre a donné
à l'Eglife le Cardinal Innocent Bubalo Nonce ordinaire en
France prez le Roy Tres-Chreftien Henry IV. & l'vne & l'autre alliées enfemble par le mariage du Seigneur Camille
Pamphilio, & de Marie de Bubalo fa femme, ont engendré
vn fucceffeur à S. Pierre, & vn Chef à l'Eglife de Dieu, qui a
pris le nom d'Innocent, en receuant la Tiare, pour honorer la memoire du Cardinal de Bubalo fon oncle, qui l'auoit
fait efleuer aux lettres & à la pieté, & pour tefmoigner aux
peuples Chreftiens, qu'il veut gouuerner l'Eglife auec innocence. Ses eftudes l'ont fait receuoir au nombre des Docteurs
à l'âge de vingt-trois ans, fon confeil, fa doctrine & fon integrité l'ont fait paroiftre parmy les Aduocats de la Cour Romaine, au Confiftoire & parmy les Auditeurs de la Rote.
Gregoire XV. l'enuoya Nonce Apoftolique à Naples, & Vrbain VIII fon fucceffeur le nomma Dataire du Cardinal
François Barberin en fa Legation de France & puis d'Efpagne, où il demeura Nonce ordinaire prez de Philippe IV.
auec le titre de Patriarche d'Antioche, & à fon retour receut
le Chapeau de Cardinal. Les emplois honorables & difficiles,
où il fut appliqué par le Pape apres cette eminente dignité
dans les diuerfes Congregations des Ceremonies, du Concile du S. Office, de la propagation de la Foy. de l'immunité Ecclefiaftique, luy ont feruy d'apprentiffage pour fe perfectionner au gouuernement de l'Eglife vniuerfelle, qui luy fut
commis par les fuffrages de cinquante fept Cardinaux le 15.
Septembre 1644.

F I N.

LES NOMS ET L'ORDRE DES
Papes Legitimes.

1. S. Pierre Apoſtre Galileen.
2. S. Lin de Volterre.
3. S. Clet Romain.
4. S. Clement Romain.
5. S. Anaclet d'Athenes.
6. S. Euariſte de Bethleem.
7. S. Alexandre I. Romain.
8. S. Sixte I. Romain.
9. S. Teleſphore de Terreneuue.
10. S. Hygin d'Athenes.
11. S. Pie I. d'Aquilée.
12. S. Anicet Syrien.
13. S. Concorde Soter de Fondi.
14. S. Abonde Eleuthere Grec.
15. S. Victor I. Africain.
16. S. Zephyrin Romain.
17. S. Domitius Calliſte I. Romain.
18. S. Vrbain I. Romain.
19. S. Calpurnius Pontian Romain.
20. S. Antere Grec.
21. S. Fabien Romain.
22. S. Corneille Romain.
23. S. Luce I. Romain.
24. S. Eſtienne I. Romain.
25. S. Sixte II. Romain.
26. S. Denys de la grande Grece.
27. S. Felix I. Romain.
28. S. Eutychian de Luni en Italie.
29. S. Caie de Salone en Eſclauonie.
30. S. Marcellin Romain.
31. S. Marcel I. Romain.
32. S. Euſebe Grec.
33. S. Melchiades Africain.
34. S. Sylueſtre I. Romain.
35. S. Marc Romain.
36. S. Iule I. Romain.
37. S. Libere Romain.
38. S. Damaſe Portugais.
39. S. Sirice Romain.
40. S. Anaſtaſe I. Romain.
41. S. Innocent I. d'Albe.
42. S. Zozime de Ceſarée en Cappadoce.
43. S. Boniface I. Romain.
44. S. Celeſtin I. Romain.
45. S. Sixte III Romain.
46. S. Leon I. de Toſcane.
47. S. Hilaire ou Hilarus de Caglari en Sardaigne.
48. S. Simplicie de Tiuoly.
49. S. Felix II. ou 3. Romain.
50. S. Gela

50. S. Gelafe I. Africain.
51. S. Anaftafe II. Romain.
52. S. Cœlius Symmachus de Sardaigne.
53. S. Cœlius Hormifda de Venafri.
54. S. Iean I. de Tofcane.
55. S. Felix III. ou IV. de Beneuent.
56. Boniface II. Romain.
57. Iean II. Romain.
58. S. Ruftique Agapet I. Romain.
59. S. Cœlius Syluere Romain.
60. S. Vigilius Romain.
61. S. Pelage I Romain.
62. S. Iean III. Romain.
63. S. Benoift I. Romain
64. S. Pelage II. Romain.
65. S. Gregoire I Romain.
66. Sabinien de Tofcane.
67. S. Boniface III. Romain.
68. S. Boniface IV. de Valerie en Italie.
69. S. Deus-dedit Romain.
70. Boniface V. Napolitain.
71. Honoré I. de la Champagne.
72. Seuerin I. Romain.
73. Iean IV Efclauon.
74. Theodore I. Grec.
75. S. Martin I. de Todi.
76. S. Eugene I. Romain.
77. S. Vitalian de Segni.
78. Dieu-donné I. Romain.
79. Don I. Romain.
80. S. Agathon I. de Panorme.

81. S. Leon II. de Catane.
82. S. Benoift II. Romain.
83. Iean V. d'Antioche.
84. Conon de Tomes en Thrace.
85. Sergius I. d'Antioche.
86. Iean VI. Grec.
87. Iean VII de Roffane.
88. Sifinnius I. de Syrie.
89. Conftantin Syrien.
90. S. Gregoire II. Romain.
91. S. Gregoire III Syrien.
92. S. Zacharie de Calabre.
93. Eftienne II. Romain.
94. Eftienne III. Romain.
95. S. Paul I. Romain.
96. Eftienne IV. Sicilien.
97. Hadrien I. Romain.
98. Leon III. Romain.
99. Eftienne V. Romain.
100. Pafchal I Romain.
101. Eugene II. Romain.
102. Valentin I Romain.
103. Gregoire IV. Romain.
104. Sergius II. Romain.
105. Leon IV. Romain.
106. Benoift III. Romain.
107. Nicolas I. Romain.
108. Hadrien II. Romain.
109. Iean VIII. Romain.
110. Conftantin Marin I. de Gallefe en Tofcane.
111. Adrien III. Romain.
112. Eftienne VI. Romain.
113. Formofus du Port.
114. Boniface VI. Romain.
115. Eftienne VII. Romain.
116. Romain du païs des Fa-

lifques en Tofcane.   Romain.
117. Theodore II. Romain.   151. Gregoire VI Romain.
118. Iean IX de Tiuoly.   152. Clement II. Saxon.
119 Benoift IV. Romain.   153. Damafe II. de Bauiere.
120. Leo V. du village de   154. S. Leon IV. de Toul en
     Priape.   Lorraine.
121. Chriftofle Romain.   155. Victor II. de Suaube en
122. Sergius II I. Romain.   Allemagne.
123. Anaftafe III I. Romain.   156. Eftienne X. dit IX. fils
124 Landus des Sabins.   d'vn Duc de Lorraine.
125. Iean X. Romain.   157. Nicolas II. de la Fran-
126. Leon VI Romain.   che-Comté.
127. Eftienne VIII. Romain.   158. Alexandre II. de Milan.
128. Iean XI. Romain.   159. Gregoire VII. de Soa-
129. Leon VII. Romain.   ne.
130. Eftienne IX. Romain.   160. Victor III. de Bene-
131. Marin II. Romain.   uent.
132. Agapet II. Romain.   161. Vrbain II. de Chaftil-
133. Iean XII. Romain.   lon fur-Marne en
134. Leon VIII Romain.   France.
135. Iean XIII. Romain.   162. Pafchal II. Romain.
136. Don II. Romain.   163. Gelafe II. de Gaiete.
137. Benoift V. ou VI. Ro-   164. Califte II. de Bourgo-
     main.   gne.
138. Boniface VII Romain.   165. Honoré II. de Bologne
139. Benoift VII. Romain.   la Graffe.
140. Iean XIV. de Pauie.   166. Innocent II. Romain.
141. Iean XV. Romain.   167. Celeftin II. de Tiferne,
142. Iean XVI. Romain.   à prefent Cità di Caftel-
143. Gregoire V. Saxon.   lo en Ombrie.
144 Sylueftre II. François.   168. Lucius II. de Bologne.
145. Iean XVII. Romain.   169. Eugene III. de Pife.
146. Iean XVIII. Romain.   170. Anaftafe IV. Romain.
147. Sergius IV. Romain.   171. Hadrien IV. Anglois.
148. Benoift VII. ou VIII.   172. Alexandre III. de Sie-
     Romain.   ne.
149. Iean XIX. Romain.   173. Luce III de Luques.
15. Benoift VIII. dit IX.   174. Vrbain III. de Milan.

175. Gregoire VIII. de Beneuent.
176. Clement III. Romain.
177. Celestin III. Romain.
178. Innocent III. d'Ana-
gnie.
179. Honoré III. Romain.
180. Gregoire IX. d'Ana-
gnie en la Champagne
de Rome.
181. Celestin IV. de Milan.
182. Innocent IV. de Genes.
183. Alexandre IV. d'Ana-
gnie.
184. Vrbain IV. de Troye en
Champagne.
185. Clement IV. de Narbo-
ne.
186. Gregoire X. de Plaisáce.
187. Innocent V. de Bourgogne.
188. Hadrien V. de Genes.
189. Iean XX. Portugais.
190. Nicolas III. Romain.
191. Martin II. dit IV. de
Tours.
192. Honoré IV. Romain.
193. Nicolas IV. d'Ascolj.
194. Celestin V. de Sergna
ou d'Eserny au Royau-
me de Naples.
195. Boniface VIII. d'Anagnie.
196. Benoist X. dit XI. de
Taruise.
197. Clement V. Gascon.
198. Iean XXI. dit XXII. de
Cahors.

199. Benoist XI. dit XII. de
Tolose.
200. Clement VI. Limosin.
201. Innocent VI. Limosin.
202. Vrbain V. du Geuodan.
203. Gregoire XI. Limo-
sin.
204. Vrbain VI. de Naples.
205. Boniface XI. Napoli-
tain.
206. Innocent VII. de Sul-
mone.
207. Gregoire XII. de Venise.
208. Alexandre V. de Cre-
te.
209. Iean XXII. dit XXIII.
de Naples.
210. Martin III. dit V. Romain.
211. Eugene IV. Venitien.
212. Nicolas V. de Sarza-
ne.
213. Calixte III. de Xatiue
au Royaume de Valen-
ce.
214. Pie II. de Siene.
215. Paul II. Venitien.
216. Sixte IV. de Sauo-
ne.
217. Innocent VIII. de Genes.
218. Alexandre VI. de Va-
lence en Espagne.
219. Pie III. de Siene.
220. Iule II. de Sauone.
221. Leo X. de Floren-
ce.

222. Adrien IV. d'Vltrect.
223. Clement VII. de Florence.
224. Paul III. Romain.
225. Iule III. d'Arezzo.
226. Marcel II. du Mont-Politian.
227. Paul IV. Napolitain.
228. Pie IV. de Milan.
229. Pie V. d'Alexandrie en Italie.
230. Gregoire XIII. de Bologne.
231. Sixte V. de Montalte.
232. Vrbain VII. Romain.
233. Gregoire XIV. Milanois.
234. Innocent IX. de Bologne.
235. Clement VIII. de Florence.
236. Leon XI. de Florence.
237. Paul V. Romain.
238. Gregoire XV. de Bologne la Grasse
239. Vrbain VIII. de Florence.
240. Innocent X. Romain.

LES ANTIPAPES.

A.

ALbert d'Atella.

Anaclet II. nommé Pierre de Leon.

Anaſtaſe III.

B.

Benoiſt X. Iean Mincius.

Benoiſt XIII. Pierre de la Lune.

C.

Calixte III. Iean l'Hongre Moyne.

Celeſtin II. Thibauld Cardinal.

Clement III. Guibert de la Courroye.

Clement VII. Robert de Geneue.

Clement VIII. Gille Munion.

Conſtantin II. de Nepi.

D.

Dioſcore Romain.

E.

Eulalius Archidiacre de Rome.

F.

Felix II.

Felix IV. ou V. Amedée de Sauoye.

G.

Gregoire VIII Maurice Burdin.

Gregoire, ſans nombre.

H.

Honoré II. Cadolus.

I.

Iean XVII. Eueſque de Plaiſance.

Innocent III. Lando.

L.

Laurent.

Leon VIII.

N.

Nicolas V. Pierre de Renaluce.

Nouatian.

P.

Paſchal III. Archidiacre.

Philippe Abbé de S. Vit à Rome.

Pierre Archipreſtre.

S.

Serge III. auant ſa promotion canonique.

Sylueſtre III.

T.

Theodore Preſtre Romain.

Theodoric Romain.

Theophylacte Archidiacre.

V.

Victor III. Guy de Creme.

Victor IV. Octauian de Monceaux.

Veſicin.

Z.

Zinzius, ou Zinzinus Preſtre Cardinal.

LES PAPES TIREZ DES
Ordres Religieux.

De l'Ordre de S. Benoist.

1. **S**AINT Gregoire le Grand, qui se fit peindre naïfuement auant que de mourir, & laissa son tableau à ses Religieux, non par aucun esprit de vanité, mais pour leur seruir d'exemple, sur lequel ils se pûssent former en l'obseruation de la discipline Religieuse, au rapport de Iean le Diacre. Il faut lire Baronius sur ce sujet.

2. Boniface IV. Religieux du Monastere de S. Sebastien hors la ville, lequel conuertit sa maison paternelle en vn Monastere, & laissa tous ses biens à ses Moynes.

3. Dieu donné Moyne de S. Erasme sur le Mont-Cœlien, qui releua les bastimens & augmenta les reuenus du Monastere, où il auoit fait profession.

4. Agathon I. Moyne du Monastero d'Equitius, d'où il fut tiré pour estre mis sur le Siege de S. Pierre.

5. Gregoire II. Moyne de S. Benoist, dont il releua la discipline descheuë par l'iniure des temps, & persuada par ses saints artifices à Petronax de restablir le Monastere du Mont Cassin bruslé par les Lombards, & de le repeupler de bons Religieux, dont il fut le sixiesme Abbé apres S. Benoist, & comme le second Fondateur de l'Ordre.

6. Zacharie Religieux de S. Benoist, qui consacra l'Eglise de ce grand Patriarche des Moynes bastie au Mont Cassin par Petronax, estant accompagné de treize Archeuesques & de soixante huit Euesques, & remit au Monastere les regles escrites de la propre main de S. Benoist, auec le poids du pain & la mesure du vin ordonnée à chaque Religieux, qui auoient esté

tranſportez à Rome par ceux qui fuyoient la perſecution des Lombards.

Eſtienne IV. Religieux dans le Monaſtere de S. Chryſogo-7. ne à Rome.

Leon III. de Chanoine Regulier Moyne de S. Benoiſt, 8. puis Cardinal & Pape, ayant perdu les yeux, la langue & le Siege par la cruauté de ſes ennemis, recouura l'vſage de la veuë & de la parole par vn miracle de Dieu, & ſa dignité par l'autorité de Charle-magne.

Paſchal I. eſtoit Abbé de S. Eſtienne, prés S. Pierre, auant 9. que d'eſtre Pape.

Gregoire IV. eſtoit Moyne du Monaſtere de Foſſe-neuue. 10. Dieu l'eſleua ſur le Thrône de l Egliſe pour la conuerſion des Suedois, Goths & Danois, qui receurent les lumieres de l'Euangile de ſix Religieux de S. Benoiſt, que le Pape leur enuoya; au temps que l'Empereur Theophile fut porté ſur le Thrône de l'Orient pour faire la guerre aux Moynes & aux SS.

Leon IV. Religieux du Monaſtere des Saints Sylueſtre & 11. Martin és Monts.

Iean IX. ſuiuit la meſme profeſſion. 12.

Leon V. ayant eſté tiré du Monaſtere par les gens de bien 13. pour gouuerner l'Egliſe vniuerſelle, fut contraint d'y rentrer par Chriſtofle, qui vſurpa ſon Siege.

Sylueſtre II Moyne de Fleury ſur Loire prés d'Orleans, 14. puis Archeueſque de Rheims, & de Rauonne, & enfin Pape de Rome, veſcut trop bien pour eſtre ſi mal traité apres ſa mort par les ignorans ou enuieux de ſa gloire, qui l'ont fait paſſer pour vn Magicien dans l'opinion du peuple.

Serge IV fut auſſi bon Pape que deuot Religieux. Ciaco-15. nius ſe trompe & le prend pour vn autre, qui fut ſurnommé Groin de Pourceau, *Bucca Porci.* Pour le regard de Leon IX. il ne fut iamais Moyne de S. Benoiſt, quoy qu'en eſcriuent ceux de l'Ordre. Il eſt vray, qu'il defera beaucoup aux conſeils d'Hildebrand Moyne de Cluny, & eut beaucoup d'inclination pour ceux qui profeſſoient la vie Monaſtique.

Eſtienne X. Prince Lorrain fut Moyne & Abbé du Mont-16. Caſſin, & donna le tiltre & le rang de Cardinal à trois de ſes Religieux.

17. Gregoire VII. nommé Hildebrand le Pedagogue des Empereurs, auoit porté l'habit & fait profeſſion de Moyne à Cluny, où il fut Prieur, & puis Abbé de S. Paul à Rome.

18. Victor III. comme vn autre Alexis, ayant quitté ſon eſpouſe ſans la toucher, ſe retira dans la ſolitude, où il paſſa quelques années de ſa vie, preferant la baſſeſſe de la maiſon de Dieu aux grandeurs de ſon pere Prince de Beneuent. Il fut Abbé du Mont-Caſſin, où il apprit à gouuerner l'Egliſe dans l'adminiſtration d'vn ſi celebre Monaſtere.

19. Vrbain II. fut Religieux de Caue, & puis de Cluny, où il fit amitié auec Hildebrand, qui eſtant paruenu au Souuerain Pontificat, le fit venir aupres de luy, pour le preparer à tenir vn iour ſa place.

20. Paſchal II. Succeſſeur d'Vrbain II. fit auſſi Profeſſion de Moyne dans le meſme Monaſtere, qui a donné trois Papes preſque l'vn apres l'autre à l'Egliſe Romaine.

21. Gelaſe II. qui ſucceda à Paſchal au Pontificat & fut comme il diſoit, ſon baſton de vieilleſſe, auoit pareillement ſuiuy la regle de S. Benoiſt au Mont-Caſſin, auant que d'eſtre Chancelier de l'Egliſe, & mourut dans l'Abbaye de Cluny, où il s'eſtoit retiré fuyât la perſecution de l'Empereur & de l'Antipape. Calixte II. qui luy ſucceda, fut eſleu Pape au méme Monaſtere. Iamais il ne fut Moyne, mais Archeueſque de Vienne.

22. Eugene III. Diſciple & Religieux de S. Bernard à Clairuaux, à qui ce ſaint & ſage Maiſtre des Sages & des Saints addreſſa ſes beaux liures de la conſideration.

23. Gregoire VIII. Perſonnage ſincere.

24. Benoiſt IX. dit XI. Moyne de Ciſteaux, puis Abbé de Fontfroide, & Eueſque de Pamiers, fut d'autant plus illuſtre en ſon Pontificat, qu'il n'auoit rien que de bas en ſa naiſſance, eſtant fils d'vn Menuſier prés Tholoſe, comme ſon Predeceſſeur l'eſtoit d'vn Cordonnier.

25. Clement VI. Moyne de la Chaiſe-Dieu, Dioceſe du Puy ſur les montagnes d'Auuergne, & Abbé de Feſcâp en Normandie.

26. Vrbain V. prit l'habit de S. Benoiſt au Prieuré de Chirac en Geuaudan, & fut Abbé de S. Germain d'Auxerre, & puis de S. Victor de Marſeille, d'où il monta à la dignité de Cardinal, & de là ſur le S. Siege.

Nous

Nous pouuons adiouster à ce nombre S. Celestin, puis que
dés son ieune âge il prefera la solitude aux plaisirs du monde,
& embrassa la Regle de S. Benoist dans le Monastere de Nostre
Dame de Faisele au diocese de Beneuent, où il fut Abbé, &
institua vn Ordre particulier, qui porte à present son nom. 27.

DE L'ORDRE DES CHANOINES
Reguliers de S. Augustin.

A i n t Leon II. du nom fut le premier qui monta
du siege des Chanoines Reguliers sur celuy de saint
Pierre. 1.

Benoist II son successeur estoit aussi Chanoine Regulier
de S Iean de Lattran, auant qu'il en eust pris possession en qualité d'Euesque vniuersel. 2.

Sergius I. fils d'vn Marchand d'Antioche ayant esté receu
dans le Clergé de Rome pour sa doctrine & pieté, fut premierement Chanoine Regulier, puis Cardinal, & enfin Pape apres
Conon. 3.

Ie ne mets point en ce nombre Zacharie, puis que de Chanoine il se fit Moyne de S. Benoist, auant que de paruenir au
Souuerain Pontificat; mais Estienne III. son successeur, que
Dieu choisit pour l'honneur de son Eglise, & pour la conseruation de sa patrie. 4.

Eugene II. qui eut l'auantage sur Sisinnius son competiteur. 5.

Sergius II. du nom qui mit la couronne de l'Empire sur la
teste de l'Empereur Louys fils de Lothaire. 6.

Benoist III. qui fut consideré comme vn Astre de bon presage parmy les tempestes, dont l Eglise fut agitée. 7.

Formosus eut rang parmy les Chanoines Reguliers, auant
que de monter par les dignitez Ecclesiastiques sur le siege du
Prince des Apostres : où par vne nouueauté sans exemple il
fut estably estant desia Euesque du Port, la coustume ancienne de l'Eglise Romaine estant de ne faire aucun Pape, que de 8.

l'Ordre des simples Preſtres ou Diacres.

9. Benoiſt IV. Chanoine Regulier de Latran conſerua l'humilité dans les grandeurs, & la pureté dans la corruption du ſiecle.

10. Landus eſtoit pareillement Chanoine, lors qu'il fut eſleu Pape. Il auoit occaſion de changer ſon nom barbare en changeant de fortune, s'il euſt eu l'exemple de quelqu'vn de ſes Predeceſſeurs.

11. Alexandre II. fut tiré du Chapitre Regulier de S. Iean de Latran pour prendre l'adminiſtration de Luques, & puis appellé à Rome pour poſſeder la Chaire de S. Pierre contre les vaines pretenſions de Cadolus.

12. Honoré II. Archidiacre de Bologne ſuiuit auſſi la regle de S. Auguſtin, ſur laquelle il forma ſes mœurs dignes du Pontificat.

13. Innocent II. eſtant encore ieune ſe rangea ſous la meſme diſcipline, où il fit de grands progrés aux lettres & aux vertus.

14. Luce II. natif de Bologne fut Chanoine Regulier à Luques, dans l'Abbaye de Sainte Croix de Ieruſalem de la Congregation de S. Fridian.

15. Anaſtaſe 4. profeſſa la meſme regle, & fut Abbé de S. Roux au Dioceſe de Valence en Dauphiné.

16. Adrien IV. fut ſon compagnon de Profeſſion & ſon ſucceſſeur à l'Abbaye & au Pontificat.

17. Alexandre III. fut tiré de la compagnie des Chanoines Reguliers de l'Egliſe de Piſe par Eugene III. qui le fit Cardinal.

18. Luce III. Chanoine Regulier de S. Fridian de Luques prit ce nom, tant par alluſion à la ville de ſa naiſſance, que pour reconnoiſſance des obligations qu'il auoit à Luce II. qui l'auoit creé Cardinal.

19. Innocent III. eſtoit Chanoine de S. Iean de Latran, & fit ſes eſtudes dans l'Vniuerſité de Paris auec vn merueilleux ſuccés.

20. Eugene IV. fut auſſi Chanoine Regulier de la Congregation de S. George *in Alga* à Veniſe, qui obſerue la regle de S. Auguſtin.

DE L'ORDRE DE SAINT
Dominique.

'Ordre de S. Dominique a donné trois fuc-
cesseurs à S. Pierre, Innocent V. Benoist XI. &
Pie V.

Innocent qui se nommoit Pierre de la Taren- 1.
taise receut le Bonnet de Docteur à Paris, où il
enseigna quelque temps la Theologie. Puis il fut esleu Prieur
Prouincial de son Ordre en France ; & en suite Archeuesque
de Lion, Cardinal de l'Eglise Romaine, Euesque d'Oftie,
grand Penitencier, & enfin Pape.

Benoist estoit fils d'vn Berger de Lombardie, & se nom- 2.
moit Nicolas auant sa promotion. Il passa par toutes les charges de son Ordre, & gouuerna l'Eglise huit mois & six iours. 3.

Vn des plus saints personnages que S. Pierre a veu establis
sur son Siege, a esté Pie V. du nom.

DE L'ORDRE DE SAINT
François.

Icolas IV. a releué la baffesse de sa naissance par la 1.
grandeur de ses vertus, & rendu l'Ordre de saint
François, dont il estoit Ministre General, illustre
par son Pontificat.

Alexandre V. fut Professeur en Philofopie & 2.
Theologie dans l Vniuersité de Paris, & esleu Pontife souuerain au Concile de Pise.

Sixte IV. & Sixte V. ont esté les deux flambeaux de l'Ordre 3.
Seraphique. &

Paul IV. de la maison des Caraffes a institué l'Ordre des 4.
Clercs Reguliers Theatins. 5.

LES SCHISMES EXCITEZ
dans l'Eglise Romaine.

1. IL n'y auoit eu ny Schifme ny Antipape dans l'Eglife Romaine iufques à *Nouatian* Preftre Romain, qui eftant animé contre *Corneille* fucceffeur de S. Fabian en ietta les premieres femences, & ofa le premier efleuer vn Autel contre l'Autel dans la maifon de Dieu, à la follicitation de Nouatus Euefque d'Afrique, qui ayant ietté le trouble dans les Eglifes d'Afrique, defuny les Fideles de la communion de Saint Cyprien leur Prelat, ordonné des Miniftres fans fon confentement, & remply la Prouince de defordres & de diuifions, s'achemina pareillement à Rome, pour renuerfer l'Eglife Romaine, & feparer le peuple de l'vnion du Clergé, & les membres de la dependance de leur Chef.

2. Le fecond fchifme fut entre Liberius & Felix, qui occupa le Siege par vn Schifme, bien qu'il foit qualifié faint, & fecond du nom. Conftantius Empereur ayant fait venir Liberius à Milan, pour le faire confentir à la communion des Ariens, & foufcrire au iugement qu'ils auoient porté contre S. Athanafe, & ne pouuant efbranler fa conftanee ny par promeffes ny par menaces, le depofa du Souuerain Pontificat, & le relegua dans la Thrace, où il demeura deux ans. Cependant l'Empereur & les Ariens fubftituerent Felix Cardinal Diacre en fa place, par l'entremife d'Acacius Euefque de Cefarée; duquel Rufin efcrit, Les heretiques fubftituent en la place de Liberius Felix fon Diacre, lequel fe fouille non tant par la diuerfité de leur feéte, que par la conniuence de la communion & de l'ordination. Celuy qui l'auoit efleué fur le Trofne, l'en fit defcendre puis apres: & mefme au rapport de quelques vns, luy fit trencher la tefte pour auoir condamné fon impieté.

3 Apres la mort de Liberius Vrfin, ou Vificin, ou felon quelques vns, Vrfatius Diacre de l'Eglife Romaine, fe porta pour competiteur de Damafe au Pontificat, & fufcita le troi-

siesme Schisme à la faueur de quelques Euesques peu confiderables, qui l'esleurent pour Euesque de Rome. Ce qui alluma vne telle sedition parmy le peuple diuisé, que le mal
vint iusques aux meurtres, & il fallut pour reprimer les efforts d'Vrsatius, dit Sozomene, que le Prefect de la ville de
Rome en punit plusieurs tant du Clergé, que du peuple.
L'Empereur Valentinien ayant approuué l'eslection de Damase chassa de Rome Vrsicin auec ceux de son party, & les
relegua en exil au pays de Cologne.

Le quatriesme Schisme fut excité par Eulalius troisiesme 4.
Antipape dans l'Eglise vniuerselle. Il estoit Archidiacre de
Rome, fut esleu par vne partie du Clergé, prit possession du
S. Siege, à la faueur de Symmachus gouuerneur de la ville,
l'occupa enuiron six ou sept mois dans le Siege, & enfin chaffé de la ville par le commandement de l'Empereur Honorius,
& deposé du throsne de S. Pierre par le iugement de deux
cens cinquante deux Euesques.

Le desir que l'Empereur Anastase auoit de trouuer vn Pape 5.
à sa deuotion, fit naistre vn cinquiesme Schisme entre Symmachus & Laurent, qui furent tous deux esleus par la dif-
corde du Clergé & des Citoyens de Rome. Symmachus demeura legitime Pontife, & Laurent Antipape s'estant demis volontairement de son vsurpation, reconnut son aduer-
saire pour vray successeur d'Anastase III. & souscriuant à son
eslection fut fait de sa main Euesque de Nocera, dans la
Champagne d'Italie.

Boniface II ayant esté esleu pour gouuerner l'Eglise, quel- 6.
ques vns corrompus par argent luy opposerent Dioscore, qui
suscita vn sixiesme Schisme dans l'Eglise Romaine. Mais Dieu
fit cette faueur au S. Siege qu'il le vit estoufé presque dans
sa naissance, par la mort de Dioscore, auparauant Prestre
Cardinal qui mourut vingt-huict iours apres son inuasion, &
fut enterré dans l'Eglise de S. Pierre.

Le septiesme Schisme fut excité par l'Imperatrice Theodo- 7.
re, laquelle indignée de ce que S. Agapet Pape auoit deposé
Anthime Patriarche de Constantinople de son Siege, &
voyant que Syluerius ne vouloit aucunement consentir à son
restablissement, fit venir Vigilius Diacre d'Agapet, & luy

hh iij

promit de le porter fur le Throfne de S. Pierre, s'il vouloit
condefcendre à fes defirs. Ce qu'il fit d'autant plus volontiers, qu'il auoit defia effayé contre les loix & couftumes anciennes, de fe faire eflire Pape du temps mefme de Boniface
II. Belifaire Lieutenant de l'Empereur & Miniftre des paffions de l'Imperatrice, ayant fait accufer calomnieufement
Siluerius d'auoir voulu liurer la ville de Rome aux Goths, le
relegua dans l'Ifle Palmarie, où il vefcut quélques années
dans vne extreme neceffité, pendant lefquelles Vigilius vfur-
pa le Throfne Apoftolique auec violence, qu'il quitta puis
apres par vn efprit de penitence, ayant entendu les miracles
que Dieu operoit au fepulchre de Syluerius, & y fut remis
legitimement par les fuffrages du Clergé & du peuple Romain.

8.   Le Schifme qui furuint entre Theodore Preftre & Pierre
Archipreftre, ne fut pas de longue durée. Car apres la mort
de faint Leon II. comme on eftoit dans les contestations de
deux partis, les vns tenant pour le Preftre, les autres pour
l'Archipreftre, en vn inftant tout le Clergé d'vn commun
accord entra dans le Palais de Latran, où ils efleurent vn
tiers, fçauoir Conon, homme venerable pour fes vertus & fa
vieilleffe, qui fut bien-toft reconnu de la Milice & du Peuple, diuifé auparauant pour les deux autres qui pretendoient
au Pontificat.

9.   Le neufiefme Schifme fut apres le deceds de Conon entre
Theodore Archipreftre, & Pafchal Archidiacre, lequel fut
bien-toft appaifé; les premiers Magiftrats, l'armée Romaine,
la plus grande partie du Clergé & principalement les Preftres, & vne grande multitude de peuple s'eftans tranfportez
par vne infpiration diuine au facré Palais, où ils donnerent
tous leurs voix & leurs fuffrages au venerable Sergius Preftre
de l'Eglife Romaine, lequel Theodore reconnut & falua d'v-
ne franche volonté, & Pafchal par contrainte. *l'an* 987.

10.   Eftienne III. eftant decedé, le peuple Romain fut diuifé
pour l'eflection d'vn fucceffeur, les vns adherans à Theophylacte Archidiacre, & les autres fe rangeant du cofté de Paul
Diacre, qui eut enfin le deffus, & fut mis en poffeffion de la
Chaire Apoftolique. 758.

Le Pape Paul I. n'ayant pas encore rendu l'esprit, vn certain 11.
Toton Duc, habitant à Nepi, & ses freres Constantin, Pas-
siuus & Paschal assemblerent vn grand nombre de soldats, &
firent eslire & sacrer Constantin, qui vsurpa le S. Siege vn an
& vn mois, & se fit confirmer par vn conciliabule d'Euesques, qui approuuerent son eslection les vns par crainte, les
autres par violence. Mais ayant esté chassé & Philippe Prestre mis en sa place par le peuple, criant à haute voix, Philippe Pape, saint Pierre l'a esleu, lequel neantmoins ceda bien-
tost à la puissance de Christofle Conseiller du saint Siege : &
au choix qu'on fit d'Estienne IV. du nom, l'Eglise commença de iouïr de la paix qu'elle auoit perduë par ce Schisme, vn
des plus cruels & funestes, qu'elle eust encore soufferts. 768.

L'eslection d'Eugene II. successeur de Paschal ne fut pas 12.
paisible. L'historien des gestes de l'Empereur Louis escrit
qu'il y eut lors deux Papes par la desvnion du peuple, Zinzinus, & Eugene II. qui eut l'auantage estant porté des Nobles, l'autre n'estant appuyé que du peuple.

Benoist III. ayant esté subrogé en la place de Nicolas IV. 13.
sans qu'il soit fait aucune mention de cette fausse Papesse, que
Platine produit sur le Theatre de la Religion deguisée en
homme, Anastase autrefois Prestre du Titre de saint Marcel,
excōmunié & deposé du temps de Leon, fut par la faction de
quelques seditieux introduit en sa place. Le Clergé & le peuple Romain s'opposa auec tant de constance & de courage à
cette inuasion, qu'ils le chasserent honteusement, & ayant
restabli Benoist dans son Siege, le firent sacrer dans l'Eglise
de saint Pierre en presence des Ambassadeurs ou Agens de
l'Empereur, qui auoient fauorisé le party de l'Antipape.
855.

Le quatorziesme schisme dont l'Eglise fut affligée, arriua 14.
entre Formose & le Cardinal Serge. Luitprand en parle en
ces termes : La cause de la diuision qui suruint entre Formose
& les Romains fut celle-cy. Le predecesseur de Formose estant
decedé, vn certain Diacre de l'Eglise Romaine nommé Serge,
fut esleu d'vne partie des Citoyens; & l'autre partie, qui estoit
la plus considerable, voulut auoir Formose Euesque du Port,
homme celebre & illustre pour sa vraye Religion, doctrine

& fuffifance aux Saintes Ffcritures. Mais lors que Serge fut
fur le point d'eftre ordonné Vicaire des Apoftres, le party qui
fauorifoit Formofe, le chaffa de l'Autel auec vn grand tumulte, & inftitua Formofe Pape. *an.* 891.

15.   Onuphre remarque pour le quinziefme Schifme, que Iean
IX. ayant efté efleu fucceffeur de Theodore II. Serge fils
de Benoift parent des Comtes de Tufcanelle, fut derechef
efleu contre luy, & que neantmoins il fe deporta du Pontificat, & fouffrit vn banniffement forcé *an.* 901. Mais cette retraite ne diminua rien de fon ambition & ne luy fit point perdre l'efperance de paruenir vn iour au comble des dignitez
humaines, comme il fit : car Leon V. quarante iours apres fa
promotion, ayant efté mis en prifon par Chriftophle Preftre
de l'Eglife Romaine, où il mourut de regret, le Siege fut occupé par ce Chriftophle affifté des plus mefchans de la ville de
Rome, & luy vn peu apres receut le mefme traitement de Serge, qui auoit efté reietté deux fois du Pontificat, lequel enfin
il occupa, depofa Chriftophle, & contraignit les Romains
de condamner les ordinations faites par Formofus. *an.* 908.

16.   Iean XII. le plus prophane des hommes ayant efté depofé
par vn Synode Romain, Leon VIII. fut efleu en fa place, &
facré felon les folennitez accouftumées, du confentement
de l'Empereur Othon. L'Empereur ne fut pas pluftoft forty
des murailles de Rome, que Iean y fut rappellé par les fecret-
tes intelligences des femmes qui l'aymoient, lequel contraignit Leon de s'enfuir vers l'Empereur. Iean eftant mort bien-
toft apres, les Romains luy donnerent pour fucceffeur Benoift, que fes partifans nommerent V. du nom, fans fe fou-
cier de Leon, qui eftoit la creature de l'Empereur. Ce qui
obligea ce Prince de retourner à Rome, où il reftablit Leon,
& emmena Benoift en Allemagne, & le donna en garde à
l'Archeuefque d'Hambourg, entre les mains duquel il mourut auec opinion de fainteté. Les Romains, qui n auoient peu
ny deu le reconnoiftre pour leur Pafteur legitime pendant fa
vie, le reconnurent pour leur Patron apres fa mort, & impe-
trerent d'Othon III. que fon corps fut apporté d'Hambourg
à Rome *an.* 962.

17.   Le dix-feptiefme Schifme fut efmeu dans l'Eglife entre Boniface,

niface, que quelques-vns nomment VIII. & Benoiſt pareillement VII. qui remporta la victoire.

L'election de Gregoire V. faite par l'authorité de l'Empereur Othon ſon oncle, fut la cauſe de pluſieurs maux, & le 18. ſuiect d'vn Schiſme dans l'Egliſe. Car l'Empereur s'en eſtant retourné dans l'Allemagne, Creſcentius Conſul de Rome chaſſa le Pape de ſon Siege, & eſtablit en ſa place Philagathus Eueſque de Plaiſance, qui ſe fit nommer Iean XVI. l'Empereur voulant venger l'affront fait à ſa Maieſté, & l'iniure renduë à ſon neueu, reuint à Rome, où il fit couper les mains & les oreilles, & arracher les yeux à Iean; & non content de cette rigoureuſe iuſtice, le mit entre les mains des Romains, qui le mirent ſur vn Aſne, & le menerent par toutes les ruës de la ville, tenant la queuë de la beſte en ſa main, en chantant ces paroles, *Tale ſupplicium patitur, qui Romanum Papam de ſua ſede pellere nititur.* L'on fait ſouffrir vn tel ſuplice, *à celuy qui s'eſt efforcé de chaſſer le Pape de ſon Siege.* an. 995.

Benoiſt VIII. frere d'Alberic Comte de Tuſcanelle ayant 19. eſté fait Pape à la faueur de ſon frere, eut vn certain Gregoire plus puiſſant que luy à Rome; qui luy conteſta ſon eſlection, & l'obligea par ſa violence de s'enfuir vers Henry Roy d'Allemagne, pour implorer ſon ſecours contre ce ſchiſmatique. Le Roy vint à Rome auec ſa femme Cunegonde, & remit dans ſon Siege ce Pape fugitif. *an.* 1012.

Theophilacte fils d'Alberic Comte de Tuſcanelle, ayant eſté 20. eſleu en la place de Iean XX. ſe fit nommer Benoiſt, & quelques-vns luy donnerent le ſurnom de Ieune, pour la difference de ſon oncle Benoiſt VIII. & pour auoir eſté porté par ſes richeſſes & par ſon ambition ſur ce haut ſiege d'honneur à l'âge de dix ou de douze ans. L'Egliſe ayant ſupporté quelque-temps ſes deſbauchez & diſſolutions, enfin les Romains le chaſſerent de ſon Siege, nonobſtant la grandeur de ſa naiſſance & l'authorité de ſes parens, & mirent en ſon lieu Sylueſtre III. qui fut vn remede auſſi dangereux que le mal. Sylueſtre n'auoit pas encore occupé le Siege trois mois, que Benoiſt aſſiſté de ſes parens le chaſſa à ſon tour, & puis ſe voyant haï de tout le monde, vendit ſa dignité

à Iean Archipreftre, moyennant vne fomme de deniers, &
fe retira dans fa maifon paternelle, pour exercer fes amours
auec plus de licence. On vit bien-toft trois Papes à Rome
en mefme temps ; car l'ambition & le defir de regner ren-
trant dans l'efprit de Benoift, il s'empara pour la troifiefme fois
du throfne de l'Eglife, & fe fortifiant contre les deux autres
commença de faire le Pape. Ces trois vfurpateurs diuiferent
les reuenus de l'Eglife, & eftablirent chacun leur Siege fepa-
rement; l'vn à S. Pierre, l'autre à Ste Marie Maieur, & le troifiefme, qui fut Benoift, au Palais de Latran. Enfin Iefus-
Chrift ayant compaffion de fon Eglife, vn certain Preftre
tres-Religieux, nommé Gratian, dit Othon de Frifinge, alla
trouuer ces trois Schifmatiques, & leur perfuada par raifons
& par argent de renoncer au S. Siege. Dont les Citoyens Romains eftant fort ioyeux efleurent ce Preftre, comme libera-
teur de l'Eglife de Dieu, au Souuerain Pontificat, & luy changeant fon nom le nommerent Gregoire VII. *an.* 1044.

21.   Eftienne X. du nom ayant quitté le Pontificat auec la vie,
Gregoire Comte de Galerie accompagné de quelques Seigneurs Romains s'empara de nuict du Palais de Latran, & mit
Iean Euefque de Velitre fur la Chaire de faint Pierre, & luy
donna le nom de Benoift X. Pierre Damien homme fçauant
& religieux, qui auoit efté fait Cardinal depuis peu par le
Pape Eftienne, apres s'eftre oppofé courageufement à la temerité du Comte, fut contraint de s'enfuir auec les autres
du facré College. De forte que les Satellites de Gregoire traif-
nant violemment l'Archipreftre de l'Eglife d'Oftie, le con-
traignirent de confacrer Benoift, & de le mettre en poffeffion
du Siege. Hildebrand eftant de retour de fa legation d'Allemagne, où le defunt Pape l'auoit enuoyé, s'arrefta à Florence,
& ayant tiré par lettres le confentement des principaux Seigneurs de Rome, efleut Pontife Souuerain Gerard Euefque
de Florence, qui prit le nom de Nicolas II. auec la Tiare, &
obligea l'vfurpateur de venir fe ietter à fes pieds pour receuoir la penitence de fon inuafion. 1059.

22.   Le faint Siege ayant vaqué prez de trois mois apres la mort
de Nicolas II. les Cardinaux efleurent d'vn commun confentement Anfelme Euefque de Luques, qui prit le nom

d'Alexandre II. l'Imperatrice, & le Roy son fils n'approuuant pas cette eslection faite sans leur authorité, firent eslire vn autre Pape, nommé Cadalus Euesque de Parme, qui prit le nom d'Honoré II. Il n'y eut que sa mort qui termina le Schisme, & donna la paix à l'Eglise.

Alexandre ayant gouuerné pendant quelques années, le 23. peuple auec le Clergé esleut Hildebrand pour luy succeder, luy donna le *Pallium*, ou manteau rouge selon la coustume, luy mit la mitre sur la teste, l'installa dans son Siege contre son gré; & luy donna le nom de Gregoire VII. Les Euesques & Princes Schismatiques, qui defendoient le party d'Henry Roy d'Allemagne, que Gregoire auoit excommunié & priué de son Royaume, formerent vn decret iniuste & temeraire, par lequel ils deposerent ce grand Pontife, & esleurent en son lieu Guibert Archeuesque de Rauenne, & Chancellier du Roy Henry, qui le mena à Rome en triomphe, & receut de sa main la Couronne Imperiale. Cet vsurpateur prit le nom de Clement III. crea des Cardinaux, & exerça toutes les fonctions du Souuerain Pontificat, sous Gregoire VII. Victor III. Vrbain II. & Paschal ses successeurs, pendant vingt-trois ans. Le Schisme ne fut pas esteint auec la vie de ce malheureux, qui mourut l'an 1001. Car l'Empereur l'entretint auec vne telle rage, qu'il luy subrogea trois autres Antipapes l'vn apres l'autre, Albert, Theodore & Maginulphe, qui se fit nommer Syluestre III.

Gelase II. surnommé le ieune, dés le iour de son eslection 24. fut cruellement traité par Centius Frangipane, factionnaire & partisan de l'Empereur Henry, qui le tira par les cheueux de l'Eglise, & l'emmena prisonnier dans sa maison chargé de coups & couuert de sang. Quelque temps apres l'Empereur fasché de ce qu'il auoit esté esleu sans son authorité, luy opposa Maurice Burdin Archeuesque de Bracares ou Braga, Limosin de naissance, qui prit le nom de Gregoire VIII. & continua dans son vsurpation iusques au Pontificat de Calixte II. qui vint luy mesme en personne l'assieger dans la ville de Suthry, où il exerçoit ses brigadages. Les Suthriens apprehendant l'euenement du siege prirét Burdin, & le liurerent entre lesmains des soldats, criát à haute voix, Maudit sois-tu, qui as

eſſayé de déchirer la Tunique de Ieſus-Chriſt, & preſumé
de diuiſer l vnité Catholique. Les ſoldats le mirent ſur vn
chameau à rebours, tenant la queuë de cét animal pour bride, & reueſtu d'vne peau de chevre ſanglante au lieu de ſa
chappe de pourpre, & puis l enfermerent dans le Monaſtere de Caue, où il mourut dans ſon obſtination, enuiron
l'an 1120.

25.   Celeſtin II. ayant eſté nommé, comme vn homme de
Dieu, pour ſucceder à Calixte II. quelques-vns proclame-
rent Lambert Eueſque d'Oſtie Pape, ſous le nom d'Honoré II. & le veſtirent des ornemens Pontificaux. Ce qui excita du commencement vn grand tumulte, lequel fut bien-
toſt pacifié par la renonciation de Celeſtin, & par l'humilité d Honoré, qui depoſa luy meſme la Chappe & le Manteau Pontifical en la preſence des Eueſques, Preſtres & Diacres Cardinaux, qui les toucha ſi viuement, que pour n'in-
troduire à l'auenir aucune nouueauté dans l'Egliſe Romaine, ils reformerent ce qui eſtoit defectueux à ſon election,
& le nommant pour la deuxieſme fois ſe proſternerent à ſes
pieds, & le reconnurent pour Paſteur Souuerain & legitime
de l Egliſe vniuerſelle, l'an 1124.

26.   L'Egliſe fut affligée d'vn xxvi. Schiſme, apres le deceds
d'Honorius II. Gregoire Cardinal Diacre de S. Ange ayant
eſté choiſi pour gouuerner l'Egliſe ſous le nom d'Innocent II. par dix-ſept Cardinaux ; & Pierre Leon ayant
eſté puis apres proclamé ſous le nom d'Anaclet par vingt-
vn autres Cardinaux, en hayne d'Innocent. Et bien que
ſaint Bernard l'ait iugé ſi peu capable d'eſtre Chef de l'Egliſe
vniuerſelle, qu'il n'eſtoit pas meſme à ſon aduis digne de
gouuerner vne bourgade ; toutefois ſon election ne laiſſa
pas de produire de grands mal heurs à l'Italie, & vn pernicieux Schiſme à toute la Chreſtienté, les Eueſques & Cardinaux demeurans diuiſez, la meilleure & plus ſainte partie
demeurant attachée au party d'Innocent, mais la plus forte
& la plus dangereuſe perſiſtant pour la deffenſe d'Anaclet,
qui mourut dans ſon peché l'an 1138. Ses partiſans en eſleurent vn autre en ſa place qu'ils nommerent V ctor IV. lequel bien-toſt apres vint trouuer de nuict ſaint Bernard,

qui eſtoit lors à Rome pour reduire les Schiſmatiques à leur
deuoir, depoſa la mitre & les ornemens Pontificaux en ſa preſence, & fut conduit aux pieds d Innocent par cet Ange de
paix.

Le lien de la paix & de l'vnion de l'Egliſe fut encore rom- 17.
pu apres le deeeds d Hadrien, par la diuiſion des Cardinaux,
dont la plus grande & la plus ſage partie nomma Alexandre 3.
les autres, qui n'eſtoient pas conſiderables en nombre, donnerent leur voix à Oƈauian Cardinal Preſtre du tiltre de ſainte
Cecile, nommé Viƈor IV. Alexandre fut reueſtu malgré luy
de la Chappe Pontificale, ſuiuant les anciennes ceremonies:
ce qui tranſporta tellement l'eſprit ambitieux d'Oƈauian,
lequel aſpiroit à la Monarchie de l'Egliſe auec autant de paſſion que l'autre s'en retiroit, qu'il luy aracha de ſes mains auec
violence la chappe du col, pour la veſtir, ſi vn des Senateurs,
qui eſtoit preſent, ne ſe fût oppoſé courageuſement à ſon inſolence, qui n'eut d'autre ſuccés, que le meſpris, qui accom-
compagne ordinairement l'ambition, comme la gloire ſuit
l'humilité. Car ſon Chappelain l'ayant reueſtu d'vne autre
Chappe, il arriua fort à propos, que la partie qui doit couurir
le deuant de la perſonne eſtoit derriere, & comme il voulut remedier à ce ſpeƈacle ridicule, il la retrouſſa de ſi mauuaiſe grace tant il eſtoit troublé, que les franges inferieures eſtoient
ſur ſon col, & le capuchon à ſes genoux. Ce qui fut vne marque de ſes intentions peruerſes, & vn preſage du renuerſement
de ſon Pontificat, qui ne fut approuué que de Frederic Empereur, & mourut auant que d'eſtre viƈorieux. Le Schiſme ne
finit pas auec ſa vie. Guy de Creme fut introduit en ſa place
ſous le nom de Paſchal III. qui couronna de ſa main l'Empereur Frederic & l'Imperatrice Beatrix ſa femme dans l'Egliſe
de S. Pierre de Rome, & mourut bien-toſt apres. Ceux de ſa
faƈion eſleurent en ſon lieu Iean Eueſque de Tuſculum ou
Freſcaty, qui prit le nom de Calixte III. ſous lequel il regna
plus de cinq ans dans ſon ſchiſme. Mais enfin Alexandre vid
cet Antipape & l'Empereur meſme à ſes pieds auec leurs adherans & confederez, qui le reconnurent pour le ſucceſſeur legitime de S. Pierre, l'an 1178. Onuphre penſe que Caliſte ayât
renoncé à ſes fauſſes pretenſions dés l'an 1176. pour eſtre pro-

meu à l'Archeuefché de Beneuent, les Schifmatiques ne laifferent pas d'eflire vn quatriefme Antipape en fa place, à fçauoir Lando, qui prit le nom d'Innocent III.

28.   Clement V. eftant decedé, les Cardinaux s'affemblerent à
Carpentras pour luy donner vn fucceffeur. Mais les efprits
eftans partagez, & les Gafcons voulans vn Pape de leur nation,
les Cardinaux François vn de la leur, & les Italiens pareillement vn Italien, l'affemblée fut rompuë fans autre fuccés, que
du feu qui fe prit au Conclaue. Enfin deux ans & quelques
mois apres le deceds de Clement, tous les Cardinaux affemblez à Lion efleurent le Cardinal Euefque du Port, que i'ay
nommé Iacques d'Offa dans l'hiftoire de fa vie, bien que ce ne
foit pas Platine, mais Onuphre qui luy donne ce nom ; les autres difent Beufe, lequel fut fils d'vn Cordonnier de Cahors en
Quercy, & prit le nom de Iean XX. ou felon l'opinion commune de Iean XXII. perfonnage petit de corps & grand d'efprit. L'inclination qu'il tefmoigna pour Frideric Duc d'Auftriche pretendant à l'Empire au preiudice des droits deLouys
de Bauiere, l'excommunication foudroyée contre les Vicon-
tes de Milan, & la conftitution qu'il fit publier contre les Cordeliers, furent la caufe du 28. Schifme dans l'Eglife de Dieu,
auquel vn Cordelier nommé PierreRamuche, ou Ramaluce,
fut intrus dans la Chaire Apoftolique fous le nom de Nicolas
V. & couronné des propres mains de Louys de Bauiere. Il reconnut enfin fes erreurs, & les abiura aux pieds de Iean, qui
luy ayant donné fon abfolution iugea plus à propos pour la
tranquilité de l'Eglife de le faire garder dans vne chambre du
Palais d'Auignon, où il mourut, que de luy donner vne parfaite liberté, qui pourroit faire renaiftre vn Schifme plus dangereux que celuy qu'il auoit excité, & qui ne mourut pas entierement auec luy, puis qu'il laiffa plufieurs difciples de la doctrine qu'il auoit enfeignée en faueur des Empereurs contre
l'autorité des Papes.

29.   Iean Gerfon Chancelier de l'Vniuerfité de Paris, que Gregoire XI. eftant aux extremitez de la vie fe repentit d'auoir
quitté la ville d'Auignon, pour remettre le Saint Siege à Rome, preuoyant les malheurs de la Chreftienté qui deuoient
naiftre de ce changement. Car apres fon deceds l'Eglife fut

affligée du plus long & du plus funeste Schisme, qu'elle eust iamais enduré depuis sa fondation, Vrbain VI. Archeuesque de Bary & Napolitain, ayant esté esleu non tant par la liberté des Cardinaux, que par la violence des Romains, qui leur demandoient auec toute sorte de menaces vn Pape Romain ou Italien. Le changement de la fortune de cet homme luy fit changer ses mœurs & son naturel : estant deuenu si insolent dés les premiers iours de son couronnement, & s'estant rendu tellement insupportable à son College, & aux Seigneurs; que les Cardinaux l'abandonnerent, sortirent de Rome sous vn pretexte specieux, & se rendirent à Anagnie, où ils declarerent Vrbain intrus au Pontificat, & luy opposerent Robert de Geneue Cardinal, homme de grand courage & de haute naissance, qui prit le nom de Clement septiesme. Dés lors la Republique Chrestienne fut diuisée comme en deux factions, l'Allemagne, l'Hongrie, la Boheme, la Pologne, le Dannemarck, les pays Septentrionaux, la Lombardie & la Toscane tenans pour Vrbain; & la France, l'Espagne, l'Escosse, & le Royaume de Naples soustenans les interests de Clement. Telle fut l'origine & la naissance de ce grand Schisme, qui continua depuis Vrbain VI. d'vn costé, sous Boniface IX. Innocent VII. Gregoire XII. Alexandre cinquiesme & Iean XXI. ses successeurs, iusques à Martin Colomne, bien que les trois derniers furent diuisez & bandez les vns contre les autres iusques à leur deposition derniere, qui se fit au Concile de Constance : & d'vn autre costé depuis Clement septiesme & Pierre de la Lune, dit Benoist treziesme, qui fut suiuy mesme apres l'eslection canonique de la personne d'Othon Colomne, de Clement huitiesme auparauant Chanoine de Barcelone ; & mesme pendant les Conciles de Basle & de Florence Eugene IV & Nicolas cinquiesme son successeur, eurent à combatre Felix V. auparauant Amedée Duc de Sauoye, qui se rendit enfin à la verité, & ayma mieux viure simple Cardinal, que de combatre plus long temps pour la premiere dignité de la terre, se rendant plus illustre par cette deposition volontaire, qui donna la paix à l'Eglise vniuerselle, que par sa creation, capable de fomenter le Schisme qui auoit commencé l'an mil trois cens quatre-vingt huict, & ne finit que l'an mil

quatre cens quarante neuf. Bien qu'à dire le vray, le party qui se
forma pour Felix contre Eugene, & consequemment contre
son successeur, fut vn Schisme particulier, & different de celuy, qui fut estouffé par la mort de Benoist de la Lune, & entierement esteint par la renonciation de Clement, Chanoine de
Barcelone.

30.   Partant le trentiesme & dernier Schisme deplorable dans
l'Eg'ise de Iesus-Christ fut, lors que les Peres du Concile de
Basle opposez au Concile de Florence, ayans declaré Eugene
IV. indigne d'exercer les fonctions de Pontife Souuerain, ils
esleurent Amedée premier Duc de Sauoye, qui fut couronné
l'an 1440. & gouuerna l'Eglise de son party pendant neuf ans,
iusques à ce qu'ayant cedé au Pontificat en faueur de Nicolas
V. il fut creé Cardinal, & Legat en France, en Sauoye & Allemagne auec cette condition, que toutes les ordonnances &
prouisions de benefices qu'il auoit faites durant sa charge, de-
meureroient en valeur.

LES CONCILES OECVMENIQVES
conuoquez par l'autorité, ou du consentement
des Papes.

1.   E Concile de Nicée en Bithynie de trois cens
dix-huit Euesques contre Arrius Prestre d'Ale-
xandrie, iniurieux à la diuinité du Fils de Dieu,
sous Syluestre I. les Legats duquel presiderent à
l'assemblée, & le Grand Constantin.

2.   Le deuxiesme Concile Oecumenique de cent cinquante
Euesques tenu à Constantinople, contre Macedonius qui com-
batoit la diuinité du S. Esprit. Sous le Pape Damase, & Theo-

3.   dose le Grand.
     Le troisiesme de deux cens Euesques fut assemblé à Ephese,
sous le Pape Celestin & l'Empereur Theodose le ieune, contre
Nestorius Patriarche de Constantinople, qui contestoit la nature diuine à Iesus-Christ, & la qualité de Mere de Dieu à la
Vierge Marie.   Le

Le quatriefme fut conuoqué à Chalcedoine, & compofé 4.
de fix cens trente Euefques, contre Diofcorus Patriarche d'A-
lexandrie, & Eutyches Abbé de Conftantinople, qui confon-
doient les deux natures de Iefus-Chrift en fa perfonne, &
luy formoient vn corps phantaftique. Sous S. Leon le Grand,
& Marcian Empereur.

Le cinquiefme fut le deuxiefme de Conftantinople de cent
foixante cinq Euefques, pour le fait des trois Chapitres, à 5.
fçauoir la condemnation de Theodore Euefque de Mopfue-
fte, de l'Epiftre d'Ibas Euefque d'Edeffe, & des efcrits de
Theodoret Euefque de Cyr contre S. Cyrille, qui eftoient
pluftoft des queftions des perfonnes, que de la Foy. Il fut conuoqué fous le Pontificat & contre le gré de Vigilius par l'Empereur Iuftinien.

Le fixiefme Oecumenique & le troifiefme de Conftantino- 6.
ple compofé de deux cens quatre-vingt neuf Euefques contre
les Monothelites, qui ne croyent qu'vne operation & vne volonté feule en Iefus-Chrift. Les Legats d'Agathon Pape y oc-
cuperent les premieres places.

Le feptiefme Concile de l'Eglife vniuerfelle & le deuxiéme 7.
de Nicée fous le Pape Adrian, fut de trois cens cinquante Euefques contre les Brife-images.

Le 8. fut affemblé à Conftantinople, pour reprimer l'info- 8.
lence, & combattre les erreurs de Photius Patriarche de cette ville Imperiale, le plus mefchant des hommes, & le plus
pernicieux aduerfaire de l'Eglife Romaine, que le Pape
Adrian le Ieune qui viuoit lors, euft pu iamais auoir; & en fuite Iean VIII. fon fucceffeur, qui fut encore dans la mefme
guerre auec luy pour fon reftabliffement dans fon Siege, duquel il auoit efté depofé, & Ignace le Patriarche mis en fa place. La lafcheté que commit le Pape Iean dans cette conióctu-
re funefte à l'Eglife, preferant les bonnes graces de l'Empe-
-reur, qui portoit Photius, aux Ordonnances de fes Predeceffeurs & aux fentimens de tous les Orthodoxes donna peut-
eftre la naiffance à l'opinion de ceux, qui ont efcrit, que Iean
VIII. eftoit vne femme fous les habits d'vn homme.

Le premier Concile General de Latran fous Califte II. pour 9.

lar econciliation de l'Empire auec l'Eglife, où affifterent prez
de mille Prelats, & où les Amballadeurs de l'Empereur d'Allemagne fe trouuerent de la part de leur Maiftre *l'an* 1122.

10. Le deuxiefme Concile General de Latran fous Innocent II.
compofé d'enuiron mille Prelats affemblez par le commandement du Pape, où Roger Roy de Sicile fut excommunié
auec fes adherans, les Actes de l'Antipape Anaclet annullez,
les Cardinaux faits de fa main degradez, & Arnaud de Brexe
heretique, le grand ennemy des Clercs & des Moynes, condamné à vn filence perpetuel.

11. Alexandre III. conuoqua le troifiefme Concile vniuerfel à
Rome dans S. Iean de Latran, pour la reformation des mœurs
& de la difcipline corrompuës & deprauées par la trop grande
licence des guerres precedentes.

12. Innocent III. l'an mil deux cens quinze en affembla vn autre au mefme lieu, où fe trouuerent foixante dix Archeuefques, quatre cens douze Euefques, huit cens Abbez ou Prieurs,
auec les Ambaffadeurs des Princes Chreftiens. Ce qui luy acquit le titre du Grand Concile de Latran, où l'on traita des
moyens de retirer la Terre Sainte des mains des Infideles, &
où l'on renouuella les anciennes Traditions & Conftitutions
Apoftoliques touchant la Confeffion auriculaire, la Communion des Laïques fous vne feule efpece, la Tranfubftantia-
tion, &c.

13. Le premier Concile General de Lion fut affemblé par Innocent IV. l'an 1245. où Frederic II. fut excommunié & declaré indigne de l'Empire pour les crimes horribles, dont il fut
conuaincu. Les Cardinaux y receurent le Chapeau rouge,
auec les manteaux de mefme couleur, pour rendre leurs charges plus honnorables.

14. Gregoire X. publia le deuxiefme Concile general de Lion,
pour le recouurement de la Terre Sainte, où il auoit la volonté d'aller luy mefme en perfonne. L'Affemblée s'ouurit au
mois de May l'an 1274. où fe trouuerent cinq cens Euefques,
foixante & dix Abbez, & plus de mille autres tant Prelats que
Docteurs : de l'aduis defquels on remedia aux defordres qui
arriuoient apres la mort des Papes, par la longue vacation du

S. Siege, & on supprima plusieurs sectes de Moynes, qui sous vn pretexte specieux de pauureté Religieuse commettoient plusieurs abus.

Clement V. celebra le Concile general de Vienne en Dauphiné l'an 1310. pour trois causes principales, qui sont la suppression de l Ordre des Templiers, le secours de la Terre Sainte, & la reformation des Ecclesiastiques. 15.

Le Concile de Pise fut conuoqué par les Cardinaux l'an 1409. où Gregoire XII. & Benoist XIII. furent deposez du Pontificat, & Alexandre V. mis en leur place. 16.

Le Concile de Constance commença le cinquiesme de Nouembre 1414 & continua durant quatre années ou enuiron. Le Schisme de l'Eglise y fut esteint, par la renonciation de Gregoire XII. la deposition de Iean XXIII. & la creation de Martin V. Les Heretiques Iean Hus & Wiclef y furent condamnez. 17.

Le Concile de Basle fut publié par Martin V. & ne fut commencé que sous son successeur Eugene IV. lequel y fut cité luy mesme, comme inferieur au Concile, à ce que disent les Peres de l'Assemblée, dont la decision fut receuë des Vniuersitez de Paris, Bologne & Louuain. Et sur le refus qu'il fit de s'y trouuer en personne, ou d'y enuoyer quelqu vn de sa part, ils le deposerent, & creérent en sa place Amedée Duc de Sauoye, qui se nomma Felix. 18.

Eugene IV. pour contrecarrer l'Assemblée de Basle, conuoqua vn autre Concile à Ferrare, qui fut depuis transferé à Florence, où les Grecs se reünirent à la creance de l Egl se Romaine, les Peres du party contraire demeurât tousiours assemblez à Basle, qui ne se retirerent, que lors que Felix renonça pour le bien de sa paix aux droits de son election l'an 1449. sous Nicolas V. 19.

Quelques Cardinaux fauorisez de l'Empereur Maximilian & du Roy de France Louys XII. ayant assigné vn Concile à Pise, qu'ils furent contraints depuis de transporter à Milan, pour auoir esté mal receus des Pisans, Iule II. qui voyoit son autorité notablement choquée par ces entreprises formées & appuyées d'vn Prince, contre lequel il auoit des animositez 20.

incroyables, fit publier vn autre Concile general à Rome dans
l'Eglise de S. Iean de Latran, qui fut ouuert le premier iour de
May l'an 1512. Les ceremonies en furent tres-saintes & augu-
stes, dit Guicciardin, capables de penetrer iusques au fond des
cœurs, si les intentions de leurs Auteurs eussent esté conformes à leurs paroles, & à leurs visages.

21.   Vn des plus celebres, des plus saints & des plus sçauants
Conciles, qui ayent iamais esté tenus dans l'Eglise de Dieu, a
esté celuy de Trente, qui fut conuoqué contre les erreurs de
Luther. Paul III. le commença, Iule III. le continüa, & Paul
IV. le termina heureusement.

F I N.

TABLE
DES MATIERES

PRINCIPALES, CONTENVES en la seconde Partie des Vies des Papes de Platine.

A

11

FIN.

PRIVILEGE DV ROY.

LOVIS par la grace de Dieu Roy de France & de Nauarre:
A nos Amez & Feaux Conseillers les Gens tenans nos
Cours de Parlement, Maistres des Requestes ordinaires
de nostre Hostel, Baillifs, Seneschaux, Preuosts, leurs
Lieutenans & autres nos Iusticiers & Officiers qu'il ap-
partiendra, Salut : Nostre bien Amé Geruais Clouzier
Marchand Libraire en nostre bonne ville de Paris, nous a fait remonstrer
qu'il a recouuré vn Liure intitulé l'*Histoire & les Vies des Papes de Rome*,
escrites en Latin par Bap. Platine, auec la suite d'Onuphre & de Cicarella,
continuées en nostre langue iusques à present, par LOVIS COVLON : Qu'il
desireroit faire imprimer, s'il nous plaisoit luy accorder nos Lettres sur
ce necessaires. A ces causes desirant fauorablement traitter l'Exposant,
Nous luy auons permis & accordé, permettons & accordons, d'imprimer ou faire imprimer ledit Liure, en tel volume, marge, caractere, &
autant de fois que bon luy semblera, pendant le temps de dix années
consecutiues, à commencer du iour qu'il sera acheué d'imprimer, & ice-
luy vendre & distribuer par tout nostre Royaume. Faisons defenses à
tous Imprimeurs, Libraires & autres, d'imprimer ou faire imprimer,
vendre & distribuer ledit Liure durant ledit temps, sans le consentement dudit Exposant, ou ses ayans cause, sous quelques pretexte que ce
soit, sur peine de confiscation des Exemplaires, amande arbitraire, despens, dommages & interests : A la charge d'en mettre deux Exemplaires
en nostre Bibliotheque publique, & vne en celle de nostre tres-cher &
feal le Sieur Marquis de Chasteau-neuf, Cheualier Commandeur de
nos Ordres, garde des Sceaux de France, à peine de nullité des presentes. Du contenu desquelles à chacun de vous mandons & enioignons
faire ioüir l'Exposant, & ses ayans cause, pleinement & paisiblement;
cessant & faisant cesser tous troubles & empeschemens au contraire.
Voulons qu'en mettant au commencement ou à la fin dudit Liure vn
Extrait des presentes, elles soient tenuës pour deuëment signifiées : Et
qu'aux coppies collationnées par l'vn de nos Amez & Feaux Conseillers Secretaires, foy soit adjoustée comme à l'original. Mandons au
premier nostre Huissier ou Sergent, faire pour l'execution desdites presentes, toutes significations, deffences, saisies, & autres actes requis &
necessaires, sans demander autre permission : Car tel est nostre plaisir.
Donné à Paris le 13. iour de Iuin, l'an de grace mil six cens cinquante.
Et de nostre regne le huictiesme. Par le Roy en son Conseil, LE BRVN.

Acheué d'imprimer pour la premiere fois, le 14. *Aoust* 1651.

Les Exemplaires ont esté fournis.